「闘争」としてのサービス

顧客インタラクションの研究

Yutaka YAMAUCHI
山内 裕 著

中央経済社

はじめに

　本書はサービスの原理を解明しようというものである。この研究を進めるにつれて次第に明確になってきたのは，サービスというものが誤解されやすいということであった。例えば，ザ・リッツ・カールトンの感動を呼ぶサービスを目指すべきであるとか，日本人の心のこもった「おもてなし」が客に安らぎを与えるとか，サービスとは客を満足させることであるというようなことが頻繁に聞かれる。このような言説に接して全く違和感を感じたことがないという人は少ないだろうが，多くの人は（私もそうであったが），その違和感をどう考えたらいいのかわからないという状態だろう。どう考えたらいいのかわからないため，違和感を抱えたままこれらの言説に立ち戻ってしまう。この違和感を多少でもすっきりさせることが，本書の価値だと考えている。

　例えば，顧客を満足させるためには顧客を満足させようとしてはいけない。顧客は緊張感があるほうが，サービスを高く評価する。サービスは高級になるほど，笑顔，親しみやすさ，情報，迅速さなどの所謂「サービス」が減少する。これらの主張は多くの読者のサービスに関する理解とは正反対のように思われるだろう。本書を通して，これらの主張が理解可能となる。

　もちろん，学術書としては社会における言説の誤解を払拭するだけでは不十分である。そのような誤解が社会の中で—そして科学の中で—なぜ生じるのか，つまりそれらの誤解を人々がどのように利用し，構築しているのかを解明しなければならない。そのためには，入り組んだ議論を避けることができない。データを説明するためには理論が必要であるが，その理論を自明なものとして受け入れるのではなく，その理論がどのように生み出され，正当化されるのかを検討しなければならない。このような複雑な理論は実践とは距離があるように見えるかもしれないが，実践的な示唆はこのような理論が欠落している場合は，それこそが誤解の源泉となる。

本書は読者に闘いを強いるものにもなっている。それは内容が難しいから読むのに労力を要するということではなく，あるいはサービスに関する読者の考えを批判するからではなく，読者自身が言説を閉じてしまうのではなく，闘いと向き合って闘い続けることによって考え続けないといけないことを主張しているからである。そのような本がどのように受け止められるのかは不安であるが，そのこと自体が本書に再帰的に組み込まれていることになる。

＊　＊　＊

　本書に取り組むにあたって，様々な方々のご支援をいただいた。特に個人的なメンターである原良憲先生（京都大学）には，研究のすべての段階において支援いただいた。また，平本毅先生（京都大学）には，共同研究者として日々議論にお付き合いいただき，本書に含まれる多くの議論を練り上げるためにアドバイスをいただいた。椙山泰生先生（京都大学）には，本書の出版に関して様々なアドバイスをいただいた。

　この研究を進めていた期間，JST-RISTEXのプロジェクト「日本型クリエイティブ・サービスの理論分析とグローバル展開に向けた適用研究」で協業した，小林潔司先生（京都大学），原良憲先生，前川佳一先生（京都大学），松井啓之先生（京都大学），鈴木智子先生（京都大学），竹村幸祐先生（滋賀大学），平本毅先生，藤原健先生（大阪経済大学），増田央先生（北陸先端科学技術大学院大学）には，随所で議論にお付き合いいただき，アドバイスをいただいた。その他，京都大学経営管理大学院の先生方には，この研究に限らず様々なご支援をいただいた。また，西村幸恵氏，佐野具子氏，加藤康子氏にはJST-RISTEXプロジェクトをサポートしていただいた。

　本書の研究を進めるうえで，一流の料理人などの実務家の方々との協業が多大な刺激となった。特に，京料理梁山泊の主人であり京都大学経営管理大学院MBA（経営学修士）の橋本憲一氏には，料理屋のサービス一般，そして特に料理のデザインについて，様々な側面を教えていただき，本書の理論を練るの

に不可欠であった数多くの議論にお付き合いいただいた。また，神戸北野ホテルの総支配人・総料理長山口浩氏，千里山柏屋の主人松尾英明氏，サントリースピリッツ株式会社の名誉チーフブレンダー輿水精一氏，京静華の主人宮本静夫氏とも何度も興味深い議論をさせていただいた。

JST-RISTEXプロジェクトを通して，村上輝康先生（産業戦略研究所），椿広計先生（統計数理研究所），土居範久先生（慶應義塾大学）には大変有意義なフィードバックをいただいた。その他，戸谷圭子先生（明治大学），Stephen L. Vargo先生（University of Hawai'i at Mānoa），新井民夫先生（芝浦工業大学），神田陽治先生（北陸先端科学技術大学院大学），伊藤泰信先生（北陸先端科学技術大学院大学），坂元正樹先生（奈良大学），澤谷由里子先生（早稲田大学），武山政直先生（慶應義塾大学），原辰徳先生（東京大学），中野勉先生（青山学院大学），Birgit Mager先生（Köln International School of Design），長瀬勝彦先生（首都大学東京），田村大先生（リ・パブリック），Deniz Atik先生（Izmir University of Economics），Eliisa Kylkilahti氏（University of Helsinki），櫻井亮氏，伊賀聡一郎博士（Palo Alto Research Center），Annice Jacoby氏，日戸浩之氏（野村総合研究所）との議論からは学ぶことが多かった。

経験的分析に関しては，様々な方々との議論やデータセッションは不可欠であった。特に，串田秀也先生（大阪教育大学）が主催されている会話分析研究会では，多くの方々からフィードバックを得た。その他，黒嶋智美博士（千葉大学），Erik Vinkhuyzen博士（PARC），Daniel G. Bobrow博士（PARC），Victoria Bellotti博士（PARC），Robert J. Moore博士（IBM），Paul Luff先生（King's College London）には詳細なアドバイスをいただいた。

京都大学デザインスクールの関係者には，サービスデザインに関して議論にお付き合いいただいた。石田亨先生，門内輝行先生，椹木哲夫先生，富田直秀先生，須永剛司先生（多摩美術大学），辰巳明久先生（京都市立芸術大学），杉万俊夫先生，北雄介先生，水野大二郎先生（慶應義塾大学），寺田知太先生（野村総合研究所），中小路久美代先生，塩瀬隆之先生，元木環先生との継続した議論は刺激となった。その他，サービスデザインの実践を通して，辻邦浩先

生（Kunihiro Tsuji Design），山口美賀先生（京都市立芸術大学），藤脇慎吾先生（京都市立芸術大学）には様々な視点をいただいた。

中央経済社の酒井隆氏と編集部には，本書の企画を引き受けていただいたことに感謝申し上げたい。

本書の執筆にあたって，佐藤那央氏（京都大学経営管理大学院）に推敲を支援いただいた。研究室のアシスタントをしていただいている水本由美さんには，この研究に限らず，私が仕事に集中できるようサポートしていただいた。

＊　　＊　　＊

第1章で報告している研究は，平本毅先生との共同成果である。この研究は，㈱科学技術振興機構 戦略的創造研究推進事業（社会技術研究開発）による研究成果の一部である。また，この研究の一部は，グローバルCOE拠点形成プログラム「知識循環社会のための情報教育研究拠点」（代表：京都大学情報学研究科　田中克己先生）から支援をいただいた。調査を受け入れていただいた鮨屋の親方と従業員の方々，そして客として調査に協力いただいた方々にお礼を申し上げたい。また，この研究の随所で，鮨について様々な助言をいただいた，鵜山和洋氏にも感謝申し上げたい。

第2章で報告している研究は，平本毅先生，北野清晃氏（京都大学経営管理大学院）との共同成果である。また，研究の場を提供いただいた株式会社モスフードサービスと社員・アルバイトの方々，そして客として調査に協力いただいた方々に感謝申し上げたい。特に，株式会社モスフードサービスの千原一晃氏，人見靖氏，大沼優氏，脇田和頼氏，高橋知子氏には大変お世話になった。

第3章で報告している研究は，平本毅先生，泉博子氏（KCCSマネジメントコンサルティング株式会社），堀直樹氏（KCCSマネジメントコンサルティング株式会社），安藤綾香氏（京都大学経営管理大学院卒業生）との共同成果である。調査を受け入れていただいた店の方々，そして客として調査に協力いた

だいた方々にお礼を申し上げたい．

　第5章で報告している研究は，有志で立ち上げた食文化デザインプロジェクトで議論させていただいた内容がもとになっている．食文化デザインプロジェクトでは，特に橋本憲一氏，山口浩氏，松尾英明氏，宮本静夫氏，奥水精一氏との議論により，研究の方向性について刺激を受けると共に，理論的議論を組み立てるうえで決定的であった．この研究の一部は，株式会社NTTデータ経営研究所が受託した，総務省委託事業「遠隔地間における実践的ICT人材育成推進事業に係る調査研究等の請負事業」の一環で実施したものである．

　本書を構成する研究全体は，JSPS科研費 26870307, 25240050 の助成を受けたものである．
　本書は京都大学の平成26年度 若手研究者に係る出版助成を受けて出版した．

2015年2月

山内　裕

目　次

はじめに／i

序章　サービスの複雑さ……………………………………I
- 1　サービスの高まり／2
- 2　サービスの社会的な複雑さ／5
- 3　弁証法のアプローチ／9
- 4　実践の理論／11
- 5　言語の理論／16
- 6　本書の構成／20

第I部　サービスのやりとり

第1章　鮨屋におけるやりとり……………………………25
- 1　鮨屋とは／25
- 2　親方と客の対話の分析／29
- 3　調査対象／33
- 4　入店直後の注文／34
- 5　最初の食べ物の注文／44
- 6　客を試す／52

7　ルーチンの概念／53
　　　8　鮨屋の緊張感／59

第2章　ファストフードのやりとり……………………63
　　　1　ファストフードの概要／63
　　　2　分析方法／64
　　　3　ファストフードのファストフード性／72

第3章　イタリアンとフレンチレストランの比較……75
　　　1　イタリアンとフレンチレストランの事例／76
　　　2　イタリアンでの注文の伝え方／80

第II部　サービスの理論

第4章　闘いとしてのサービスの価値………………89
　　　1　従来のサービス理解／90
　　　2　闘いとしてのサービス／93
　　　3　歓待における敵対と力／96
　　　4　おもてなしの不可能性／98
　　　5　サービスにおける敵対性／102
　　　6　互酬性と経済的交換／106

| 7 | 文化のパフォーマティブ／113

| 8 | 差異化＝卓越化／117

| 9 | 顧客満足の矛盾／126

| 10 | 闘いを通した相互承認／132

| 11 | 緊張感の中のくつろぎ／140

| 12 | サービスの原動力／146

第5章　闘いの方法　155

| 1 | 礼儀作法／155

| 2 | 神秘性／162

| 3 | 見せない気遣い／168

| 4 | 支払いの隔離／171

| 5 | サービスの読みほぐし／176

| 6 | 対立するものの並存／181

| 7 | 語られないこと／191

| 8 | 記号としての闘い／195

第III部　サービスの実践

第6章　サービスデザイン……………………205
- **1** サービスデザインの背景／205
- **2** 従来のサービスデザインの考え方／207
- **3** 人間-脱-中心設計／210
- **4** サービスの織りなし／215

終章　サービスと向き合う……………………223
- **1** サービス科学は闘いである／223
- **2** サービス社会の流動化／227

参考文献／233

索　引／241

序章

サービスの複雑さ

　サービスとは闘い（struggle）である。これが本書のとてもシンプルな主張である。この主張は通常我々が理解するサービスの概念とは相容れない。通常我々はサービスを，「奉仕」「ホスピタリティ」「おもてなし」「心配り」などのような，「闘い」とは全く逆の概念で理解する。日本の旅館や料亭のサービスは，細部にわたる気遣いにあふれ，客を心よりもてなし，客に感激を与えると言われている。サービスの研究では，顧客のニーズを満たすこと，あるいはベネフィットをもたらし，顧客満足度を高めることがサービスの目的として定義される。

　はたして本当にそうであろうか？　サービスとはそんなに単純なものなのだろうか？　東京の鮨屋で，表情を変えない親方の前に座り，メニューもない状態で，緊張しながら注文する体験を一体どう考えたらよいのか？　あるいは京都の料亭で，靴の脱ぎ方もわからず，何と書かれているのかわからない掛け軸の掛かった部屋で，食べ方もわからない料理を出される，あの緊張感を伴う体験にどのような意味があるのか？　また，理解できない料理やワインの固有名詞が並ぶ，フランス料理のメニューやワインリストから注文しなければならないことにどういう意味があるのだろうか？

　本書は，サービスとは闘いであるというテーゼにより，これらの質問に答える。闘いとは，決して物理的な暴力による闘いを意味しない。ここで言う闘いとは，サービスに関わる客や提供者が自らの力を示し，相手の力を見極める過程である。力とは，能力，知識などのように，自らを差異化する要素である。

サービスとは，ただニーズが満たされ顧客が満足するというものではなく，このような力のぶつかり合いとして価値がある。その意味で，この闘いというテーゼは，勝敗のつく「戦い（fight, combat, battle）」ではなく，関係性としての緊張感を指している。

サービスを間違った前提で議論することにより生じる問題は多い。サービスの目的は顧客の要求を満たすことであるなどということが，真しやかに語られている。なじみ深く，当たり前になっている，このような主張を否定する（実際にはたんに否定するのではなく，弁証法的に二重化する）ことで本書が目指すのは，サービスが間違えた方向で実践されることを回避し，サービスの持つ可能性を閉じないようにすることである。

1 サービスの高まり

サービスという言葉は誤解を生みやすい。サービスという言葉を聞いて，すぐに思い浮かべるのはサービス業のことだろう。サービス業は先進国の経済でもっとも重要なセクターだと言われている。いわゆる第3次産業は，自然界に働きかける農業，林業，漁業，鉱業などの第1次産業や原料を加工する製造業，建設業などの第2次産業に当てはまらない，「その他」を意味している。この中には，小売業，流通業，飲食業，宿泊業，金融業などの他，教育，医療も含む。この第3次産業の割合が増えていることは周知の事実である。

また，サービス業以外も，サービス化を模索している。農業や漁業などでも，第6次産業化と呼ばれる取り組みがある。第1次産業でありながら，食品加工という第2次産業，流通や小売という第3次産業を組み合わせたものとして定義される（$1 \times 2 \times 3 = 1 + 2 + 3 = 6$）。さらに，製造業も，サービス化を模索している。特に，近年の競争力の低下した日本の製造業にとって，サービスは夢のキーワードとなっている。その理由は，製造業の多くが，商品を売るだけでは事業の継続が難しくなってきているということが挙げられる。つまり，顧客が価値を見出す対象の多くがサービスにシフトしているのである。

サービスが事業を支えている企業の例としてXeroxが挙げられる。Xeroxでは，もともとコピー機を売る，あるいはリースするという部分からの売上げの割合は少なかった。売上の4分の3は，トナーやデベロッパーを売ることの他，保守サービス費用から得ていた。特に保守サービスでは，顧客がプリントする都度に，売上げが上がるように構成されている場合も多い。このように，Xeroxの事業はサービスが支えている。近年この傾向はさらに強くなった。まず，顧客の文書機器すべての保守と運用を包括的に請け負うアウトソーシングサービスが増大した。このサービスは顧客にとって，コスト削減を約束する。さらにこの動きを加速し，Xeroxは2009年にビジネスプロセスアウトソーシング（BPO）大手Affiliated Computer Services（ACS）を64億ドルで買収し，いよいよ文書機器を離れたサービスに進出した。BPOとは，顧客から送られてくる紙文書をコンピュータに入力する業務やコールセンター業務などのビジネスプロセス全体を請け負い，運用するサービスである。
　サービスが企業にとって魅力的なのは，商品を売ることで利益を上げる場合と比べて，継続的に利益を上げ続けることができるからである。情報技術（IT）の領域では，高価なメインフレームを購入することでアプリケーションを無償で開発していた時代から，顧客の要望に基づいて情報システムをゼロから作り上げるカスタム開発（ミドルウェアやデータベースは利用する），パッケージシステムをコンフィギュレーションして導入する方法などを経て，クラウド上のサービスを顧客が利用するというサービス形態へシフトしている。情報システムを所有する場合に比べて初期費用を抑える代わりに，サービスを利用し，継続的に利用料を支払う。また，従来のカスタム開発やパッケージ導入はリスクの高い活動であり，顧客にとっても投資を正当化するのが難しく，ITベンダーにとっても利益率の低い事業であった。製造業が商品を売るときも同様で，競争が激しくなる中で，商品自体から高い利益を求めることが難しくなってきたのが現状である。そんな中でサービスへの傾向は自然な方向性である。
　これまではサービス業という枠組みで議論してきた。たとえ農業であろうが，

製造業であろうが，サービス化しようとしているという枠組みで語られるとき，サービスの概念はサービス業と同等であった。しかし，サービスとはサービス業に限定されない。Lusch & Vargo（2014）によれば，単数形のサービス（service）は，複数形のサービシーズ（services）とは，レベルの違う概念であるという。サービシーズとは，生産活動のアウトプットを指し，形のない財（グッズ）として，形のある財の否定と定義される。端的には，形のないアウトプットを生産する「サービス業」という限定された事業形態を指すことが多い。

それに比べて，サービスは次のように議論される。Lusch & Vargo（2014, p. 12）によると：

> 我々は，サービス（単数形）は，一人のアクターが別のアクター——受益者——のために何かをする過程であると考える。このサービス提供（serving）過程は，知識やスキル——既に議論したように，能力（competences）のこと——の適用を必要とする。そのため，我々は「サービス」を形式的に，「他の存在（entity），あるいは自分自身の便益（benefit）のために，能力（知識やスキル）を適用すること」と定義する。（翻訳は筆者）

この定義により，サービスが，単なる形のある財の否定ではなく，財を包含する，より高次なものとして扱われることになる。つまり，誰かが誰かの便益のために知識やスキルを使用したとき，そこにはサービスが発生している。例えば，ウイスキーについて考えると，それを作る醸造所が流通を通してウイスキーを売るだけではなく，それを友人と飲むという場面においてもサービスは生まれる。ウイスキーを製造するという活動は，このサービスを実現するプロセスである。

また，サービスでは客も提供者も，その他のステークホルダーも参加して，価値を共創すると言われる。すべての参加者が「資源の統合者」である。資源とは，物理的なモノだけではなく，知識やスキルも含む広い概念である。例えば，レストランでの食事では，食べ物，飲み物，テーブル，食器，雰囲気などの他に，提供者の優雅なふるまい，安心感，客の服装，知識，経験，一緒にいる他の客などの様々な資源が統合され，便益を生み出す体験となる。客が自ら

の資源を持ち込むことも多い。教育，医療，コンサルティングなどのサービスは，客が自らの資源を持ち込まなければ，サービスは成立しない。このような事実は，サービスとは一方的に与えられるものではないということを示している。また，サービスというものが，店，教室，診療室，会議室のような場面だけで完結するものではないことも示している。このように理解されると，サービスの研究の範囲は広い。

　最後に，サービスの重要性が増しているという点について，別の観点から見てみよう。我々の日常生活において，どれだけサービスに出会うのかを考えてみると，サービスが我々の生活に深く浸透していることがわかる。我々の日常におけるサービスとの接触頻度は高く，またその種類も多様である。そして，我々が接触するサービスの背後には，また別の様々なサービスが存在している。もはや，サービスは毛細血管のように，我々の社会に入り込み，社会を構成する要素となっている。そのため，サービスはたんに経済の中心であるだけでなく，それを研究することは，我々の社会を理解することになり，最終的には我々自身を理解することにもなる。

2　サービスの社会的な複雑さ

　サービスはよいことばかりではない。サービスでは，その過程に顧客が参加するため，不確実性が高まる（Mills & Moberg, 1982）。このサービスの過程における顧客の参加は，様々なレベルが考えられる（Grönroos, 2007; Gutek, 1999）。例えば，企業の組織変革を依頼されたコンサルタントは，それを1人で実現するのは不可能である。その企業が主導権を持って，プロジェクトを進める必要がある。このような高いレベルの顧客の関与は，医師にかかるとき，教育を受けるとき，弁護士を雇うときなどすべてに共通する。低いレベルでの顧客の関与は，飲食サービスで客がメニューの中から料理を選択する場合などに見られる。このようなケースでは，顧客の関与が低いか，あるいはほとんどないように見受けられるが，それはサービスがそのようにデザインされている

からである。つまり，顧客を限られた選択肢の中に制約することで，サービスの不確実性を下げているのである。顧客の参加が問題となっていることには変わりがない。

顧客がサービスの過程に参加することで生じる不確実性は，事業者にとって事前に予測し，計画を立てることができないということを意味する。何かの商品を製造販売するときと比べて，ある程度直接のやりとりの中で構築されるサービスでは同じものを多く作り，売ることが難しい。結果的に，多くの従業員が必要となり，組織が様々な場所に分散する。サービス事業者は，それでも可能な限り予測し効率化しようと試みる。ファストフードは画一化によって，この予測可能性，効率性を高める（Ritzer, 2000）。しかしながら，それでも表舞台であるサービスを完全に画一化することは不可能である。

しかし，以上に示した一般的に議論されるサービスの難しさは，多分に表面的なものにすぎない。本書に含まれる研究は，多様な参加者が相互にやりとりをする中で，自らの持つ知識やスキルを活用して，その価値を一緒に作り出すという，サービスの本質を対象としている。複数の人と，その知識やスキルが関わり，価値を作り上げるということは，人が他人と単純な交換以上の関係性を持つということである。人が他人と複雑な関係性を持つとき，我々は情報のやりとりや資源のやりとりを捉えるだけでは，その関係性を理解できない。その人がどういう人なのかが常に問題となる。例えば，知識やスキルが活用されるとき，どのような知識やスキルを持っているのかということが，その人の評価につながる。ある人が他の人の便益をもたらすという場合，それらの人々の間には地位の差が問題となりうる。本書の中心的議論に入る前の準備運動として，この人が関与するサービスの複雑さを既存研究に依拠して若干触れておこう。

サービスに人が関与するとき，人が人に対して力（power）を持つ。これは社会的関係において避けて通れない問題である。従業員の離職率が高い，多くのコールセンターでは，客が電話越しの従業員を怒鳴り散らすという場面が頻繁に見られる。なぜそのようなことが起こるのか？ 客が従業員を対等な人間

だとは考えていないからであろう。客はサービスにおいて支払いをすれば奉仕を受けられるということから，従業員という人間が自分に従属するように錯覚する傾向がある。つまり，支払いをする客が，人として従業員よりも高い立場であるということになる。しかし，基本的に金で人を買うことはできない。

　例えば，William Foote Whyte (1948) が50年以上も前にレストランを調査したとき，もっとも顕著なサービスの側面は地位（status）の問題であった。レストランの中での地位のせめぎ合いの他，客と店員の間の緊張感や時には確執が克明に記述されている。例えば，チップという制度が，客に店員を明示的に評価する機会を与えることにより，店員は客の評価にさらされ，精神的に消耗することが指摘されている。

　そのため店員にとっては，客を見極めて，制御する（control）ことが重要となる。客は自分の頼んだものの提供が遅れると，それを敏感に察知し，不満として表明する。「隣のテーブルのほうが後から注文したのに先に料理が出された」という不満は，我々誰しも馴染みのあるものだろう。そういう状況に陥らないように，サービス係は隠れて様々な操作をする。例えば，客が時間のかかりそうな料理を注文しようとすると，「すみません。大人気で今日はもう終わってしまいました」と嘘をつく。また，少し調理に失敗したとしても，見かけをごまかして提供することもある。これはもっと最近のレストランのエスノグラフィで，Gary Fine (1996) が示したことでもある。顧客の要求に憤慨したシェフが料理に自分の尿に浸したソーセージを入れるという衝撃的な逸話の真偽はわからないが，それがサービスの背後で行われているかもしれないという可能性が，サービスにおける客との関係の難しさを示している。

　さらに，客の中に特定の感情を生み出すために，店員が自らの感情を売るという側面も議論されている。このようなサービスの労働を，感情労働と表現することがある（Hochschild, 2003）。例えば，キャビンアテンダントにとっては，長時間のフライトの間，狭い座席にくくりつけられたうえ，安全性などにも不安を感じる客の感情をどのように制御するのかが問題となる。そのため，笑顔を作り，客をなだめる必要がある。しかし，長時間笑顔を作り続けるのは簡単

ではない。また，自らの感情を制御し，深い意味で演技しなければ，そもそも作り笑顔だとわかってしまう。従業員は理不尽な客に対して丁寧に応対するために，自分の感情を押し殺し，ポジティブな感情を持てるように訓練する。結果として，自分の感情が自分のものではなくなる。

　サービスでは，客のルーチン化が起こる（Leidner, 1993）。サービスは不確実性が高いことはすでに見た通りであるが，提供者だけではなく，客にとっても不確実性が高いことを意味している。客はサービスに直面した際，何をどう伝えれば適切なサービスを受けることができるのか，また，どういう行動を取れば店員に見下されず真摯なサービスを受けることができるのかを知らなければならない。そこで，ルーチン化が重要となる。我々はレストランに入店した際，レセプションで店員の案内を待たなければならないことを知っている。勝手に席を見つけて着席したりしない。我々がそのように行動するのは，ルーチン化の結果である。一方で，客をルーチン化するということは，人を特定の行動パターンに押し込めることを意味するが，それは問題のないようになされなければならない。

　ときには，客にうまく売りつけるために，ルーチン化が利用されることがある（山内，平本，泉，張，近刊）。Leidner（1993）が示したように，様々なルーチンが用意されていることで，保険を訪問販売する営業スタッフは，客のあらゆる反応に対して，有効な手立てを持つことができる。例えば，客に対する冗談さえもルーチン化されている。客が「なぜいつも違う担当者が来るのか？」と疑い深く尋ねると，従業員は「やっとベストな担当者が当たったんですよ」と返す。また，客が断われないように保険を勧める方法も伝授される。商品について説明した後，客から目をそらし，保険申請書に客観的な情報を書き込み始める。例えば，客の身長や生年月日などである。客がそれに答えることが当然であるかのように，下を向きながら質問していく。そして，客がそれらの質問に答えたところで，保険の受取人の名前や担当医師の名前などの重要な質問に入ることで，客は断わることが難しくなる。

　要約すると，サービスにおける客との関係においては，力のせめぎ合いが生

じ，客は店員をどのように見極め制御するのか，店員は客をどのように見極め制御するのかが重要な側面である。サービスを議論するうえでは，単純に情報や資源の交換と捉えるのではなく，その人間的，社会的側面を正確に捉えるということが重要である。しかし，ここでは概観したような客を制御しようと言うせめぎ合いは特定の場面で見られる現象であり，まだ表面的なものである。本書は，このせめぎ合いがサービスにおいて根源的であることを追究する。すると，サービスについての現在の言説の多くを考え直さなければならないということが明らかになるだろう。

3 弁証法のアプローチ

　以下で，本書の研究のアプローチと理論的な系譜を概観する。この学術的な背景に関する議論を読み飛ばして，第1章に進んでいただいても支障はない。
　このような社会的な複雑さを抱えるサービスを理解するためには，サービスの理論的概念にその複雑さを反映させなければならない。例えば経営学でよく聞かれる，顧客のニーズを満たせば，顧客の満足度が高まり，事業の業績につながるという主張があるが，この主張がサービスを説明するのに実用的ではないことは，サービスを身近で観察すればすぐにわかることであった。そもそもサービスという対象がどうやら異質な原理で成り立っているように思われる。サービスの世界では，我々が自明だと考える概念は，参与者によって再帰的に作り出されたものであり，ある意味で我々を目眩ますように構成されている（ここで再帰的とは，参与者自身が理解し利用し作り出す事実を指す）。サービスとは作り上げられたものであるが，そのときサービス本来の姿は隠されるように作り上げられることが多い。つまり，顧客を満足させるには，顧客満足を気にしていないかのように接しなければならない。客は自分を満足させようとする店員を自分よりも低い地位に位置付け，結果的にそのサービスに価値を見出さず，満足しなくなることがある。サービスでは客に金を支払わせておきながら，その客に様々な努力を課したほうが，満足が高くなることもある。

つまり，「顧客満足」という概念は直感的で疑いのない概念のように扱われるが，これを一旦否定する。たしかに，従来から顧客満足の概念の複雑性は指摘されてきた。例えば，既存の技術しか知らない顧客の満足に志向することで，新しい技術の可能性を軽視してしまうというような理論が議論される。しかし，これは満足させる客を間違えただけであり，満足という概念自体の矛盾を突いたものではない。我々はむしろ，顧客満足という概念事態に潜む矛盾を看取しなければならない。

　ここでヘーゲル（Hegel）の弁証法のアプローチにつながる。つまり，自明な「区別のない動かない実体性」（Hegel, 1807, p. 33）を設定し，そこから考察を始めることを避けなければならない。むしろ，そのような前提を一度「否定する」ところから始めなければならない。あるものがどういう意味なのかは，弁証法的な運動の「結果」として現れるのであり，予め設定するものではない。予め設定されたものは，一度否定される。そして，批判的な考察を通して，次第に姿が見えてくる。Hegel（1807, p. 33）は次のように言う。

> ……実体は，自己自身を措定する運動，自己が他者となることを自己自身と媒介するはたらきである限りでのみ，実際に現実的であるような存在である。実体は主観〔体〕としては純粋で単一な否定性である。であるからこそ，単一なものを二つに引きはなす，つまり対立させて二重なものとする。この二重作用が二つのものの無関心なちがいと対立をさらに否定する。真理とは，このように自己を回復する相等性もしくは他在において自己自身へと復帰〔反照〕することにほかならないのであって，─本源的な統一そのもの，つまり直接的な統一そのものではない。─真理とは，自己自身が生成することであり，自らの終りを自らの目的として前提し，始まりとし，それが実現され終りに達したときに初めて現実であるような，円環である。

　これは非常に濃密な文章であって若干の紐解きが必要である。弁証法は，何か直接的に与えられた自明な概念を，まず否定することから始まる。なぜなら，その概念自身の中に矛盾が潜んでいるからである。その矛盾が否定の形で現れる。自己が自らの中に含む矛盾を原理として，否定を通して他者になり二重性

として現れる。そして，それが独立に二重であることはできず，さらなる否定を通して，自己自身に戻る。ところで，否定するということは，弁証法的には，保持することも含む。このように保持しながら否定することを「止揚」するという。否定しながら保持する。あるいは，保持するために否定する。弁証法の特徴は，このような否定の運動を通して，結局は開始時点に引き戻されるということである。しかし，この時点では，もはや開始時点と同じ姿はしていない。

「顧客満足」が否定される。なぜならサービスにおいては顧客満足という概念の中に，「顧客を満足させてはならない」という概念を含んでいるからである。しかし，この「顧客を満足させてはならない」ということも否定されなければならない。顧客を満足させないことで，顧客満足を志向するという媒介された概念に到達しなければならない。このことの意味は，本書を通してあますところなく明らかになる。正確に言うと，「サービスは闘いである」というテーゼ自身も，弁証法的運動の1つの極に過ぎない。このテーゼには，矛盾するものがあり，それが否定され，それ自身に戻ってくることが含められている。

もちろん，Hegelのような古臭いものを持ち出すことには異論があるだろう。また，我々は弁証法に対する批判にも留意して進める必要がある。例えば，簡単に止揚して矛盾を論理的に解決してしまう傾向は避けなければならない。その後の研究が示しているように，そもそも止揚するということは重要なことではない。矛盾を簡単に解消するのではなく，むしろそれと向き合い続けることが重要となる（Althusser, Balibar, Macherey, & Rancière, 1968; Yamauchi, 2014）。同様に，概念と対象の一致のようなものや，あるいは全体性としての真理，さらには歴史の終りを前提とする必要はない。ここでHegelを持ち出すことの意味は，簡単に前提を決めてそこから演繹をするのではなく，否定の動きの中で本来の姿が見えてくるという点にある。

4 実践の理論

以上のような思弁的な議論を，サービスという領域の経験的な議論にどのよ

うに結びつけるのか？　この疑問に対する答えは，「実践（practice, praxis, pratique）」への着目である（Bernstein, 2011; 小林，原，山内，2014）。そして，次に議論するように，「言語」への着目である。実践とは，人々が個別具体的な状況において遂行することを意味する。自明な実体を措定して議論を始めるのではなく，そもそも人々が日々何をどのようにしているのかという実践から議論を始める。そして，実践の中にサービスの複雑さを見る。人が他人と相互作用しながらサービスを実践するとき，その実践の中に社会的関係の複雑さが現れる。そして，人々自身がその複雑さを理解し，利用し，作り出す。つまり，サービスとは実践の結果達成され生み出されるものであり，事前に研究者が措定するべきものではない。むしろ，研究者が事前に持っている理論的理解は一度否定される。

　社会科学一般，そして経営学で，実践的転回（practice turn）が唱えられ，実践の概念が議論されるようになり20年以上経った（Gherardi, 2009; Lave & Wenger, 1991; Nicolini, 2012; Schatzki, Knorr-Cetina, & Savigny, 2001）。この理論的枠組みを，実践理論（practice theory）と呼び，ここではその概要を紹介したい。ちなみに実践理論という言い方はあまり見かけないかもしれない。実践に基づく理論（practice-based theorizing），実践的レンズ（practice-lens），状況に埋め込まれた実践（situated practices）などの名前の他，活動理論，アクターネットワーク理論，エスノメソドロジーなどの呼称でも呼ばれる。本書はこの実践理論に基づいている。

　そもそも実践とはわかるようでわからない概念である。まず，実践をどう理解するべきかを考えてみよう。実践とは，従来「理論」と対比されるものであった。プラトンは実践を軽視し理論を重視したが，アリストテレスは実践にはそれ独自の知のあり方があること，つまり理論的知に還元する必要がないことを指摘した。しかしながら，理論への偏重は確実であり，長い歴史の中で，このような傾向はより強固になっていった。その実践と理論の関係を転倒させたのがカール・マルクス（Karl Marx）である。Marxは，従来観念から出発し実践を観念に依存させる伝統を転倒し，物質的実践から出発し，観念は実践

から生み出されると主張した。

> 天から地へと降下するドイツ哲学とは正反対に，ここでは，地から天への上昇がなされる。すなわち，人々が語ったり，想像したり，表象したりするものから出発するのではなく，また，語られたり，考えられたり，想像されたり，表象されたりした人間から出発して，そこから身体を具えた人間のところに至るのではない。現実に活動している人間たちから出発し，そして彼らの現実的な生活過程から，この生活過程のイデオロギー的な反映や反響の展開も叙述される。(Marx & Engels, 1845)

　MarxはHegelのように，社会的意識を独自の実体を持つものとは考えなかった。逆に自分たちの生活を支えるための経済的実践としての生産活動から，社会的意識，政治体制，法，宗教などが生じると考えた。

　同様に，実践的知を全面的に押し出したのがエトムント・フッサール（Edmund Husserl）である（Husserl, 1950）。現象学では，自然的態度において世界が我々に現前する方法を理解しようとした。そこでは理論的な知の前に，我々がすでに持っている世界に対する地平としての理解を置いた。そして，我々が理解している世界の概念を自明なものとして受け入れるのではなく，そもそもそのような概念がどのような過程で定立されるのかを明らかにした。その現象学をさらに発展させたマルティン・ハイデガー（Martin Heidegger）は，我々の存在 being-in-the-world はすでに世界を含んでおり，世界から切り離せないことを見出した（Heidegger, 1927）。我々が特定のものを理解できるのは，そのものを凝視するからではなく，何かのためにそれを利用することに基づいている。例えば，我々はキーボードを使ってブラインドタッチで入力することができる。だが，Fというキーの左隣は何かと聞かれて，即座に答えることは難しい。しかし，ブラインドタッチをするとき，Dを瞬時に探して打つことができる。これは我々の世界に対する理解が，理論的で抽象的な形ではなく，何かをする実践の中でなされていることを示している[1]。

　同様に，ルートヴィヒ・ウィトゲンシュタイン（Ludwig Wittgenstein）はその後期の思想で，言葉の意味はその定義ではなく，その用法であるというこ

とを示した（Wittgenstein, 1953）。言葉の定義をいくら調べてもその言葉を使いこなすことはできず，その言葉の理解はその言葉を使うときの実践に基づく。さらにWittgensteinは，人が明示的に定義されたルールに従うことは不可能であることを示した。まずルールには，ルールをどう理解してどう適用するのかという別のルールが必要となり，網羅的に書き切ることができない。HusserlやHeideggerが示したように，我々の何かの対象に関する明示的な理解は，すでに実践の中でその対象を利用するときの理解として与えられていなければならない。また，ルールに従うということが可能だとしても，他の人が，ある人がどのルールに従っていると理解できるのかという問題がある。特定の行動に対して別のルールを割り当てて解釈することも可能である。つまるところ，ルールに従うということは，慣習（custom）であり，実践（practice）である。慣習として共有されているという社会的側面を想定しない限り，ルールに従うという事象を説明できない。

　実践という概念を，ただ無意識な行動と捉えることは避けなければならない。実践は刺激に対して自動的に動く機械でもない。一方で，詳細に計算して行動する，例えばすべての選択肢を考慮しその時点で最適な選択肢，あるいは要件を充足する選択肢を選ぶというようなものでもない。実践には，実践独自の方法として「戦略」がある（Bourdieu, 1977）。明示的に計算することなく，実践の中で戦略的な行為がなされる。決められた行動を行っているように見えたとしても，そのタイミングをずらすことにより，戦略的に相手との駆け引きが行われる。例えば，贈りものに対して，その返礼を遅らせるなどによって，緊張感を生み出す。ブルデュー（Bourdieu）は，このような実践を生み出す原理をハビトゥスと概念化し，長期間の社会化を通して身体に刻み込まれることを説明した。つまり，ただ情報を理解するだけではこのような実践をすることは不可能であり，身体化された能力が求められる。鮨屋で鮨通として自然にふるまうことは，それなりの経験を積み，身体化された能力を培ったことにより可能となる。そもそもフランス料理における作法にしても，もともと上流階級の人々が優雅に自然にふるまうことにより，自らの出自や高貴さを示そうとし

たという側面を理解する必要がある。つまり，政治的な実践である。このようなふるまいは一朝一夕には身につかない。

　ここまで見ると，実践という概念が独自の知の形式を持つことがわかる。個別具体的な物質的状況に根差した実践はそれ独自の知を持つが，それは実践から引き離した瞬間に我々の手からすり抜ける。実践の中での知と実践から切り離されて抽象化された知の間には断絶があり，一方を他方に還元することは問題となる。実践理論では，まずこのような実践があって，社会にしろ，サービスにしろ，我々が通常現実として理解するものは，実践を通して構築されると考える。つまり，弁証法的な二重性は実践される限りにおいて，分析可能となる。

　この実践というものを経験的に分析する学問が，エスノメソドロジーである（Garfinkel, 1967）。エスノメソドロジーは，個々の実践の中に秩序があると主張する。同時に，実践を通して秩序が構築される。実践は個々に変動があるために，従来の社会科学では，多くのサンプルを用いてモデルをフィットさせることでノイズを除去する。このモデルが社会の秩序ということになる。しかし，そもそも実践に関わる人々は，その実践を達成している。人々は，他の人の行為を理解している。正確には，行為を理解可能なように呈示している。行為とは頭の中で考えた手順を実行しているのではなく，常にパブリックなものとして，そしてパブリックに理解可能なものとして扱かわれる。

　エスノメソドロジーは，日常のありふれた行動を分析することを可能とする。そのとき，日常のルーチンは，ルーチンという実体として理解されるのではなく，ルーチンであるように構成されていることが明らかにされる。つまり，「普通である（being ordinary）」ということも，その人が先験的に普通であるから普通であるのではなく，「普通であるということをしている（doing being ordinary）」から，つまり普通であるように見せる形で行為しているから普通であると言えるのである（Sacks, 1984）。組織研究の中心的概念であるルーチンの理論も，実践の概念と節合されつつある（Feldman & Orlikowski, 2011; Feldman & Pentland, 2003）。後に議論するように，エスノメソドロジーの考

え方は，このルーチン理論をさらに進めるために必要不可欠である。

このように実践そのものを経験的に分析しようとするエスノメソドロジーが，言語の使用に注目するのは不思議ではない。よって，相互行為の構造を研究する会話分析という学問がエスノメソドロジーより派生し，発展した（Schegloff, 2007）。相互行為は1つの実践である。我々は複雑な相互行為も日々達成している。例えば，レストランで注文するということに成功している。そこには方法があるはずであり，相互行為を詳細に分析することで，この方法を記述することができる。下記に報告する経験的研究は，このエスノメソドロジーと会話分析の考え方に依拠している。エスノメソドロジーについては，後程詳細に説明する。

5　言語の理論

エスノメソドロジーが言語を強調するように，実践の理論は，言語の理論と結びつく。実践的転回は，言語論的転回（linguistic turn）の系譜に位置している。言語論的転回とは，社会というものがまず存在して，言語がそれを記述するのではなく，言語を通して社会が構成されると説く。サービスを理解するにあたっては，実践から議論を始めるわけだが，その実践は言語に媒介され，言語によって構成されている。

まずフェルディナンド・ド・ソシュール（Ferdinand de-Saussure）が示したように，我々の世界は言語によって分節化されている（de Saussure, 1972）。例えば，日本人は虹を7色であると認識するが，そのとき虹の色のグラデーションを「赤」「橙」「黄」というように言葉で分割（分節）している。言語的体系が異なればそれが6色に見えることになる。我々は世界をそのまま知覚しているのではなく，そこには言語が介在している。なお，この「赤」と書かれた文字や，読まれた音である記号（シニフィアン signifiantと呼ぶ）が，赤色という概念（シニフィエ signifiéと呼ぶ）と一体化しているが，この「赤」というシニフィアンは恣意的に選ばれたにすぎない。この文字や音には何ら「赤

色」の概念を示すような必然性はない。つまり，このシニフィアンはそれ自体では何も機能せず，他のシニフィアンとの差異によって記号となる。このように言語を実体化しない考え方は，社会を実体化しないという考え方につながり，社会理論に多大な影響を与えた。例えば，クロード・レヴィ＝ストロース（Claude Lévi-Strauss）は，この構造主義的記号論を文化人類学に応用し，その理論を劇的に広げた（Lévi-Strauss, 1967）。

そして，言語を使うという行為が，外にある世界を言語という観念的ツールで表現しているのではないということを，言語行為論が示した（Austin, 1962）。言語を利用する行為の中には，世界を記述するのではなく，世界を構築するものがある。典型的には，「この電話をiPhoneと名付ける」という発話であり，この行為はiPhoneという名前を表現しているのではなく，この世界にiPhoneという事実を打ち立てる。このような発話を行為遂行的発話，あるいはパフォーマティブ（performative）と呼ぶ。Weick (1979, p. 1) が示したように，野球の審判がストライクやボールと宣言するとき，いくつかの考え方がある。1人の審判は事実の通り宣言する（"I calls them as they is"）と言い，もう1人は自分が見たように宣言する（"I calls them as I sees them"）と言う。一方，3人目は「私が宣言するまで，ストライクでもボールでも何でもない（They ain't nothin' till I calls them）」と言う。最後の宣言は，事実を表現しているのではなく，事実を打ち立てる行為である。

このパフォーマティブの考え方は，広い射程を持っている。例えば，Judith Butler (1990) は，ジェンダーがパフォーマティブを通して作り上げられるという。本来，個々にばらばらな個人がいるだけであるが，日常の実践を通して，ある人が「女性」であるというように措定され，それが反復されることで，本来実体として存在しなかった女性という事実が構築される。女性にまつわる特定の社会的規範，期待，価値などがそこに紐づいていく。その人が女性であるというようにアイデンティティが作り上げられる。

社会とはこのように構築される。つまり，社会が自明な実体として存在するのではなく，実践を通して作り上げられるということを意味する（Czarniawska,

1997; Nicolini, 2012; Tsoukas & Chia, 2002; Weick, 1979; 1995)。抽象的な知を前提とし，それをもとに行為として遂行するというモデルであれば，前提として固定的な社会を想定することができた。しかし，まず社会があり，役割や規範が決まっていて，それに従って実践が生まれると考えるのではなく，実践を通して社会が構築されると考えなければならない。例えば，Goffman（1961）が「役割距離」という概念で示したように，人々が社会的に定義されている役割通り忠実に行動したのでは，社会は機能しない。上司が「上司」という役割を完璧に演じたとすると，部下は息が詰まるし，上司がミスを犯したときに対処できなくなる。また，部下を説得したり，動機付けをするとき，上司としてではなく，部下が共感し同一化できるような存在として接することが必要になる。つまり，役割は忠実に演じるのではなく，少し距離を生み出す形で演じられる。そうすると，その人の存在や関係性は，実践を通して作り出されるしかない。

　組織論の研究でも，組織は実践の結果であって，実践が組織の中で起こるのではないことが議論されている（Nicolini, 2012; Tsoukas & Chia, 2002）。Weick（1979）が主張したように，組織（organization）という名詞ではなく，組織化（organizing）という動詞で考えることが重要である。状況は常に曖昧であり，固定的な名詞としての組織（役割，規則，ツールなど）は，そのままでは行為を決定できない。まずそれら組織の意味を構築する実践，つまり組織化が必要となる。つまり，組織化の概念は，センスメイキング（意味形成）の概念と結びついている（Weick, 1995; Weick, Sutcliffe & Obstfeld, 2005）。センスメイキングとは，曖昧な状況に直面したとき，遡及的に，つまり後付けで物語（narrative）を構成し，意味を付与することを指す。雑多でばらばらな要素が1つの筋に統合され，物語が構成される（Czarniawska, 1997; 金井，森岡，高井，中西，2009）。このように物語を構成し語るということは，受動的な思考ではなく，能動的に世界を構成する行為である。実際には，後付けで完璧な物語が構成されるというよりも，実践の中で断片的で未完の物語が語られていく（Boje, 2011）。物語を通して，組織という現実が打ち立てられていく。

このような議論を踏まえて，本書の後半ではさらに言語の理論に踏み込む。言語への着目は，記号（sign），言説（discourse），テクストなどに関する理論へと結びつく。これらの理論が，サービスの理論的議論に様々な概念ツールを与えてくれる。特にサービスは言語的に構成されている。つまり，サービスとはテクストである。客はそのテクストを読み解くし，客自身も自分がどういう存在かテクストとして提示する。ここでテクストという概念を持ち出すことの意味は，このテクストが非常に複雑に構成されているからである。例えば，1つの意味が一義的に付与されるテクストというのは少ない。そこには暗に複数の意味が込められることや，アイロニーやパロディのように明示的な意味が否定されながら持ち込まれることもある。テクストに関する理論は，これらの現象を理解するための助けとなる。サービスという再帰的に構築された現象は，テクストとして捉えることによって，より生産的な議論が可能になると思われる。

　このとき，テクストという概念は，我々の日常用語でのテクストとは区別される。文学の領域において，テクストは作品とは区別される（Barthes, 1971）。作品は実体として存在する固定的なものであるが，テクストは意味を生成する生産性の実践と捉えられる（Barthes, 1971; Kristeva, 1970）。そして，テクストの生産とは，他の様々なテクストを参照し，利用し，引用するということを通して網目状に織りなされることを指す（textの織りなしはtextureとなる）。例えば，書くという行為は，様々な既存のテクストを直接的あるいは間接的に参照しながら，1つのテクストとして構成していく。そして，読み手は，また別のテクストを参照しながら，自分の意味を生成し，新しいテクストを構築していく。これは書かれたものに限らず，サービスにおいても同様のことが言える。提供者は文化，歴史，伝統などに関連する様々なテクストを組み合わせ，客はそのテクストを読み解くことで，サービスが構成される。鮨屋でも料亭でも，客は提供された料理をその時点で食べて美味しいと判断するのではない。食材の産地，食材の組み合わせ，伝統的な料理構成，他の店で食べた同じ料理などが織りなされて，その料理の意味を生成していく。サービスの価値共創は，

客と提供者がテクストを織りなすという実践として理解するべきであろう。

　言語，記号，言説，テクストなどの概念を利用するとき，それらはメタファーとして用いられているのではない。サービスというものが独立して存在し，それらを表象するためにテクストが用いられているのではない。サービス自体が厳密な意味でテクストであるということである。言語論的転回以降の考え方では，言語は観念論的な表象ではなく，物質的である。それは言語が物質的な紙や空気の振動である音声の形を取って利用されるということではなく，言語自体が物質的領域の現象であるという意味である。行為遂行的発話は，物質的世界を打ち立てる行為である。鮨屋で親方が客に向ける最初の質問は，何かを表象しているのではなく，それ自体が世界を構成している。言語論的転回によって，この言語と世界の関係を転倒させ，世界が言語によって作り上げられることを理解する必要がある。

6　本書の構成

　第Ⅰ部では，経験的研究を示す。具体的には，共同研究者と共に行ったエスノメソドロジー研究を報告する。

　第1章では，東京の鮨屋のサービスを直接観察し，ビデオ撮影し，分析した経験的調査を報告する。この経験的分析により，サービスの現場がどのように闘いであるのか明らかにする。

　第2章では，鮨屋で得られた分析結果をあえて対照的なファストフードという領域で試す。鮨屋では職人と客が直接やりとりし，客に応じた個別のサービスを実践しているが，ファストフードは画一化され，非個性的である。このようなサービスでも，鮨屋で見られたような実践が部分的に見られることを示す。

　第3章では，鮨屋とファストフードという両極端なサービスの知見を踏まえて，イタリアンとフレンチレストランに着目する。特に，イタリアンレストランという比較的ファストフードと鮨屋の中間的な価格帯のサービスにおいて，まとまったデータが得られたので，注文するという行為について比較分析する。

これらの経験的研究により，サービスが単に顧客の要望を満たし，顧客満足度を高めるという枠組みでは捉えきれないことが示される。そして，本書で「闘い」と呼ぶものが，どういうものかを記述する。しかしながら，この経験的研究では闘いについて記述できても，人々がなぜそのような闘いに従事するのかは説明できない。この「なぜ」に踏み込むために，第Ⅱ部において，闘いとしてのサービスの様々な側面を明らかにし，新しいサービスの理論を構築することを目指す。

　第Ⅱ部のはじめとなる第4章では，闘いとしてのサービスが，実は価値をもたらすことを議論する。サービスが闘いであるという奇異に聞こえるテーゼの理論的背景を検討することで，それが従来のサービス理論とは全く異なる新しい理論に基づいて理解可能であることを示す。

　第5章では，この闘いがどのように実践されるのかを議論する。第Ⅰ部の経験的分析では，相互行為を通してサービスがどう構築されるのかを見た。この章では，この知見をもとに，また前章での理論的枠組みを踏まえて，闘いの実践を明らかにする。

　第Ⅲ部は，これらの経験的・理論的考察を踏まえて，実践のためにどのような示唆があるのかを議論する。特に，近年注目を集めるサービスデザインの議論を紹介すると共に，本書の理論に基づいたときのサービスデザインのあり方として新しい視点を議論する。

　最後に，これらの理論的考察に関連したいくつかの含意を議論することで本書をしめくくる。

■注
1　Heidegger（1927）は『存在と時間』で示したように，キーボードのようなこれらの道具が壊れたり，手に入らないときに，我々はそれらを凝視し，主題化させることになる。ここで道具性の総体としての「世界」が相対化される。しかし，本書にとって重要なのはむしろ次のような，芸術における道具性の相対化であろう。Heidegger（1960）は『芸術作品の根源』において，我々は芸術に対して，道具に対するように透明な形で接するのではなく，何らかの「衝撃」を受ける「出来事」として体験することを議論した。このとき，Heideggerは，道具のように自らの存在を開ける「世界」と，そこに打ち立てられるがそ

れ自身は閉鎖した「大地」の「闘争」を通して真理（アレーティア）が自らを開示すると定式化した。このような芸術の「緊張」は，本書の後半で示すサービスの緊張と直接的に結びついている。

第 I 部

サービスのやりとり

会話分析の標準フォーマット

[	オーヴァーラップの開始位置
]	オーヴァーラップの終了位置
=	末尾に等号を付した発話と冒頭に等号を付した発話とのあいだに感知可能な間隙が全くないこと
(数字)	その秒数の間隙
(.)	ごくわずかの感知可能な間隙（おおむね0.1秒前後）
:	直前の音の引き延ばし（コロンの数は，引き延ばしの相対的長さを示す）
-	発話の中断
.	下降調の抑揚
?	上昇調の抑揚
,	継続を示す抑揚
↑↓	急激な抑揚の上昇や下降
文字	強調
°文字°	弱められた発話
hh	呼気音（呼気音の相対的長さはhの数で示す）
文(h)字(h)	発話の途中に挿入される呼気音
.hh	吸気音（吸気音の相対的長さはhの数で示す）
<文字>	前後に比べてゆっくりとした発話
>文字<	前後に比べて速い発話
(文字)	聞き取りに確信が持てない部分
((文字))	転記者によるさまざまな種類の注釈・説明
¥文字¥	笑みを含んだ声

第1章

鮨屋におけるやりとり

1 鮨屋とは

　本章の目的は，実際のサービスのやりとりを経験的に分析することである。我々の興味は，サービスが実際にどういうやりとりにより実践されているのかという点であるが，直感的には，ただ客が欲しいものを言って，提供者がそれを受け取るというような単純なものではないだろうというものである。そして，特にそのような単純なモデルには当てはまらない極端な事例から研究を始めることにした。それが鮨屋である。つまり，鮨屋を選択したのは，戦略的な理由があったからであり，そのサービスは最も特異なものと思われたからである。

　そのような特異なものに焦点を当てるアプローチに疑問を持つ方もおられるかもしれない。つまり，そこから得られる知見というのは，例外的なのではないかということである。たしかに，サービス全般に関する分布を知りたければ，特異な例を見ることは適さない。しかし，この研究の目的はサービス全般におけるパターンを抽出することではなく，サービスというものの原理を探ることにある。そうすると，平均的なサービスを見るのではなく，特異なサービスを見ることにも意味がある。

　ここでの対象は，東京の伝統的な鮨屋である。ここで伝統的であるというのは，「立ちの鮨屋」と呼ばれるスタイルで，カウンター形式になっており，職人が客の目の前で仕事をすることを指す（**図表1-1**）。伝統的な鮨屋ではメ

図表1-1 ●立ちの鮨屋の例

ニュー表は提示されないし，値段も食べ終わるまで知らされない。立ちの鮨屋でも，メニュー表が用意されているところも多いが，今回の対象はそうではない従来からのスタイルの店である。4軒調査をした中で，1軒はその日入荷した鮨ダネ（魚）の名前を筆書きの木の札で壁につるしてあるところがあった。しかし，この店でも値段は示されていない。

　立ちの鮨屋という言い方は，もともと鮨屋の多くが屋台から始まったという歴史による。客は立って食べた。そこから店を構えるようになったが，職人とカウンターを挟んで食べるというスタイルは引き継がれた。英語ではSushi Barと呼ばれるスタイルである。メニュー表を置かないというスタイルも，もともと屋台では仕入れる魚が毎日決まっていなかったため，メニュー表を用意することができなかった，あるいは魚の種類も限られていたなどの事情によるらしい。なお，鮨は箸を使わず手で食べるという作法があり，実際に今でも多くの人が手を使うのであるが，それも当初のスタイルであったという。

　東京の鮨屋に限定した理由は，握り鮨が東京で生まれ，東京で発展を遂げたものであるということによる。東京の鮨は，江戸前鮨とも呼ばれ，もともとは江戸前，つまり東京湾で獲れた魚介を材料としていたことに由来する。今では東京の築地市場に入荷される全国各地の魚が利用される。この握り鮨は，江戸時代に華屋與兵衛によって発明されたと言われている。実際には様々な種類のすしがあったと考えられるが，一般的にはわさびを初めて使ったということで，

江戸前鮨の発明者と言われている。この鮨は，酢を混ぜた御飯を一口大に握り，魚の切り身を乗せたものである。それまであった関西の押し寿司とは異なる，新しいすしであった。

　ところで，すしは，寿司，鮨，鮓などと書かれる。一般的には，江戸前では，鮨の字をあてることが多い。その理由は，江戸前鮨の特徴として，魚に何らかの「仕事」をするからである。つまり，「魚」を「旨く」するというすしという意味で，この二字を組み合せたものである。仕事とは，魚を酢にくぐらせる「酢〆」，昆布と合わせて旨味を出す「昆布〆」，醤油ベースの地に漬ける「ズケ」，鮪などを真空パックにして何日も氷につける「熟成」などの手法である。江戸前鮨は，米に魚を合わせるように，魚に仕事をするというのが特徴であると言われているようである。他の地方では，新鮮な魚ですしを作ることがあるが，それは江戸前鮨とは異なる。

　鮨屋は現代において，画一的なサービスとは一線を画した最も個人的（personal）なサービスの典型例である。鮨屋では，伝統的に「お好み」で食べる。つまり，客が1つ1つ食べたい鮨を選び，親方に伝える。客がサービスに参加するという意味では，最も顕著な例である。これは，ファストフード，ファミリーレストラン，コンビニエンスストアなどのように画一的なサービスの対極にある。

　さらに鮨屋が興味深いのは，鮨屋は独特の雰囲気を持っていて，客はそのサービスに参加するときに緊張するという側面があるということである。例えば，東京のミシュラン3つ星の鮨屋「すきやばし次郎」の小野二郎親方を取り上げたJiro Dreams of Sushiというドキュメンタリー映画では，著名なフードライターである山本益博氏が，すきやばし次郎に行くには「緊張します。何度行っても緊張します」と説明する。経験を積んだ山本氏ですらも緊張するということは，ほとんどの客にとってもそうであることは言うまでもない。

　この緊張感は，海外の鮨屋でも同様である。たとえば，"The Story of Sushi"という本の中で，Trevor Corson（2009, p. 317）は米国における鮨を次のように説明する。

多くのアメリカ人は，鮨屋をこわいものだと思っているので，鮨屋に入って，テーブルに座ることを選ぶ。テーブルに着席することは慣れ親しんだ感覚がある。メニューから注文することも同様である。（中略）慣れ親しんだ世界に背を向け，付け台（カウンター）に座るには勇気が必要であるが，その体験はもっと興味深いものとなる。（中略）食材や鮨の順番について，何が起こるかわからないことは，その楽しみの一部である。（中略）アメリカ人は，自分たちだけがそうなのではないと知ってほっとするだろう。多くの日本人も，鮨屋をこわいものだと思っているのだ。（翻訳は筆者）

　あるいは，New York Timesの記事で，Eric Asimovは，ニューヨークにある日本人が経営する鮨屋での体験を次のように表現する（Asimov, 2002）。

　そのダイニングルーム（注：テーブル席のこと）は少しさびれていたし，とにかく食事に真剣であれば，着席するべき場所ではなかった。そのためには，付け台に座らなければならない。それも私は「おやじ（Old Man）」としか知らない気難しい職人の前で。私は常連ではないし，彼も私を知らないし，私が入ってきても特に興味を示さなかった。しかし知らず知らずのうちに，おそらく何でも試してみたいたちなせいだろうか，私は鮨テスト（sushi test）をクリアしたようだった。

　このような緊張感のあるサービスというのは，非常に奇妙である。これらの鮨屋は価格も高い。1回の食事が1万円を下回ることはなく，高いところでは4万円を越える。それだけの対価を支払って，緊張感があり，親方に試されるようなサービスに参加するというのは，従来のサービスの理論では説明がつかない。これがこの研究のモチベーションであった。

　そのために，まずこのような鮨屋のサービスがどのように構成されているのかを経験的に調べることから始めなければならなかった。鮨屋で実際のやりとりがどのように構成されているのかを，データをもとに明らかにするために研究を始めた。

2 親方と客の対話の分析

　サービスを理解するためには，サービスの実際のやりとりを分析する必要がある。そのためには，実際のやりとりを記録し，詳細に分析する必要がある。相互行為の分析のために有効な手段が，社会学の1つであるエスノメソドロジーであり，そこから派生した会話分析である。会話分析では，会話を録音・録画して，それを何度も吟味することで，会話の構造を理解する。

　エスノメソドロジーとは，University of California, Los Angelesの社会学者ハロルド・ガーフィンケル（Harold Garfinkel）によって創始された社会学のアプローチである（Garfinkel, 1967; 2002）。エスノメソドロジーは，研究者の研究手法としてのメソドロジーではなく，現場の人々の（エスノ）方法（メソッド）を記述することを意味する。社会学の多くのアプローチは，個々の具体的事象には興味がなく，事象を多く集めたときの傾向に興味がある。個々の具体的な事象はあまりに雑多で，バラツキが多いので，それ自体にはノイズがのっているという捉え方になる。そのため，多数のサンプルを集めて，ノイズを除去することで，傾向としての社会の秩序を理解しようとする。

　Garfinkelは，社会の秩序（order）は，個々の具体的な事象の中に存在すると主張する。秩序とは，社会がランダムなイベントではなく，それなりに理解可能な構造を持っているように現前することを意味する。ノイズと考えられているものは，当事者にとってはノイズなどではなく，それぞれ意味のあるものである。そして，この秩序は，当事者自身が理解していて，自らの行為の中でそれを利用するし，それに対する理解を示す。

　例えば，会話を終わらせるという行為について考えよう（Schegloff & Sacks, 1973）。我々は誰しも日々数多くの会話を終わらせている。その意味で我々は会話の終わらせ方を知っている。しかし，どうやって終わらせるのかと問われても，答えることができる人はいない。例えば，話さなければいいというかもしれないが，会話をしていて急に話さなくなると，会話を終わらせるどころか

問題が起こる。突然「バイバイ」と言うような方法も、相手を怒らせかねない事態となる。あるいは、「それじゃもうこの会話を終わろうか？」と聞いたりすることもほとんどない。

ではどうするのか？　我々は最終的な、「バイバイ」の交換に到達する時点で、すでに「バイバイ」と言う準備が整っていなくてはならない。その準備が整っていないのに、「バイバイ」と言うことは問題となるだけである。ではどうやって準備をするのか？　それがpre-closingという連鎖である。会話にはあるトピックが終わった時点というものがある。例えば、質問があって話を始めたのであれば、その質問に対する答えが与えられた時点である。1つのトピックが終局に向かい、一方が話し終えたときに、他方が「うん」とか「ふーん」とか「オッケー」というような発話をする。それを受けて相手も同じように返す。その後に、初めて「バイバイ」と言うことができる。

どういうことか？　「うん」とか「ふーん」とか「オッケー」というのは、あるトピックが終わった時点で、他方が何か新しいトピックを始める機会を与えられたにも関わらず、その権利をパスしたことを意味する。そして、相手も同様にパスする。この時点で、双方が会話を終了する準備ができたことを理解し、相手がそれを理解したことが理解可能となる。そこで初めて、会話を終了する儀式である「バイバイ」に続くことができる。

この会話を終わらせるという方法は、当事者自身の方法（エスノメソッド）である。当事者自身がこの方法を利用し会話を終わらせる。それに対して、多数のサンプルを集めて、会話を終わらせることに失敗した場合の説明変数を割り出すアプローチもあるが、それではこのような当事者自身の方法を理解することはできない。

重要なのは、このような当事者自身の方法があるとして、常に当事者自身がこの方法に従っていることを、相手に示しながら行動しているという事実である。自分が新しいトピックを始める権利を得たが、それをパスしたことを示す行為は、この方法を自分が理解していることを示したうえで、それを利用していることになる。当事者はこの方法をよく知っていて、それを相手に説明しな

がら，この方法を利用する。つまり，この方法の使用と，方法の説明は，同時に同じ行為の中でなされる。これによって，行為が説明可能（accountable）であると言われる。我々が何かの行為をするとき，例えばサービス場面で席に座るとき，注文するとき，食べるとき，それらの行為を説明可能な形で遂行される。ここで言う説明という概念は，言葉によって明示的に説明されることを意味するのではない。ほとんどの場合，そういう明示的な説明が付与されずに，行為自身が説明可能となっている。明示的な説明が付与されると，その説明も説明可能な形でなされなければならないことになる。

　実際に，どうやって会話を終わらせるのかと問われて答えられないのは，この方法を当事者はよく知っているが，記述できないということであり，この方法に関する理解が，理論的なものではなく，実践の中に根差していることを示している。我々は行為の中で世界を理解しているのであり，それを行為できるが，言葉で記述できない。

　このような方法を記述するために，相互行為をビデオなどで記録し，何度も見るというようなことをする。会話分析は，エスノメソドロジーの考え方から生まれ，会話を技術的に分析していく方法を開発したことで，独自の発展を遂げた（Sacks, 1995; Schegloff, 2007）。会話分析では，会話データを標準の記法で書き起こし，データを何度もレビューすることで，1つ1つの会話がどのように秩序立っているのかを明らかにする。会話を解釈するとき，その連鎖構造に注目する。1つの行為は，前の行為が作り出す文脈の中で説明可能となる。例えば，前述の「バイバイ」という行為は，それ以前の行為が作る連鎖の特定の位置でなされることで，それが理解可能となり，それ以外の位置では唐突な行為となったり，理解不可能な行為となってしまう。行為は次の行為のための文脈を構成する。つまり，1つの行為は文脈に形作られ（context-shaped）ながら，文脈を更新する（context-renewing）ことになる（Heritage, 1984）。

　また，我々は行為の背景にある「意図」を特定することを目的とせず，行為がどのようにその場の人々に見せられるのかに注目する。つまり，どのように説明可能なのかに注目する。前述のpre-closingでの「うん」という発話の背景

にある意図を特定することが分析の目標ではなく，その位置で「うん」と言ったことがどういう行為であると当事者によって説明されるのかを検討することになる。つまり，自分が新しいトピックを導入する権利を得たにも関わらず，それを放棄したと説明できることが重要なのである。そして，その説明がどれだけ妥当なものかは，参加者自身の行為によって示される。つまり，その次の位置で他の人がどういう行為を取るかによって，その前の行為がどう理解されたのかが示される。例えば，「バイバイ」と言ったというとき，それはその位置でそう言うことが妥当であると理解しているということであり（妥当でなければ，それに明示的な説明を加えるなどの行為をするはずである），そのためには相手が会話を終了する準備ができているという理解を示している。つまり，研究者が外部から説明を与えるのではなく，参加者自身の説明をもとに分析を構築する。参加者の意図を特定することは，外部から研究者が解釈を当てはめていることに他ならない。なぜなら，参加者自身，相手が何を考えているのかは知りようがない（誰も他の人の頭の中を知りえない）。そのような参加者自身が知らないことを研究者が特定することは，分析に外部の基準を持ち込むことに他ならない。

　一方で，会話分析では，できるだけ多くのデータを収集し，比較することによって，1つの会話の構造が多くの場合に妥当であることを示す必要がある。つまり，多くの場合に同様のパターンが見られるということによって，分析が確実になる。ある方法が記述されたとして，人々が繰り返しその方法を用いるということが示される。特に重要なのは，例外の取扱いである。これまで見られたパターンに当てはまらない事例が見つかったとき，それを例外あるいはノイズとして分析を放棄するのではなく，その例外的な事例を，参加者自身がどのように例外として扱うのかを示すことで，逆にこれまで見られたパターンの分析を確実にすることができる。

3 調査対象

　東京の鮨屋4軒で調査を行った（Yamauchi & Hiramoto, 2014）。4軒のうち，1軒は昼の営業であったこともあり，他のデータと比較できないことがわかったため，今回の分析には含めていない。具体的には，下記に最初の飲み物の注文の分析が出てくるが，昼の営業では，このやりとりがほとんど見られなかった。また，料理も「おまかせ」のスタイルであったため，食べ物の注文のシーンも見られなかった。「おまかせ」とは職人が設定したコース料理であり，客は苦手なもの食べられないものを除いて，自ら注文することはない。「おこのみ」のスタイルでは，1つ1つを自分で注文する。他の1軒も「おまかせ」であったが，その店に関しては飲み物の注文を分析に含め，食べ物の注文は含めていない。

　参加者のリストを**図表1-2**に示す。分析の対象とした3軒をA，B，Cと呼ぶことにする。Aは伝統的な鮨を提供しながら，つまみを充実させ，酒も様々な種類を用意しているという意味で，新しいスタイルと融合している。この店は上述のように「おまかせ」が主であるが，おまかせのコースの後，おこのみで食べることができるようになっている。Aでは，親方の他，2人の職人が付け場に入っている。その他の店員は厨房で料理するか，客の後ろから品物を運ぶ。Bは伝統的な鮨屋で，「おこのみ」のみとなっている。つまみは鮨タネを切った刺身が主で，酒の種類も少ない。親方と職人1人が付け場に入っており，店員が客の後ろから飲み物などを運ぶ。Cも同様に伝統的な鮨を提供するスタイルであるが，ワインを置くなど新しい試みもなされている。Cでは親方ともう1人の職人が付け場に入り，もう1人の職人は料理や飲み物の準備をする。どれもいわゆる高級店で，夕食は1人1万円を越え，注文する量によっては2万円を越える程度である。どの店もカウンターのみであった。

図表 1-2 ●調査参加者

参加者[1]	トランスクリプトのラベル[2]	鮨屋	1年間に鮨屋を訪問する回数	常連かどうか
1	A1a	A	10	
2	A1b	A	2から3	
3	A2a	A	1	
4	A2b	A	1	
5	A3a, B4a, C5	A, B, C	6	
6	A3b, B4b	A, B	2から3	
7	A4, B3	A, B	20から30	常連
8	A5	A	0	
9	A6a	A	1	
10	A6b	A	1	
11	A6c	A	0	
12	B1a	B	5	
13	B1b	B	3	
14	B2	B	130	
15	C1a	C	4	
16	C1b	C	3	
17	C2a	C	6	
18	C2b	C	5	
19	C3	C	20	常連
20	C4	C	200	常連

*1 複数の店での調査に参加した人もいる。
*2 グループの客に関しては，下付き文字 a, b and c で表現している。

4　入店直後の注文

　まず，最初のやりとりに注目したい。客が店に入り，「いらっしゃいませ」というやりとりの後，席に通されて，着席する。そこまでは，アシスタントの店員が案内することが多い。そして，客が着席した後，職人が付け場（カウンターを付け台と呼び，その内側を付け場と呼ぶ）の中から話しかける。職人が

第1章　鮨屋におけるやりとり

別のことで忙しくしているときには，アシスタントの店員が話しかけることもある。調査した3店とも，飲み物の注文から会話が始まる。下記のトランスクリプトは会話分析の標準的な表記法（第Ⅰ部扉裏：24ページ）に従う。まず，1つのやりとりを見てみよう。Chefは職人を指す。

断片　1

```
01  Chef  :  え::::.hhh早速ですが（0.5）[お飲]み物はどうしましょうか.=
02  Ala   :                              [はい]
03  Ala   :  =あ::::(.)<蒸>してるんで:n生ビールで:
04  Chef  :  生ビール行きまし[ょう<
05  Ala   :                  [生でいいです[かё
06  Chef  :                              [>そうですね<
07              (0.2)
08  Chef  :  生ビールがですねぇ
09  Ala   :  はい
10  Chef  :  え:エビスの生と:,=
11  Ala   :  =はい
12  Chef  :  あとは濾過をしてない無濾過の<アウグス>という生ビールがありますけど
```

　まず，店に迎えられ着席した後，すぐに飲み物の注文を尋ねられる。この時点では，他の客が飲んでいるものが見える以外に，店にどういう飲み物があるのかについて何も情報は与えられていない。その中で03行目の「生ビールで:」という注文になるわけであるが，注目すべきは，その前に「蒸してるんで:n」と，説明が加えられているところである。つまり，「生ビール」という注文は，説明が必要である存在として扱われている。通常，店で注文するときに，客がその理由を説明することは珍しい。生ビールが何も問題ないものであれば，理由を付与することはないだろう。そのためこの発話は，生ビールという注文が適切であるかどうかに志向しているように聞こえる。仮に「生ビール」が適切でないことが判明したとしても，自分は理由があって注文しているのであり，

35

全く検討違いの注文をしたわけではないと示すことが可能となる。また，生ビールでの後のコロン（:）は，音を伸ばしていることを示している。端的に終了せず，親方の反応を見ながら話していることがわかる。つまり，自分だけではこの注文を完了できず，相手の承認が必要であるという理解が見られる。

そして，適切性が問題であることが，次の04行目の職人による注文の受け取りからも見てとれる。ここでは，通常の「かしこまりました」や「生ビールで」というような受け取りとは対照的に，「生ビール行きましょう」と，高揚感のある受け取りとなっている。そして，ここで「行きましょう」という言い方は，主語が客だけではなく，職人も含めた「わたしたち」である。つまり，客が適切性を考慮しながら注文していることに対して，職人も自分を関与させ，それに合意していると捉えることができる。このように適切性が問題にならない場合には，このような受け取りは見られなかった

この分析をもう一段確かなものとするために，経験豊富な客の例を見てみよう。この客は何度かこの店には来たことがある。次の断片も全く同じように，客が店に入って座った瞬間のやりとりである。

断片 2

```
01  Chef  :  ええと，お飲み物はどうしましょう
02  A4    :  ビール
03           (1.8)
04  Chef  :  生ビールで:
05           (0.4)
06  A4    :  生ビール
07  Chef  :  エビスビール (0.8) アウグス- .hhh
08  A4    :  エビス
09           (.)
10  Chef  :  エビス (.) はい> (かしこまりまし) た<
```

02行目の「ビール」という端的な発話は，断片1の03行目とは対照的である。

何にしようか考えていることなく，また理由も付与せず，端的に言い切ることにより，客が自分の注文が適切かどうかには志向していないことがわかる。受け取りも，非常に端的なものとなっている。

　このように，職人による最初の質問に対する客の答え方で，客がどういう客なのかが示される。つまり，この最初の質問は難しいのである。この何気ない質問が難しい理由は，客にとって何の情報も与えられず，新しい場所で，つまり相手のテリトリーで，急に質問されることから生じる。メニュー表が与えられず，また店内には何のヒントもない。唯一あるヒントは，自分よりも前に来店した他の客が飲んでいるものである。たしかに，バーやパブなどでメニュー表のないところもあるが，ボトルが陳列してあったり，ドラフトビールの銘柄が表示されていることが多い。鮨屋ではこのようなヒントは与えられていない。当然ながら値段もわからない。そんな状況でビールは無難な選択肢であろう。銘柄も限られるし，キリン，アサヒ，サッポロ，サントリー，エビスなど多くの人に馴染みのあるものが多い（実際にはアウグスビールのようなものもある）。日本酒や焼酎だと，複数の種類があるかもしれず，その銘柄を自分が知らないという可能性が急に高くなる。

　さらには，そもそも店の仕組みが説明されていない。飲み物の注文の後に，どういうものが提供されるのかも示されていない。また，鮨屋は特に作法があるサービスであり，多くの人がそのような作法を認識している。「鮨屋では箸で食べてはいけない」，「鮨屋ではうんちくを語ってはいけない」，「出された鮨はすぐに食べないといけない」「鮨は白身から始めなければならない」などの作法が多い。飲み物に関していうと，鮨はもともとお茶を飲みながら食べるものであるという歴史を持ち出す人もいれば，ビールは生魚に合わないので日本酒がいいという人もいれば，日本酒は米なのでシャリと重なるのでいけないという人もいる。そんな中で経験の少ない客はそもそも何を注文するのが適切なのかわからない。にも関わらず，親方のテリトリーに入った瞬間に，いきなり何のヒントもなく質問されるのである。

　次の例は，客が最初の質問に答えられない事例である。この例は夫婦2人で

来店し，夫（A3b）からまず注文する。

> **断片　3**

```
01  Chef  :  お飲物どうしましょうか
02           (0.5)
03  A3a   :  え::とですね::（1.2）（きなんことか）[あります
04  Chef  :                                    [あビール,
05  A3a   :  °ん:°=
06  Chef  :  =日本酒,
07  A3a   :  はい.
08  Chef  :  え:焼酎.
09           (0.4)
10  A3a   :  °はん°=
11  Chef  :  =グラスで（0.3）白ワインとか,シャンパンとか°あります[けど°
12  A3a   :                                                   [はあ:
13  A3a   :  .hh え:とね<私は>ビールで（0.3）ビールは何種類あるんで[すかね
14  Chef  :                                                      [>ビールはで
            すね<,
15  Chef  :  （0.2）生ビールが:,
16           (.)
17  A3a   :  うん
18           (.)
19  Chef  :  エビスの生と,
20  A3a   :  はい
21  Chef  :  濾過を（.）してない無濾過の（.）アウグスという=
22  A3a   :  =ああ:
23  Chef  :  福島の=はい（0.2）>°なんですけど°<.（0.3）>°どっちかで°<
24  A3a   :  °じゃあね°せっかくなんでアウグス=
25  Chef  :  アウグ[ス<
26  A3a   :       [ビールを
27  Chef  :  >おいしいですよ<
```

28	A3a	:	ええ
29			(0.6)((A3aがA3bに掌を向ける))
30	A3a	:	°でどうする¿のみものは

　この場合も，01行目の最初の親方の質問は他の例と全く同じである。03行目の客の答え方が特徴的である。自分の右側を見て，左側を覗き込む（**図表1-3**）。この動作によって，客が何かヒントを探していることがわかる。例えば，この場合は，おそらく何らかのメニュー表，壁などに書かれているかもしれない品名，あるいは他の客が何を飲んでいるのかなどということだろう。その後，「（きなんことか）あります」という，質問の形式がくる。ちなみに，括弧に入ったものは，ビデオからは聞き取れなかったことを指し，おそらく親方にとっても聞き取りにくかったものと考えられる。しかしこの質問の前に，親方はこの客が自分では注文できないということを察し，品物をいくつか列挙している。

　ここで最初の難しい質問から若干難度がゆるめられていることがわかる。しかし，これだけで客の鮨屋経験の水準を決定してしまうと，若干のあいまいさが残るのも事実である。この客は夫婦で来店しており，メニュー表を探そうとしたのは，自分のためではなく，妻のためという可能性もある。実際に，13行目で「.hhえ:とね<私は>ビールで」と，自分の注文をまず決めるという手順を示している。つまり，妻の注文についても，自分が何らかの関与をしている

図表1-3 ●客が右と左を見る

1．親方を見る　　2．右を見る　　3．左を見る

ということがわかる。それが30行目で,「でどうする¿のみものは」と妻に聞くことにつながる。ただ,妻のためか自分のためか,その両方かに関わらず,自分たちが最初の質問で定義されるような経験豊富な客を完全に演じることが難しいということが親方に示される。

さらには,職人Chf2(この場合は親方ではなく弟子なので職人とする)が手助けをしているにも関わらず,決めきれない例が見られた。次の断片は,3人組の客の事例である。

> 断片 4

```
01  Chf2 :  最初(0.3)お飲物どうしましょう
02            (1.0)
03  A6a  :  hhhhhh
04            (.)
05  Chf2 :  どうですか(0.3)[おビール
06  A6b  :                [ぼくは::
07  Chf2 :  冷酒焼酎(.)シャンパンワイン(0.3)なんなりと=
08  A6c  :  =huhh
09  A6a  :  なんなりと
10  Chf2 :  <は>い
11            (0.4)
12  A6a  :  どうすんのエギリ
13            (2.0)
14  A6c  :  ビ-ビールで. ahu[hahhhhh](かわし[ました])はい.
15  Chf2 :                 [おビール.]
16  A6a  :                                     [んhuhh
17            (0.2) ((Chf2がA6aとA6bに手を差し向ける))
18  A6a  :  ふつうビール.
19            (0.5)
20  Chf2 :  ビール>いきま[しょう<
21  A6b  :              [ああぼく[もビー][ルで
```

22	A6a	:	[ビール]
23	Chf2	:	[ビールで=はい

01行目でこれまでと同じ質問がされる。1秒の沈黙の後，A6aが笑う。何がおかしいのか？　この笑いは，質問に当然答えるべきであるところを答えることができないという事態と，それが居心地の悪い状態であることを意味していると考えられる。それを察して，05行目で職人がヒントを出し始める。08行目も別の客の短い笑いが入る。09行目で「なんなりと」という職人の言葉を繰り返す。「おビール冷酒焼酎シャンパンワイン」というのは選択肢を与えているが，その選択肢は広く，そのうちどれも特に勧めていない。そういう情報を与えた後での「なんなりと」は，「なんでもいいですよ」と言うことと同じであるが，なんでもいいという聞き方が客を余計に難しい状態に置く。

14行目のA6cの答えが興味深い。ビールを注文するのだが，そのときに「ビ-ビールで」とぎこちない言い方をし，さらにはその直後に笑いが入る。自分のぎこちない注文の仕方を笑いの対象としている。その後，他の客が同様にビールを注文する。

ここで，経験のある客やその店をよく知る常連客がどのように注文するのかを見てみよう。先程，経験のある客が端的な答えをすることを見た。常連はそれよりもさらに端的なやりとりが可能である。ここで客の名前は匿名化のために「森さん」に置き換えている。Asisはアシスタントである。

断片　5

01	Chf2	:	森さんお飲み物は．(0.4) いかがいた[しますか
02	C4	:	[小瓶ください
03			(.)
04	Chf2	:	小瓶を．
05			(0.2) ((Chf2はC4から目をそらす))
06	Chf2	:	[はい]

```
07  Asis  :  [はい]
08            (.)
09  Chf2  :  小瓶一本です
```

01行目は，これまでと違うパターンである。つまり，職人が客の名前を知っているということ，つまり常連客であることを示している。02行目の「小瓶ください」は端的であるだけではなく，次に来るであろう質問を予測して答えている。通常「ビール」と言ってから，職人のほうから，「中瓶と小瓶とございますが」のように聞かれて，「小瓶で」というやりとりになるのだが，この場合はそのやりとりを省略する。このやりとりで，客C4は一度しか発話していない。これだけ端的な会話が成り立つということは，客が注文の仕方を熟知しているからである。

次に，初めて店を訪問した例を見てみよう。この客は鮨屋に関する本を出版するぐらい著名な鮨通である。

断片 6

```
01  Asis  :  お飲物いかがいたしましょう.
02            (0.2)
03  B2    :  あ::::::((感慨を込めた声で))(0.3) .hhhhhh (2.2) <あ>つ燗と,
04            (.)
05  Asis  :  熱燗を
06  B2    :  あとお水をください.
07  Asis  :  はい.かしこまりました゜
08            (0.3)
09  Asis  :  熱燗一つお願いしま[す
10  Chf2  :                  [はい
11            (.)
12  Asis  :  お水が氷
13  B2    :  い-なし[で(.)けっこう↑です.
```

14 Asis   :   [は(°あ°)

　この場合は，注文の品を言う前に，他の経験のない客のように「あ::::」という間がある。しかし，この間はどちらかというと感慨深い調子で余裕を持って発せられている。その後吸気音と2.2秒のポーズに続いて，熱燗を指定する。この客が慣れていることは，余裕を持って落ち着いているからだけではなく，熱燗という品物を選んでいることからも推測できる。実は我々のデータの中でビールを頼まなかったのは，梅酒ソーダのように甘い酒を頼んだ客（女性客であったが）を除くと，この客だけである。また，「日本酒」というような頼み方ではなく，その準備方法（熱くする）まで指定していることも興味深い。また，06行目で水も同時に注文しているが，これも他では見られないやりとりである。鮨屋に慣れていない客がこのような注文をすることは考えにくい。
　余裕を持って答えるという点においては，次の場合も興味深い。この客はこの店に以前に来たことがあるが，常連というほど通ってはいない。年間の鮨屋訪問回数も20回と，他の常連や鮨通に比べると少ない。しかし，この店に何度か来たことがあることで，経験の少ない客とは少し違うやりとりが見られる。

断片 7

```
01  Chf2   : お飲物は
02           (.)
03  C3     : .hhhhh (0.3) じゃあ::: (.) ビール一杯::もらいましょ[うか
04  Chf2   :                                              [え:: (.) 中瓶小瓶
             ございますが
06           (0.2)
07  C3     : じゃ小瓶::で.
08  Chf2   : 小瓶[で.
09  C3     :    [はい
10           (.)
11  Chf2   : はい (.) 小瓶を一本
```

```
12              (.)
13  Asis    :  はい
```

　03行目「じゃあ:::ビールを一杯::もらいましょうか」という言い方に，端的さはない。しかし，「もらいましょうか」という言い方は，少し上からの目線で自分の余裕を示すやり方に見える。少なくとも，他の経験の少ない客のやり方と差別化していることが見られる。

　このようなバリエーションを見ると，最初の職人からの質問に答えるのが，特に経験のない客にとってそれほど容易ではないこと，そしてその答え方によってその客がどういう客なのかが示されるということが明らかであろう。そして，経験のある客は，端的に答えることができるということによって，その経験の豊富さを示すことができる。逆に言うと，この最初の質問は，ただ職人が何を飲むのかを尋ね，客がそれに答えるというやりとりではない。職人が難しい質問をすることで，客の反応を見ているとすれば，それは職人が客を試しているとも言える。しかし，ここではそれが意識的にされているかどうかは問題ではなく，鮨屋でのルーチンとしての最初のやりとりが，そのように構成されているという事実だけを確認できればよい。

5　最初の食べ物の注文

　次に，食べ物の注文を見てみよう。最初の飲み物を注文し終えた後，食べ物の注文のやりとりが起こる。その間に雑談などが入ることもあるが，この食べ物の注文は，客への2回目の質問の機会である。このときまでには，飲み物の注文によって，どういう客かがある程度判断されているが，次の食べ物の注文でも，最初の飲み物の注文と同様の形式が見られる。
　まず，1つの単純な例から見てみよう。これは1人の客である。このやりとり以前にビールを注文している。

> 断片 8
>
> ```
> 01  Chef  : あん(た)は何か(0.3)切りますか?
> 02              (0.2)
> 03  B3    : あっ(0.2)はい.(0.4)少し
> 04              (0.2)
> 05  Chef  : 何がいいです#か#.
> 06              (0.4)
> 07  Chef  : ええ白身(0.2)生イ<カ>.
> 08              (1.1)
> 09  B3    : ええ:じゃ白身:から
> 10  Chef  : はい.
> ```

01行目で親方が客に対して，次の注文に関する質問をする。この質問はかなり端的になされる。「何か切りますか？」というのは，決まった言い方である。しかし，経験の少ない客にとっては，これの理解は容易ではない。伝統的なスタイルの鮨屋では，料理されたつまみはほとんど置いていない。このような店のつまみとは，刺身のことを指す。つまり，「何かお切りしますか？」という質問は，「何かつまみを食べますか」という意味である。この店のように伝統的な鮨屋では，酒を頼んだ客は握りに入る前に，つまみを頼むことが多い。ある程度つまみを食べて酒を楽しんだ後，握りに入る。

03行目で，「はい」と答える。この答えは妥当なもののように聞こえる。01行目の質問が「はい」／「いいえ」で答える質問であるから，「はい」と答えるのは文法的には正しい。しかし，05行目で親方が「何がいいですか」と聞く。これは，「はい」という返答から，つまみを選択するということが理解されたので，次に何を切るのかを聞いているように見える。しかし，実際には，01行目の最初の質問は，「はい」／「いいえ」で答えるべきものではないということを理解する必要がある。05行目の質問が，01行目の質問のやり直しであり，03行目の客の答えが期待したものではなかったということである。というのも，03行目で客は「はい」の後，「少し」と言って終わっている。この時点で客は

自分が注文を終えたものとして理解している。この客は次に自分が何の魚にするのかを選ばなければならないということを理解しているようには答えていない。実際にすべてのデータを見ると，親方は客のために品を選ぶということはせず，必ず客に選ばせている。この質問に「はい」と答えない例については，下記の別の断片で見よう。

06行目の0.4秒のポーズは長い。通常は0.2秒ぐらいの感覚で発話がなされるため，0.4秒は長いと気づくポーズである。05行目が客に対する単純な質問であるから，これは客のポーズである。客が答えることを期待されているにも関わらず，しばらく答えることができていないことがわかる。通常，質問に対して長いポーズが来るとき，質問が聞き取れなかったか，次に来る答えが期待されたものではないか（断わるときに間を置く）などの状況である。この例では，07行目で親方が，品を2つ示すことから，客が質問を聞き取れなかったのではなく，もう少しヒントが必要であるという親方の理解が窺える。つまり，この07行目の質問は，05行目の質問のやり直しである。この後，1.1秒のポーズが見られるが，これ以上ヒントは出されない。その後，客が提示された2つのうち，1つを選択する。

ポイントは最初の質問の困難さである。この客は「はい。少し」と答えたことから，この質問の意味を理解しただろう（つまり，つまみであることを理解した）。しかし，それに「はい」とだけ答えて終わってしまい，何を切るのかを指定しなかったことで，最初の質問がやり直される。そして，やり直された質問でもまだ難しく，さらにまたやり直されることになる。このように，客に対して高度な質問を投げかけ，客の反応を見て，それから客が注文できるように徐々にレベルを下げる。これにより，最初の飲み物の注文と同様，この客がどういう客かがわかる。

次に同じように，期待された注文の仕方ではない形で，客が注文する例を見てみよう。この客は女性2人組である。

第1章　鮨屋におけるやりとり

> **断片　9**

```
01  C2a   :  おつまみをちょこっと[ずつ
02  Chef  :                    [はい
03              (.)
04  Chef  :  >か[しこまりました<]          [はい
05  C2a   :    [さ い し ょ に ]いただい[て]
06  C2b   :                       [お][なじ]で
07              (6.0)((Chefが調理している))
08  Chef  :  今日書いてあるもの（で）(.)こちらと，((品書きを指す))
09        :   あと::タラのし[ら 子 ]がありますね:
10  C2b   :              [°はい°]
11  C2a   :  は↑:い
```

　まずここまで見てみよう。01行目で客が親方に注文している。先程の断片8と似ていることに注意しよう。断片8では「少し」であったのが「ちょこっとずつ」となっている。この「ちょこっとずつ」で，客が自分の注文を完了したと理解したかどうかを見てみよう。「少し」とか「ちょこっとずつ」という言葉は，親方に選択を任せているように聞こえる。しかし，08行目で親方が「今日書いてあるもので，こちらと」というように，選択肢を示す。この店は他の2店とは異なり，その日に準備のあるタネを筆で書いた木札を壁にかけている。10，11行目の「はい」でこのやりとりが終わり，しばらく会話がない。続きを見よう。

> **断片　10（続き）**

```
12           ((約57秒分省略．二人の間にほとんど会話はない))
13  Chef  :  さっ(0.4)何を切りましょ[う
14  C2a   :                    [↑う:ん
15           (0.5)((Chefが接近するがC2aは気づいていないようにみえる))
16  Chef  :  な[に]かよろしかったら
```

47

```
17  C2a    :   [あ]
18             (1.0) ((Chefが品書きをみる))
19  C2a    :   °う:ん°
20             (3.8) ((Chefはカウンターや包丁を拭いている))
21  C2a    :   昆布締めと,
22  Chef   :   はい
23             (3.1) ((二者とも品書きを見ている))
24  C2a    :   コハダと
25             (.)
26  Chef   :   はい
               ((続く))
```

　57秒の沈黙がある。その間，客が親方に話しかける機会は多々あった。13行目，親方が戻ってきて，「何を切りましょう」と聞く。しかし，その後即座に答えることができず，「う:ん」と考え込むしぐさが2回見られ，親方が16行目で，再度「何かよろしかったら」と質問しなおす。つまり，1分近く考える時間があったのに，おつまみで何を切ってもらうのかを考えていなかったことが示される（その時点で考え始めたということがわかる）。このことから，客が最初の注文で，注文が完了したと理解したということが見てとれる。先程の断片と同様に，客が「ちょこっとずつ」というだけで，親方がつまみを選択して出してくれるだろうという理解である。このような鮨屋ではつまみに何を切ってもらうのかを指定しなければならないが，そのことを理解していないということがわかる。

　次に，鮨通と呼ばれる人が，この質問にどう対処するのかを見てみよう。もちろん，親方はこの客が鮨通であると事前に知っているわけではない。そこで，親方がこの客がどのような客であるか試す方法に注目する。なお，この客が唯一熱燗を注文した客である。

> **断片 11**

```
              ((ChefがB2の顔を見つつ近づく))
 01   Chef  : なんかお切りしますか
 02          ((B2はネタケースを見回る。中略。37秒間の沈黙。))
              ((Chefが水桶に向かうが，すぐにB2の方を振り返る。洗った後，B2の方に
              向き直る。))
 26   B2    : ちょっとだけじゃあ白身を切ってもらって,
 27          (0.4)
 28   Chef  : え::
 29   B2    : よ[ろ し い ]ですか?
 30   Chef  :   [<し>ろ身¿]
 31          (.)
 32   Chef  : し[ろ身]¿
 33   B2    :   [はい]
```

　01行目は他の客に対する質問と同じである。興味深いのは，客がその質問に何も答えないということである。質問に対して答えがないというのはすぐに気づく事象であるから，通常は問題が起こる。この例は，客がネタケースを左右に見ることで，何にするのかを考えていることを示しているため，親方はあえて質問をやり直すなどの行為をしていないと思われる。しかしそれでも興味深いのは，この客が何も言わないということである。つまり，「はい」とも何とも言わない。そしてさらに，37秒後の26行目で，あたかもその長い沈黙がなく，質問に隣接しているかのように，自然に答え始めるということである。これまでの客であれば，質問に対して何らかの形で答えようとする。この客はそれをしないことや，不自然な沈黙の後にも関わらず自然と答えることによって，自分が何をするべきかを知っている客であるということがよくわかる。
　ところでこの26行目の客の注文を親方が聞き取れないことが若干の緊張感を示している。かなり落ち着いて明確に答えているにも関わらず，親方が聞き取れていないということは，可能性として親方にとっては予期していない方法で

注文がなされたと見られなくもない。通常は客のほうが親方の質問を聞き取れない場面が多く見られるが，ここでは親方が客の行為を理解しようとする努力をする。

以上のように，最初の食事に関する質問はそれほど簡単ではないことがわかる。実際には，全く答えることができないという事例もある。次の断片は夫婦2人組の客である。

断片　12

```
001 Chef  :  .hhhさあ (.) >どのよう<にしましょうか.
002          (0.9) ((ClaはClbを見，Clbは視線を落とす))
003 Chef  :  hu[hu (0.2) す]ぐ握りますか?なんかお切りしますか?
004 Clb   :     [なにしようk]
005 Chef  :  .h[hどのように]で[も言[って]くださ]い
006 Clb   :    [ど うする¿]  [なに[か食]べる? ]
007 Cla   :                       [うん]
008 Clb   :  さ（きに）(.) 何かいただく?
009          (0.3)
010 Cla   :  うん (0.3) じゃもういっしょで ゜い[い゜]
011 Clb   :                              [゜うん゜]
012          (.)
013 Cla   :  ずり[i-
014 Clb   :     [なに
015          (0.3)
016 Clb   :  が:あります゜か゜?゜その゜
017          (.)
018 Chef  :  今日 (.) かえ-あの: (0.2) ((品書きを指す)) こちらでございます
019          (0.3) ((Clbが目を細めて品書きを見ようとする))
020 Chef  :  はい (0.2) こちらに書いてあるもの[で゜ございます゜
021 Clb   :                                [juhu hu hu hu
022          (2.5) ((Cla, Clbは品書きを見ている))
```

023 Clb　　：　あっ
024　　　　　　　(2.6)（(ClaがClbを見る)）
025 Clb　　：　<煮イカ>（0.2）あ：：（.）<握り：：>以外とかだと
026　　　　　　　(0.3)
027 Cla　　：　握りの前に何か：
028　　　　　　　(.)
029 Chef　 ：　は[い
030 Cla　　：　　 [つまみとかって
031 Chef　 ：　基本的にこちらに書いてあるものだ[けで]す
　　　　　　　　((続く))

　このやりとりは，001行目で質問し，003，005行目で質問をやり直す。しかし，それでも客は注文できず，014-016行目で何があるのかを明示的に質問する。それに対して親方は，018，020行目で，壁にかかっている品書きの木札を指差すに留まる。そして，031行目で同じことを繰り返す。このやりとりはかなり長く，なお客が注文を決めきれないことを示している。ところで，この例で親方は，以前の断片のようにヒントを出すことをしない。あくまでも品書きを指して選ぶように言う。ただ，この店は品書きが壁にかかっているという点で，他の店においてヒントを出した状態と同様であるとも取れる。しかしながら，この例で興味深いのは，親方がこのやりとりを意図的にやっているフシがあるということである。その後次のようなやりとりとなる。

断片　13（続き）

100 Chef　 ：　なんか適当にお願いしますって言いたくなっちゃいません
101 Clb　　：　eh[ehe[he　　　　[（て-）
102 Cla　　：　　　[ha [haha
103 Chef　 ：　　　　　　[ha ha ha[ha
104 Cla　　：　[で-]　 [ですよね]　　　　　　　[ですよn]
105 Chef　 ：　[そ]うす[ね，パタ]ーンとしましては[だいたい]

106 Clb	:	[huhh
107 Chef	:	[.hh 白[身と,
108 Cla	:	[huhu
109		(0.3)
110 Chef	:	え::::うちは::タコと, (.) 今の時期でサヨリなんか出してますけ[どもね
111 Clb	:	[う↑:::]:ん
112 Chef	:	ね,さっぱりしたもの出し[て
113 Clb	:	[タコ好きじゃない
114		(0.2)
115 Cla	:	うん
116 Clb	:	ºnºじゃタコ[もい]た[だけ]ますか
117 Chef	:	[タコ] [はい]

つまり親方は，客が「なんか適当にお願いします」と言いたくなるということを理解している。そのうえで，適当にお願いするということを許さなかったということである。そして，最終的には「パターン」を示すことで，客が注文できるようにする。このやりとりはおそらくビデオで撮影されているということが関連している。実際はここまで客にヒントを与えず困らせるということはないだろう。しかし，このやりとりが興味深いのは，親方が本来の鮨屋での注文の在り方，つまり適当にお願いできないということを明確にしていること，そしてそれが客にとって困難になるということである。

6 客を試す

このような分析から（実際には多くの断片を総合的に分析することで），鮨屋のやりとりが，ただ情報の交換ではなく特殊なことをしていることがわかる。まず，最初の質問は3店舗ともにほぼ同じ形式であるが，これがルーチンのようになされている。つまり，何気ない，日常的で当たり前の質問として示される。しかし，来店し着席した瞬間，メニュー表も提供されず，店の仕組み，値段，その後の展開などについて一切説明されない状況で，この質問に答えるの

は容易ではない。多くの客はこの質問に簡単に答えることができない。特に，経験の少ない客は自らの答えが適切であるかどうかに志向しながら注文する。そして，職人は注文を受け取ることによって，その適切性を確認する。一方で，経験のある客は，このように適切性には志向せず，当たり前のように端的に答える。

　このやりとりを通して，職人は客がどういう客なのかを理解することができる。ルーチンであるように見えるやりとりの中で，職人が客をテストする。そして，この一連のやりとりを，ルーチンであるようにふるまいながら遂行することが重要となる。職人は難しい質問を当然であるかのように投げかけることで，自分の店に来る客はその質問に当然のように答えることができるという状況の定義を行う。それは自分の客はそういう客だという客の定義でもある。経験のある客は当たり前のように答えることにより，自らの経験や能力を呈示できる。つまり，自己の呈示が行われている（Goffman, 1959）。

　ところで，鮨屋のサービスの場合，提供者と客の関係性は非対称である。提供者は自分のサービスについては熟知している存在である一方で，客は他人のテリトリーに入り込まなければならない。鮨，仕入れた魚，店の仕組み，価格について，職人は客よりも知っている。客はその職人に飲み物や食べ物の注文をすることを求められる。そのため，上記の分析では，職人が客を試すということが示された。しかしながら，もし職人が客を試す過程で，客がうまく切り返したとすると，その時点で職人はこの客に特別注意しなければならなくなる。我々は上記の「鮨通」がつまみを注文する断片で，このようなせめぎ合いの可能性を見た。この点はデータによって確実に分析できるところではないが，少なくとも職人が客を試すことを裏返すと，それは職人にとっても緊張感のあるものとなりうることは議論できる。

7　ルーチンの概念

　ここで我々はルーチンに関して，新しい理論的な観点を用意しなければなら

ない。実践の参加者自身が，自らの実践のルーチン性に志向し，それをルーチンに仕立て上げるということを，ルーチンの理論に含めなければならない。これまでは，ルーチンは実践の外側で，研究者によって定義されてきた。しかし，行為者自身が自らの実践をルーチンにしているということは，その実践にもとづく新しいルーチンの定義に踏み込まなければならない（山内，平本，泉，張，近刊）。

組織ルーチンの議論は近年重要な発展を見た。これまでルーチンは固定的であると捉えられてきたことに対して，Feldman & Pentland（2003）は，実践理論に依拠して，ルーチン自体の動態性を指摘した。少し回り道になるが，その議論の流れを見てみよう。

伝統的にルーチンは組織の重要な構成要素と捉えられてきた。ルーチンに関しては，3つの伝統的な見方がある。1つめは，ルーチンを個人の習慣（habit）と捉える見方である。習慣は，ほとんど明示的な思考を必要とすることなく，自動的に実行される。例えば，Simon（1997）が『経営行動』で示したルーチン概念がこれに相当する。2つめは，ルーチンとは，「プログラム」であるというものである（performance program, scriptsなどもこれに入る）。March & Simon（1993）がいうように，明示的な探索（search）を必要としないが，ある程度の選択（choice）を含むものである。3つめは，ルーチンを「遺伝子（gene）」と捉える見方である。これはNelson & Winter（1985）の進化論的な考え方に基づくものである（実際には，遺伝子の概念を議論するための基礎として，習慣や暗黙知の議論をしている）。

これら3つの見方に共通するのは，ルーチンをある程度固定的なものと捉えていることである。ルーチンは組織を形作る要素として，手順，メカニズムなどのようにある程度安定的な要素として規定される。遺伝子としてのルーチンは変化（進化）していくが，それは変異や交配などが起こるからであって，ルーチン自体は固定されている。探索によって新しいルーチンを作り出す場合も同様で，ルーチン自体は固定的であり，それを外から変化させていくことになる。結果として，ルーチンは慣性（inertia）をもたらし，組織が柔軟に変化

できなくなること (Hannan & Freeman, 1984), 組織変化はルーチンを変更することであるというように捉えられる (March et al., 1993)。

このルーチンの固定的概念化に異を唱えたのが, 近年のルーチン遂行性理論 (routine performativity theory) である。この理論は, Feldman & Pentland (2003), Cohen (2007), Winter (2011), Becker (2005), Hodgson (2007) などによって盛んに議論されている。特に, それまでに「実践的転回 practice-turn」と呼ばれる流れで培ってきた実践 (practice) の概念 (Bourdieu, 1977; Feldman & Orlikowski, 2011; Lave & Wenger, 1991; Suchman, 1987) に依拠して, ルーチンを抽象的な手続やメカニズムとしてではなく, 実際に具体的な状況でどう遂行するのかが注目されている。鮨屋での注文のルーチンは, 最初の質問こそ同じかもしれないが, 様々な客の反応に柔軟に応対している。結果的に, ルーチンが変更されることもありえる。例えば, 外国人が来たとき, 2人組の客が来たとき, などは別のルーチンとして構築されるだろう。そうすると, ルーチンには, 遂行の中で柔軟に変化する側面があり, ルーチンを固定的に捉える理論には不都合が生じる。

そこで, Feldman & Pentland (2003) は, ルーチンの2つの側面を分けて議論した。1つの側面は, 明示的 (ostensive) 側面といい, ルーチンに関する抽象的なアイデアを指す。例えば, すべての人が「注文する」という概念を持っている, というように。もう1つの側面は, 遂行的 (performative) 側面と呼ばれる。個別具体的な状況の中で, どのようにルーチンを遂行するかは, 抽象的なアイデアに収まらない現実がある。Feldman & Pentlandの主眼は, 遂行的側面を強調することにあった。つまり, 抽象的なアイデアは, 「ルーチンとはこういうものである」という理解であり固定的になる傾向があるが, 個別具体的な実践である遂行的側面は, ルーチンが動的に変化していく可能性を示している。

しかし, Feldman & Pentlandは, 明示的側面にも着目する。そして, ルーチンをこの両側面の相互作用として理解する。つまり, 抽象的なアイデアは, 個別具体的な実践を「ガイド」し, 「説明」し, 「参照」として利用されること

ができる。逆に、実践が抽象的なアイデアを、「創造」し、「維持」し、「修正」することができる。

　この理論自体ある程度の抽象性があるため、実際にルーチンが実践される状況との乖離が存在する。具体的なルーチンの相互行為において、どのように明示的側面と遂行的側面が相互作用するのかは曖昧なままである。そこで、さらに踏み込んでルーチンの「マイクロプロセス」に注目する議論が起こっている(Felin, Foss, Heimeriks, & Madsen, 2012)。相互行為の「マイクロプロセス」に注目し、Dionysiou & Tsoukas（2013）は、Feldman & Pentlandの枠組みの中で、Mead（1970）のシンボリック相互作用論の概念を適用した。彼らの説明によると、参加者がルーチンをルーチンとして生成するためには、自分の行為を他者の視点から見る、つまり他者の役割を取得する必要がある。この役割取得を通して、各参加者が行為を相互調整し、ルーチンが達成される。この研究は、相互行為において、自らの行為を相手がどのように受け取るのかを想定してふるまわなければならないということに注目した点で、ルーチンの具体的な実践方法に踏み込んだものである。

　ルーチンの遂行性理論は、ルーチンを所与のものとみなすのではなく、組織成員が実践的に達成していくものと考え、そのブラックボックスの中身に切り込んでいく点において革新性を持っていた。だがこの二分法は、明示的な側面（抽象的なアイデア）を実践の外側に置く点で限界も内包している。遂行的側面が個別具体的な状況で実行されるとき、その実行されるものがどこから出てくるのかが未規定になっている。明示的側面が遂行的側面の「説明」「ガイド」「参照」となるという主張は、明示的側面がなければ遂行的側面自体ではルーチンとしては成立しないということになり、遂行的側面は明示的側面の内容を実行するという構図になりかねない。つまり遂行的側面が明示的側面に従属することになり、遂行的側面を取り上げて理論を前に進めようという意図が十分には実現されない。

　この問題は、遂行性論が、実践の外側で、つまり研究者がルーチンを定義するということに起因すると考えられる。そもそも、ルーチンに参加する人々は

ルーチンの遂行の中で，その遂行がルーチンであると認識できるはずである。実際に，Feldman & Pentland（2003）によるルーチンの定義は「複数の行為者により実行され，反復的で，認識可能な相互依存的行為のパターン」とされているが，ここで言う「認識可能」とは，誰にとってどのように認識可能となるのかは議論されてこなかった。Dionysiou & Tsoukas（2013）の言うように，役割を取得することで，行為が相手にどのように認識されるのかを理解することが必要ではあるが，個々の状況で特定の行為，特に問題となりうる行為，がどのように認識可能となるのかは，単に役割を取得するという以上に，それを認識可能にする実践に内在的な方法を明らかにしなければならない。

　鮨屋の分析を通して我々は，行為者自身が自らの実践をルーチンに仕立て上げるという側面を議論することができる。最初の職人の質問は，すでに見たように，職人自身も経験の少ない客には難しい質問であることを知っている。しかし，あえて当然であるかのように質問する。なぜだろうか？　ここにいくつかのサービスの重要な側面が見られる。まず，わざと難しい質問を，ルーチンの一環であるかのように聞くことによって，職人は，自分たちの客はその質問に当然のように答えることができるという「客の定義」を行う。これはつまり，自分の店は，そういう客を相手にしているという，自身の定義でもある。これがルーチンになされなければ，つまりこの質問が難しい質問であるというようにプレゼンテーションされては，このような定義はなされない。つまり，職人はルーチンを自らの定義のために利用している。

　さらには，この質問をルーチンの一部として発することは，文化を構築する実践でもある。文化とは多くの場合，我々の明示的な説明ではなく，我々のふるまいの仕方によって表現される。難しい質問をルーチンとしてすることによって，それがこの鮨屋の当然の側面であり，それ以外にはありえないという定義がなされる。つまり，その場での当たり前を定義している。これは，当たり前ではないような，つまり特別な状況としての定義に比べて，反論が難しい。なぜなら，当たり前のことをそうではないと言うのは難しいからである。職人は，ルーチンを利用することで，文化を構築している。

そうすると，客はこのルーチンとしての質問に従ってルーチンとして返さなければならない。客にとっても，ルーチンが重要な資源となる。この質問に対して，自然に，当然のように，端的に，なめらかに答えることができると，自らの能力（この場合は鮨の経験や知識）を呈示することができる。すでに見たように，経験のある客は端的な注文の仕方をすることができるが，経験の少ない客は様々なポーズ，「えーっと」のような間，「ビールで::」というように伸ばす音，そして「蒸してるんで」というような理由を付与していくことで，答えが長く複雑になっていく。この長くなるという多少不自然な事象により，それなりの努力がなされていることが明らかになり，客が自らの答えの適切性に志向していること，そしてそれほど経験がないことが示唆される。実際には，経験がないと，ルーチンのような答え方をすることは難しい。これはBourdieu（1979）がハビトゥスと呼んだもの，つまり身体に刻み込まれた行動原理であり，一朝一夕には身につかない。Bourdieu（1979）は次のように書いた。

> 卓越化されているとみなされる人々は，自分の卓越性について心配しなくてもよいという特権をもっている。彼らはその方法として，自分に弁別的特性を保証してくれる客観的メカニズムと，「ありふれた」ものすべてから自分を遠ざけてくれるおのが「卓越化の感覚」を信頼することができるのだ。プチブルやなりたてのブルジョワがつい「やりすぎ」ておのれの不安定性を露呈してしまうのにたいし，本当のブルジョワの卓越性はいわば慎みの見せびらかし，節度や控え目な態度の誇示とでもいうべきものによって，すなわちあらゆる「派手な」行為，「人目をひく」「勿体ぶった」振舞い，まさに卓越化の意図そのもののせいでかえって価値の下落してしまうようなことすべてにたいする拒否によって特徴づけられる。この種の卓越化意図は最も忌み嫌われる「下品さ」の一形式であり，いわゆる自然な優雅さや上品さ—優雅さを求めざる優雅さ，卓越化の意図なき上品さの対極に位置するものなのである。(p. 385)

　この文章は，社会階級というある程度固定的な構造を前提にしており，現在のサービスの置かれた状況とは完全に一致しない。現在は高級なサービスで

あっても，上流階級（というものがあるとしてだが）だけではなく，多くの人々によって利用されている。高級な鮨屋や職人が，一般の人が読むような雑誌やテレビで取り上げられるのも，そのような背景である。しかしながら，ここでBourdieuが書いた微妙な卓越化の感覚は，現代のサービスの文脈にも完全に当てはまる。このブルジョワを鮨通，プチブルを鮨通になれない経験のある程度ある人と置き換えると，鮨通は自然とふるまうとき，おそらくそれに対して大した努力が求められず，それを大きく意識することもないだろう。しかし，自分は鮨屋の経験が多いと自負している客は，それに志向したふるまいであるが故に，自分の経験の水準を露呈しかねない。

　参加者自身がルーチンの概念を利用することによって，文化を構築し，自己を呈示し，交渉していく。このことは，従来のルーチンの議論では説明できず，ルーチン理論の拡張が求められる。ルーチンとは行為者によって積極的に利用され，構築されるものである。ルーチンになっている実践を見て，単に反復的で簡単な現象であると結論づけてしまうと，我々はまんまと行為者の戦略に陥ってしまったことになる。

8　鮨屋の緊張感

　本章では，鮨屋の実際のサービスのやりとりを分析することで，緊張感のあるやりとりが「どのように」起こっているのかを示すことができた。この相互行為の分析では，鮨屋のサービスが「なぜ」そのように緊張感のあるものとなっているのかについては，相互行為の分析だけからは説明できない。たしかに，エスノメソドロジーの観点からは，この「なぜ」という質問は，参与者自身が実践の中で示す説明にもとづいて答えられなければならない。しかし，現在のサービスの理論では，この鮨屋の分析を説明することができないため，新しい理論が求められている。そこで，相互行為の枠組みを越える危険を犯してでも，この「なぜ」という探究に乗り出すことによって，サービスに関する新しい理論の構築を模索したい。この「なぜ」の部分が第Ⅱ部以降で議論するこ

とである。ただ，それを少し先取りしながら，上記の分析に即して，少し触れておきたい。

　まず，この緊張感は，その客がどういう人かということを問題にしていることに起因することを明確にしたい。サービスにおいては，人々が「客」という役割を演じるのだが，そのとき役割以外の個人の特性は問題ではないと考えられる（Solomon, Surprenant, Czepiel, & Gutman, 1985）。典型的にはファストフードのように画一的なサービスでは，客も店員も匿名である（Ritzer, 2000）。その人がどういう人であっても問題はない。誰でも同じようにサービスを受けることができる。たとえば，ファストフードの経験豊富さは，サービスのやりとりにとっては無関係である（実際にこれが経験的に正しいかどうかは，次章で見てゆく）。しかし，これはファストフードサービスにおいて客がどういう人かが問題とならないように作り上げられているからである。本来人と人が出会うと，お互いの自己（self）は常に問題となる（Goffman, 1959）。お互いが，相手がどういう人かを理解しようとするとき，緊張感が生まれる。各自はそれぞれの自己を呈示しようとするし，そこで多少のせめぎ合いが起こる。鮨屋で起こっているのは，このせめぎ合いである。

　このとき，多少なりとも自分をよく見せようとするのは自然である。客はある程度，鮨屋というものに自分が慣れていることを示す。もちろん，自分が鮨屋に完全に慣れた客ではないように見せることも忘れない。なぜなら，それほど慣れていない客であることを示すことによって，もし適切ではないことをしたときに言い訳ができる，つまり許されることが可能になる。また，客はあまり職人から経験があると思われて，サービスが難しくなるのを懸念しているということもありえる。しかしながら，自らがその高度な水準に構築された文化に晒されるとき，それが完全に場違いであり，自分がそれに値しないというように自己を見せはしないだろう。このとき自分を差異化=卓越化するという試みは，非常に複雑な形をとる。

　本書は，このような緊張感のあるやりとりを，「闘い（struggle）」という概念に依拠して議論する。闘いとは，この鮨屋の分析で見られたような，力を見

せ合い，そして相手の力を認めることを意味している。言い換えれば，勝負のつく戦いではない。サービスの根本的な原理を紐解くために，この意味での闘いを根拠に議論を進める。

第2章

ファストフードのやりとり

1 ファストフードの概要

　第1章では，鮨屋でのやりとりの分析を通して，その何気ないやりとりの中で，客を試し，客は自分の力，つまり経験，知識などを呈示していく過程を記述した。次に，鮨屋とは対照的なサービスを取り上げることで，その分析の幅を広げていく。対照的なサービスとはつまり，ファストフードであり，具体的にはハンバーガーチェーンである。鮨屋はサービスが個性的で，客の関与が大きい。特におこのみでは，客が自分の欲しいものを1つ1つ選択していく。鮨やつまみも1つ1つ個別に作られる。一方，ファストフードでは，サービスが画一化している。Ritzer (2000) は「社会がマクドナルド化している」と表現し，その特徴を効率性，計算可能性，予測可能性，制御とした。その主旨は，社会がマックス・ウェーバー（Max Weber）流の合理化によって，画一化していくことを示したのだが，そのときの理念型がマクドナルドだというわけである。

　Ritzerが議論したように，社会における質が量として扱われ，計算可能性によって様々な活動が決められていく。その結果，予測可能性が高められる。ファストフードサービスを考えると，この予測可能性がサービスの価値となっている。つまり，どこでもいつでも同じサービスを受けることができ，そこには驚きがない。

Weber（1922）の合理性の原理は，官僚制の概念に依っている。官僚制では，人々はその人がどういう人かではなく，組織の中で与えられたポジションを占めることで機能する。そして，このポジションの仕事内容，権限の内容については，文書で記述される。もちろん，実際に文書に記述されているかどうかに関係なく，記述しようと思えばできるものとして扱われる。ファストフードサービスにおいては，客や店員がどういう人なのかは問題とならない。その人が「客」であり，あるいは「店員」であるという役割の範囲で取引が可能となり，それ以外に人々の間には関係性は生じない。もちろん，客もポイントカードを利用することで常連であることを示したり，店員がよく来る客の顔を覚えたりということはあるが，それも役割の範囲内で問題となるのであり，役割を乗り越えるということではない。

　この理念型に従って，ファストフードのサービスでは本当に客がどういう人なのかが問題とならないのだろうか？　本章では，ファストフードのやりとりにおいて，店員が客を試すようなことはおそらく起こらないが，それでも客がどういう人なのかは問題となりうるということを示す。それにより，鮨屋の分析が，それと対極にあるようなサービスにおいても，同じ形ではないが，拡大して適用可能であることを示したい。もちろん，そのときには違いを正確に理解することも重要となる。

2　分析方法

　ここでの対象は，国内の大手ハンバーガーチェーン「モスバーガー」である。モスバーガーは株式会社モスフードサービスによって運営されている。モスバーガーは，マクドナルドとは異なるスタイルを意識的に追求している。しかしながら，自らをファストフードというカテゴリに位置付け，そのカテゴリの中でそのように差異化しようとしている。そのため，実際のサービスは，Leidner（1993）が分析したマクドナルドとは異なるが，ある意味，画一化されたファストフードの典型的なサービスであると言える。もちろん，このこと

自体は，研究者が一意に決めることではなく，下記のデータの中で，参加者自身が示す理解にもとづいて主張される。

　モスバーガーのある店舗で，2日に分けて調査をした。調査協力者を募集し，それらの方々に来店してもらい，注文して食べていただくようにお願いして，その様子を記録した。ファストフードという対象は幅広い客層に利用されるため，調査協力者のデモグラフィックは特に限定せず，調査チームのメンバーの知り合いをはじめ，Facebookなどで募集した。1人あるいは2人組の客38組を収録した。これらの参加者にはまずアンケートに答えてもらった。それによって，ファストフードというカテゴリのサービス，そしてこのモスバーガーのサービスをどの程度の頻度で利用するのかなどを調べ，ファストフードの経験に関してある程度のバラツキを持つように配慮した。この分析では，相互行為の中からのみサービスがどのように実践されているのかを理解するべきであり，例えば店員にとっては知りようがないアンケートの回答を分析に持ち込むことは避けなければならない。そのため，分析は相互行為だけにもとづいて行う。分析の方法は，鮨屋の分析と同様である。

　店内に固定カメラを2台設置した。1台は店員の後ろから店内全体を見渡せる位置に，もう1台は店員と客のやりとりが横から見える位置に設置した。加えて，参加者にはウェアラブルカメラを装着してもらった。このウェアラブルカメラは顔の頬のあたりに固定するため，顔の向いている方向の映像を取ることができる。また，音声もこのカメラから取得することで，鮮明な音声が記録できる。一部の参加者には，ウェアラブルカメラの代わりに視線検出機を装着してもらった。ウェアラブルカメラでは顔の向いている方向はわかるが，視線まではわからない。視線検出機でメニュー表のどこを見ているのかを分析することが目的であった。

　実際の相互行為の分析に入る前に，店に入る際の客の体験を説明する。店のドアはこの日は常に開かれた状態になっていた。**図表2-1**に店に入ったとき，客が見ている情景を示す。目の前にカウンターがあり，そこまでは少し距離がある。カウンターの上にあるディスプレイはメニューではなく，新商品の紹介

第Ⅰ部　サービスのやりとり

図表2-1 ●店に入ったときの客の視点

などの広告である。フロアにポールが置いてあって、それにメニュー表の入ったカゴが設置されている。この中には、英語メニューも入っている。この客の場合は、カウンターに誰も並んでいない状態である。入店すると「いらっしゃいませ」と店員に声をかけられ、カウンターに誘導される。実際にはこの誘導は複雑になされるが、ここでは省略する（平本, 山内, 北野, 2014）。メニュー表は、カウンターの上に置かれている。

　まず、1つの断片を見てみよう。GAは1人の客である。

断片 14

01　店員　　：　>いらっしゃいませ<（0.2）店内ご利用で（0.2）もうお席はお取りになっていますか¿=
　　　　　　　 ((中略。何階で食べるのかを決定する))
05　店員　　：　はい（0.4）ええと（0.4）では::（0.2）え:ご注文（.）お決まりでしたらご注文[>ど:ぞ<]
06　GA　　　：　　　　　　[は：い]

第2章　ファストフードのやりとり

```
07              (6.0)
08  GA    :   う:::ん
09              (5.0)
10  GA    :   ど>しょっかな<
11              (5.0)
12  GA    :   じゃあ (.) この¿ (0.2) <モスバーガー> (0.2) の:: ((メニューを指
              しながら))
13  店員  :   >モスバーガーの< ((手で同じメニューを指しながら))
14  GA    :   えっと (0.5) セット? (0.5) [で::  ]
15  店員  :                              [セット] (0.2) 4種類ございますが[どうな]
              さいますが
16  GA    :                                                              [は　い]
              (0.2) え::と↓
17              (2.5)
18  GA    :   じゃ (.) ポテトSセットで:: ((メニューを指さしながら))
19  店員  :   Sセットで: ((手で軽くさしながら))
20  GA    :   飲み物が::
21  店員  :   はい
22              (1.0)
23  GA    :   ん::::::と::
24              (3.0)
25  GA    :   アイスコーヒー.hh (0.2) [で  ]
26  店員  :                           [アイ]ス (.) コーヒーで ((店員はレジに入力)
27  GA    :   はい
28  GA    :   はい
```

　まず店内か持ち帰りか，そして座席を1階（禁煙），2階（禁煙），3階（分煙）のどれにするのかを決めるやりとりがある。その後，05行目で店員が入力を終え，注文を受け付ける準備が整ったことを示す。そこからしばらく考えながら，時間が過ぎる。そのとき，07，09，11行目でポーズが入り，その間に08行目に「う:::ん」，10行目に「ど>しょっかな<」という発話が入る。これら

の発話は,沈黙が長く続くときに,自分がまだ考えていることを説明していると理解できる。これがないと,考えているのか,自分が何をするべきかをわかっていないのか,それとも何か他のことが起こっているのか,つまり何らかの問題が起こっているのではないかと思われてしまう。

それでは,12行目の注文の部分を見てみよう。興味深いのは,「じゃあ(.)この?」と言うときに,**図表2-2**のようにメニュー表の「モスバーガー」のところを指差していることである。それに対して,店員も手を差し出して確認している。そして,0.2秒を開けて「<モスバーガー>(0.2)の::」と品の名前を言う。カッコ(<>)はゆっくり話されていることを示している。そして,そのとき,若干メニューを覗き込むようにする。このことと,前後の0.2秒の間を取ることから,品の名前を特別丁寧に読み上げていることがわかる。

なぜこういう言い方をするのだろうか? この商品名はこのハンバーガーチェーンの名前と同じである。メニュー表を覗き込み,読み上げるようにして言う必要性はない。そうすると,この行為は読み上げていることを見せている

図表2-2 ●メニュー表のポインティング

行為だと考えられる。さらに，メニュー表をポインティングしながら言うことで，メニュー表を使いながら注文している，ということを示している。メニュー表を使いながら注文することで，この客は自分のモスバーガーに対する理解を説明している。つまり，メニュー表を見なければモスバーガーを知り得なかったということであり，さらにはモスバーガーをたまたまメニューの中から見つけたので注文しているということを示している。言い換えれば，自分が選択した品から距離を取っている。

　ファストフードであっても，ただ単に「モスバーガーください」と言うだけではないということを確認する必要がある。ただ自分の欲しい品を言うのではなく，自分のその品に対する理解も含めて説明する。さらには，自分がこのハンバーガーチェーンにそれほど慣れていない客であるということを表明する行為となっている。つまり，客が自分がどういう客なのかを示しながら注文している。

　それでは同様のことが別の方法でなされることを見てみよう。これも1人客の例である。以下で，「菜摘（なつみ）のテリヤキチキン」とは，バンズ（パン）の代わりにレタスで包んだ，テリヤキチキンバーガーの商品名である。

断片 15

```
                  ((客IHがしばらく考えている))
09 IH    : えと (.) このなつみなのテリヤキチキンって[いうのを:]
                  ((メニューを指さしながら))
10 店員  :                                    [はい(0.2)]なつみのテリヤキ
             [チキンが]おひとつ
11 IH    : [なつみか]
12 IH    : て(.)いうのと: (0.2) あと (.) このシュ::ポットシェイク[の: ]
13 店員  :                                                      [はい]
14 IH    : バニ[ラ (0.5)]ひとつ
15 店員  :     [バニラで]
16 店員  : はい (0.2) ありがとうございます　((店員はレジに入力するため画面を見
```

69

ている))

　09行目の「このなつなのテリヤキチキンって[いうのを:]」は先程と同様に，「この」という指示語を使っている，メニュー表を指さししているという特徴がある。さらに，このケースでは「っていうのを:」という言葉を追加している。これは，そのように呼ばれている品をくださいという言い方であり，品を自分が知らず，初めて注文するということを示している。なお，この商品名はもともと漢字で書かれており，客がそれを読み間違えているので，読み方に自信がなかったのかもしれない。いずれにせよ，ただ注文するだけではなく，注文の品に対する距離を設定しながら注文していると言える。

　さらにいくつかのバリエーションを見てみよう。次も1人の客である。

| 断片　16 |

```
09  店員  : =はい (.) どうぞ: ((赤い札を戻し緑の札を出す))
10           (0.8)
11  AO   : えっと::: (1.5) モスhh (0.2) チーズの:,
12  店員  : ↑はい (.) モスチーズおひとつ　((レジに入力しながら))
13  AO   : ポテトSセット:　((店員がレジに入力))
14  店員  : お飲物どうぞ?　((メニューを手で指しながら))
15           (0.2)
16  AO   : え:::ジン (0.2) [ジンジャーって?<あります>]
17  店員  :                [ジンジャーエールです]ね¿= ((レジに入力しな
             がら))
18  AO   : =はい
```

　11行目の「モス」と「チーズ」の間にhh（呼気音）と0.2秒の間がある。この間メニューを見つめたままである。モスチーズという商品名をたんに伝えているだけではなく，途中で区切る。この短い商品名を端的に言い切れないというこの言い方によって，この客が多少この店に慣れていない程度が見える。メ

ニューを見ながらこのように言うことによって，他の人からはメニュー表を注意しながら読んでいるように注文しているように見える。

　ここでは限られた断片のみを考察したが，注文した品に対する自分の理解を含めた言い方は，すべての場合で起こるわけではない。端的に品名を伝えた場合も多かった。しかし，ほとんどの場合で，客はメニュー表を見つめながら品名を言い，多くの場合はメニュー表を指差しながら言っていた。指差しをしたうえで，「この」という指示語を使いながら，品名を言うことも多かった。その意味で，すべての例において，メニュー表の中から注文するという行為がなされていた。これ自体は，選択肢の中から選んでいるという行為を示す限りにおいて，驚くことではないだろう。しかし，上記の例のように，メニュー表を使うことによって，客が品に対する自分の理解を示しながら注文すること可能となっていることが示された。

　それでは逆に，慣れていることがわかるやりとりも見てみよう。

断片 17

16	店員	：	はい (.) それでは (.) ご注文お決まりでしたら (.) ご注文どうぞ
17	GT	：	ええと (.) モス野菜バーガーの::
18	店員	：	はい (.) モス野菜バーガーの　((店員はメニューを手で示しながら))
19	GT	：	菜摘で::
20	店員	：	菜摘で　((店員はレジに入力しながら))
21	GT	：	ええと (.) ポテトＳセットの::
22	店員	：	ポテトＳセット
23	GT	：	コーラで
24	店員	：	コーラで　((店員はメニューを手で示しながら))
25	GT	：	はい (0.2) [(お願いします)]

　この場合は，メニュー表を見ながらであるが，17行目で品名を一気に言っていること，さらには16行目で店員に聞かれて，考える素振りをすることなく，品を指定していることなどから，ある程度慣れた客であることがわかる。ここ

で興味深いのは,「菜摘」という商品カテゴリを通常のバーガーに付与できる「オプション」として理解していることを示している点である.「菜摘のモス野菜バーガー」といった具合に商品として注文するのではなく,モス野菜バーガーを菜摘にして欲しいという注文の仕方である.実際に18行目で店員がメニュー表を指して確認したときには,普通のバンズのモス野菜バーガーを指差しており,別の場所にあった菜摘のモス野菜バーガーではない.このような頼み方は,メニュー表にある商品を選ぶだけではなく,メニュー表の仕組みを理解しないとできない.つまり,ある程度メニューの仕組みを知っているということが示される.この場合は,メニュー表を読みながら注文しているのではなく,この品をよく知っているという理解が示されていると言える.

3　ファストフードのファストフード性

　鮨屋のやりとりに似ているところがある.鮨屋では,ただ欲しい品を言うだけではなく,その品が適切かどうかに配慮しながら注文する.この適切性への配慮は,選んだ品に対する距離を示している.ファストフードでも,客が自分は一体どういう客かを示している.しかしこの場合,本来の自分を示しているのではない.特定の客として示している.つまり,このサービスをよく知らない客として示している.なぜだろうか？　ファストフードに行くときに,客はなぜそのサービスをよく知らない客を演じなければならないのか？

　まず注文というものを理解する必要がある.我々は慣れ親しんでいるため意識することは少ないが,注文をするということは個人的な（personal）行為である.注文するということは,自分の好きなものを表明するということである.このことはあまり議論されないが,サービスの重要な側面である.本屋で本をレジに持っていくとき,自分が読む本が店員に知られるということが,多少のよそよそしさを生み出すこともある.あるいは居酒屋でみんなが「とりあえずビール」と言っているときに,「じゃ僕は赤ワイングラスで」と言うと,その人の人柄が見られることになる.ファストフードにおいて,多くの選択肢から

1つのものを選んだとき，ささやかな自己表現となっている。

　そして，注文という個人的な行為をするとき，その行為から距離を取るということは，自らの個性から距離を取るということにある。モスバーガーを注文していながら，自分が特別それを好きだということではなく，たまたまメニュー表から見つけたから選んだという表示であると言える。鮨屋で適切性に配慮しながら注文するということも，この個人的な側面に関わる。注文する内容に自信がないとき，それを自分が好きだから選んだのではなく，別の理由で選んだと示すことなどもこのことからも説明される。しかし，鮨屋ではそれと同時に，自分がある程度経験があるということも示したいこともあるだろう。そのため，自分の個性を出すことに若干異なる意味が出てくることは理解しなければならない。

　もう1つの理由は，ファストフードのサービスに関する客の理解があり，そのようなものとしてサービスを構築しているということである。ファストフードのサービスは画一的であり，自分はできるだけ効率的に，匿名の人として注文することが規範であるという理解がある。客が特に何も雑談せず，できるだけ用件だけでやりとりを終えようとするのは，その表れであろう。注文から距離を置くことで，自分の個性から距離を置き，自らを匿名の客に仕立て上げているとも言える。ファストフードでは，店員にお勧めを聞いたり，雑談をしたりすることは見られないが，それも同様にファストフードというものを理解したうえで構築していると言える。

　このことはWeberの官僚制化に新しい視点を与えてくれる。つまり，官僚制化はその合理性と効率性から社会に広がっていくが，個々の事象においては，個人が自らの個性から距離を取り，自らを匿名化するという実践に媒介されているということである。つまり，参加者自身が官僚制化の原理（この場合はファストフードのファストフード性という具体的な形で現れる）を理解し，実践している。この実践なしに，官僚制化は実現しないだろう。言い換えれば，官僚制化やそれに関連する物象化，ルーチン化，標準化などの動きは，一定のルール，原理，概念が上から人に押しつけられ，人はそれに抗えず有無を言わ

さず従わされているのではなく，そこには人々が自分をその原理に当てはめていくという実践があるということである。

　このことはルーチンの概念に新しい視点を与えてくれるだろう。すでに，行為者自身がルーチンの概念を持ち，自らの実践をルーチンに仕立て上げるというルーチンの内在性を示した。このファストフードの分析から，ルーチン化とはさらに，自分自身をルーチン化する契機となっている。つまり，人々は自分の実践をルーチン化することを通して，自分自身をルーチン化している。このことはそれほど悲観的な状況ではなく，むしろルーチン化の可能性を示している。なぜなら，人が自分をルーチン化するという行為をするということ自体が1つの実践であるからである。Leidner（1993）はルーチン化の道具的な側面を議論した。人々はルーチンをツールとして使うことで，業績を上げたり，顧客と距離を取ることができる。さらには，理不尽な客の態度に対しても，個人が責められているのではなく，ルーチンが責められているのだと考えることができる。

　鮨屋の分析では，サービスにおいて客がどういう人かが問題となるような側面を指摘した。一方，ファストフードの分析では，ファストフードが匿名的であり，画一的であるとしても，個人がどういう人かは必ず問題となりうるということを示した。ファストフードは客がどういう人かを問題にしないサービスではなく，それがルーチン化という操作を通して，問題とならないように見えているに過ぎない。つまり，客が自らをルーチン化することにより，自らがどういう人かが問題とならないように，積極的にサービスを構成しているのである。ファストフードは，鮨屋や料亭のような高級サービスから，付加価値を差し引いたものではない。ファストフード自体は，ファストフードとして構築されなければならない。

第3章

イタリアンと
フレンチレストランの比較

　本章では，イタリアンレストランとフレンチレストランの比較を行いたい。鮨やファストフードでこれまで示された分析を繰り返すこともできるが，鮨とファストフードという極端な事例で議論してきたことを，再度別のサービスで議論することはあまり意味がないだろう。そこで，本章では2つの目的を設定する。1つ目の目的は，イタリアンレストランとフレンチレストランの比較をすることで，新しい分析の観点を提示することである。この2つのレストランは同じ敷地内にある別の建屋のレストランで，同じ会社が経営している。両方の店を担当している従業員もいる。しかし，価格帯もシチュエーションも大きく異なり，サービスも対照的にデザインされている。この両者を比較することは，サービスを理解するうえで示唆を与えてくれるだろう。

　もう1つの目的は，イタリアンレストランおいて，客による注文の方法のバリエーションを分析することである。このカジュアルなイタリアンレストランでは，注文を容易にするために様々な情報が提示されている。それにも関わらず，注文するということがそれほど容易ではないことが示される。イタリアンレストランに限定して分析する理由は，この店だけで25組の注文場面を記録できたため，比較分析が可能であるからである。フレンチレストランでは，データの数が限られていた。

1 イタリアンとフレンチレストランの事例

イタリアンレストランとフレンチレストランの比較の概要を**図表3-1**に示す。イタリアンのほうは，比較的古くからある店で，1人1,800円程度のコースがメインで，コースの中で選ぶ品には150円〜400円の追加料金が設定されたものもある。家族で気軽に利用できる。実際，子供連れも多く，人数も2人組から6人の家族までと幅広い。ほとんど予約されず，当日混んでいるときは，数分待つこともあった。先述のように，イタリアンでは25組の客のデータを収録した。

フレンチは，調査をした昼では，コースが1,900円〜5,800円程度の幅で3種

図表3-1 ●イタリアンとフレンチの比較

	イタリアンレストラン	フレンチレストラン
価格	コース1,800円（飲み物付き）追加料金 150〜400円。	コース1,900〜5,800円 飲み物は600〜900円程度。
客層	2人組，子供連れなど多様。	2人組。
雰囲気	カジュアル，明るい雰囲気。	静か，落ち着いた雰囲気，ゆったりした空間。
メニュー表	1枚ものに様々な情報が載せられている。お勧めや写真が載っている。	飲み物のメニューとコースのメニューが分かれている。シンプルで脚色はない。
店員の服装	白いシャツ，ネクタイはなし。	黒いスーツにネクタイ。
店員の姿勢	しゃがむことが多い。客のすぐ横にまで近寄る。笑顔が多く，フレンドリーな応対。	立って応対する。客とは少し距離を取る。笑顔は比較的少ない。
注文の流れ	1. 店員からの説明 2. 客同士での注文の検討 3. 店員が注文を受け取る 4. 客がバイキングを取りに行く	5. 飲み物の注文を聞く。 6. 飲み物を提供する。 7. 食べ物の注文を聞く。 8. 料理を持ってくる。
時間	客を待たさない。店員が離れて客に注文を考える時間を与える。	客を待たせることが多い。店員がいる前で注文を選択する。
お勧め	店員からお勧めが伝えられることが多い。	客に聞かれない限り，お勧めはなされない。

類あり，高級な位置付けとなっている。また，空間的にゆったりしていて，音も静かで，テーブルクロスもしかれ，落ち着いた雰囲気になっている。4組の客を収録したが，すべて2人組であり，3組は予約してから来店していた。1組は常連で，毎月来られるという老夫婦であった。もう1組は，予定している結婚式の料理を選ぶセッションであった。この敷地には，結婚式場も併設されている。残り2組は通常の食事であった。

　メニュー表を比べると，イタリアンはラミネートされた裏表の1枚もの，フレンチは赤い2つ折りの厚紙に白い紙に印刷されたメニューが貼られている。フレンチでは，飲み物のメニューは別になっているが，イタリアンでは飲み物も含めて1枚に収められている。イタリアンのメニューは，「メインが選べる」，「お野菜たっぷりのヘルシーな前菜」，「人気No.1」，「季節限定」，「New」などの文字が商品に付与されている。また，一部メニューの写真も挿入されており，その下には「人気No.1★」と書かれている。品の名前も，「チーズたっぷり濃厚"カルボナーラ"」や「じっくり煮込んだミートソース"ボロネーズ"」などのように商品に付加価値をつける言葉が並ぶ。対して，フレンチのメニューは，コース名が「Court」や「Hommage」などフランス語が使われている。コースの内容は日本語で，「アミューズ，前菜，お魚料理，お肉料理，デザート2種」と書かれており，特別脚色はない。

　次に店員の服装を見てみよう。**図表3-2**に一部の写真を示す。左のイタリアンでは，店員は白いシャツでネクタイは締めない。中にはエプロンをしている女性店員もいた。右のフレンチでは黒いスーツにネクタイという服装である。イタリアンの店員は，半分くらいは左図のようにしゃがんで，客よりも視線を下げることがあった。対してフレンチでは，右図のように店員はしゃがむことなく，立っていた。客との距離もイタリアンのほうが近くなることが多く，フレンチでは時折メニュー表を指差しながら説明するが，その際も腕を若干伸ばす必要がある程度の距離を取っていた。

　イタリアンでは，最初に注文してしまうと，後で追加することはほとんどない。ほぼすべての客が，前菜バイキングコースを選択し，その中でパスタと

図表3-2 ●店員の姿勢と服装

イタリアン

フレンチ

ピッツァを選び，その後，飲み物を選択した。最初に店員が客を席に通し，水を持ってくる。その後，店員がテーブルに戻り，メニュー表を配り，メニューの仕組みを説明する。店員はテーブルを離れ，客が注文を決定する時間を与える。そして，店員がテーブルに戻り注文を取る。フレンチでは，まず店員がおしぼりを持って来てすぐに離れる。その後，飲み物のメニューを客に渡し，その場で注文を取る。そしてテーブルを離れ，飲み物を持って戻る。その後，食べ物のメニューを渡し，その場で注文を取る。

　時間の扱い方にも特徴がある。イタリアンでは客を待たせないことに配慮されているが，フレンチでは客を待たせる場面が多い。イタリアンでは客が注文を考える時間を与える。分析により次のことがわかる。客は自分の注文が決まっていないうちは絶対に店員に来て欲しくないし，ゆっくり考えさせて欲しい。しかし，一度注文が決まれば，店員にすぐに来て欲しい。つまり，注文が決まるかどうかで，店員に期待する行動が正反対となるのである。そのため，店員は客の様子に最大限の注意を払う。我々のデータでは，客が注文を決めた直後にタイミングを見計らったかのように店員が来ることが多々あった。客は自分が選び終えたとき，その状態を示す行為をする。窓の外を眺める，携帯電話を操作する，メニュー表を横にずらすなどである。店員はこれらの行為を見るとすぐにテーブルにかけつける。もちろん，この行為を見過ごすこともある。そのときは，店員に次のチャンスが与えられる。客が手を上げるか，「すみま

せん」と声をかけることで明示的に店員を呼ぶ。さらに，この明示的な動作さえも見落とすことが稀に起こる。そのとき，客は明らかに苛立っていることがわかる。

　一方フレンチでは，飲み物を用意する間やメニュー表を取りに行く間，客を待たせている時間が多かった。メニュー表を渡しておいて考えてもらうということはなく，メニュー表を渡すとその場で注文を取っていた。客が考えている間，店員は一歩後ろに引いて待つが，その時間はそれほど長くない。これは注文の仕組みが異なっていることにも関連している。イタリアンでは注文を一度に取るが，フレンチではまず飲み物の注文だけ取って，飲み物を用意した後で食べ物の注文を取る。食べ物も，まずコースを3種類の中から選んでもらい，その後でメインを魚にするか肉にするかなどを選んでもらう。つまり，1回の注文時には，選択肢はそれほど多くなく，それほど時間はかからないように構成されている。

　また，イタリアンでは店員のほうからお勧めを示すことが多かったが，フレンチでは店員によるお勧めは，客から尋ねられない限り見られなかった。イタリアンでは，追加料金がかかる品を，「お勧め」として説明することが多かった。その他，客が選ぶことに手間取っていると，その場で「季節物」を3つ挙げるなどの形でお勧めを提示することもあった。その他，メニュー表にお勧めの情報が記載されていることは，すでに見た通りである。これらのお勧めは，追加料金に関連してなされるだけではなく，客が注文するのを助けるためになされる。

　このように，2つの併設するレストランで，価格帯，客層，シチュエーションの違いがある。その結果として，サービスの方法も違っている。概して，イタリアンのほうが，フレンチよりも，フレンドリーな応対であり，かつメニュー表の情報量が多い。フレンチでは，落ち着いて畏まった雰囲気で，店員の笑顔も，提供される情報も，イタリアンよりは少ない。また，フレンチではゆったりとしたサービスで客を待たせることも多いが，イタリアンでは店員も客も迅速さにサービスの価値を置いている。

これは興味深い事実である。価格が高いサービスのほうが，いわゆるサービスの特徴である笑顔[1]，親しみやすさ，情報量，迅速さが少なくなるということになる。価格が高いサービスほど，このような気遣いは多いように思うかもしれないが，実際にはその逆となっている。当然ながら，客に対する気遣いという面では，量ではなく質が異なると言うのが正確だろう。例えば，イタリアンでは客との雑談は見られなかったが，フレンチでは珍しいことではなかった。つまり，フレンチでは，畏まった雰囲気の中で，客ごとに個別応対していた。いずれにしても，我々はこの高級になるほど所謂「サービス」が減少するという逆説を説明しなければならない。第Ⅱ部でこれを説明する。

2　イタリアンでの注文の伝え方

　本章のもう1つの目的は，イタリアンレストランにおける注文の伝え方のバリエーションを分析することである。これにより，注文するという行為の複雑性，困難性が明らかになる。先述の通り，このイタリアンでは，店員がテーブルを離れた後，客だけで注文内容を検討する。そして，その後店員が戻ってきて注文を取る。その場面で，客がどのように注文を伝えるのかということに注目する。まず次の例を見てみよう。

断片　23（C02）

店員	：	はい (.) ではメインのほうから (.) お伺いしていきますね
女性	：	じゃあ.h (.) 大エビの：トマトクリーム[ソース]
		((メニューを指しながら))
店員	：	[>マリナーラ<] =
女性	：	=をふたつ=
店員	：	=おふたつ

　「大エビのトマトクリームソース」と客が言うと，それの最後にかぶせる形で店員が「マリナーラ」と言う。この二者の隣接した発話によって，商品名が

完成する。客が最初の部分を言って，店員が最後の部分を言う。これは注文の仕方としては興味深い。店員がマリナーラと呼び直すことは，まず店員が間違いなく受け取ったことを示す行為である。つまり，別の言い方で同じものを指すことによって，ただ客の言ったことを繰り返したのではなく，店員の中で何らかの認知的な処理がなされたことを示している。

　しかし，それだけではない。客がこのように品の名前を丁寧に言うことはそれほど多くない。この客が品の名前を言っている途中で，店員が遮ってマリナーラと補完しているのは，店員は客にその後を言う必要がない，ということを示していると考えられる。その理由はいくつか考えられる。まずできるだけ迅速にサービスをするという観点から，そこまでで十分であるという意思表示かもしれない。しかし，もし客が品の名前をきちんと言おうとしているのにそれを遮るのは，適切ではないだろう。この例では，客はメニュー表を指差しながら言っており，それは店員に自分の言おうとしていることを理解して欲しいという行為であると言える。つまり，客のほうが，店員による補完を促している。

　そのことを踏まえると，品の名前の多くが興味深い構造を持っていることに気づく。「大エビのトマトクリームソース"マリナーラ"」というように，品の名前の最初が，その内容を記述した表現になっており，最後に固有名詞としての品の名前が付与されていることが多い。この場合，「大エビ」は材料，「トマトクリームソース」は比較的想像しやすいソースの表現となっている。対して，「マリナーラ」はおそらくほとんどの客にとって，曖昧であると考えられる。それは，「マリナーラ」にクォーテーションマークが付与されていることからもわかる。同じ構造が，「じっくり煮こんだミートソース"ボロネーズ"」「チーズたっぷり"トレフォルマッジ"」などでも見られる。この場合，最後の料理の固有名称は，客にとって言いにくいものとなっている。そのため，最初の部分を客が言って，後を店員が補完するということが自然となされる[2]。

　メニューの中には，そのような構造になっていないものもある。「ピッツァ・サルシッチャピカンテ」「ピッツァ"メランザーネ"」のように，ピッツァ以降

がわかりにくい品名がある。この場合，最初の「ピッツァ」だけ言ったのでは，どれのことかわからないため，客が何のピッツァか指定しなければならない。しかし，その後の固有名詞は，客にとってよくわからないものとなっている。その他，ある程度わかりやすい言葉だけで構成された品名もある。

次の断片はこの断片と似ているが，若干の違いが見られる。

断片　24（C11）

```
母       ： はい（.）えっと:大エビのやつと:,
店員     ： マリナーラです[ね:]
母       ：          [はい゜]
母       ： ペペロンチーノ:.
店員     ： きのこのペペロンチーノ.
祖母     ： マルゲリー[タ]
母       ：         [マ]ルゲリータ
店員     ： はい（.）ピザのマルゲリータ.
```

この例では，客自身が品の名前を言おうとはせず，置き換えている。「大エビのやつ」というように，特徴的な言葉を1つだけ取って指示している。その他の品も同様である。品名の中から他と区別でき，かつ最も言いやすい単語を選び，それだけを言うのは，効率的な指定の仕方である。

次の断片は，客が途中で断念したケースである。

断片　25（C03）

```
女性     ： んと::自家製パスタいろいろきのこ.h（.）ぺぷ=
店員     ： =はいこちらのパ[スタ]
女性     ：          [それ]ふたつ
```

ペペロンチーノと言おうとして，言えなかった例である。この例では，店員が，先の断片のように「（きのこの）ペペロンチーノ」と品名を言わず，「こち

らのパスタ」と言っている。客が品名を言うのを失敗した直後に、店員がその品名を発したなら、客の失敗を修正しているように聞こえるか、少なくとも客の失敗を際立たせることになるだろう。

次の断片では、客が品をA、Cというようにアルファベットで指定している。メニュー表の品名の左にアルファベットが付与されている。

断片 26（C04）

女性2	：	[A（.）わたし（.）A]
店員	：	[はい（.）Aの:大エビのパスタ:は:い（.）>ありがとうございます<]
女性1	：	<わたしは>C::
店員	：	Cで
女性1	：	はい=
店員	：	=パンツェッタのパスタですね:はい（.）であと[飲み物ですね]

先述の1単語での言い換えをさらに短くした、より効率的な言い方となっている。店員は品の名前の中で特徴的な言葉（「大エビのパスタ」や「パンツェッタ」）を選んで確認する。そもそもメニュー表にアルファベットを付与しているということは、店側は、客が品名を言うことが難しいという可能性を理解していると言える。

断片 27

女性	：	°はい°（0.2）でね:,メイン料理はね:これ:]
店員	：	[はい]
店員	：	マリナーラ=
女性	：	=ふたつ
店員	：	はい（0.2）おふたつ¿

このように、言葉で品を参照せず、「これ」と言いながら、指差しだけで注文してしまう場合もある。

断片 28 (C12)

店員	:	失礼いたしま:す (.) お伺い致します
店員	:	は[い]
男性	:	[え]と::. ((メニューを指す))
	:	(0.5)
店員	:	こちらの:自家製のパンツェッタのほう[で:]
男性	:	[はい]=
店員	:	=はい

　この場合は,「これ」すら言わず,指差しだけで,店員が察して品の名前を確認している。

　これまでの言い方を振り返ると,客は品の名前を言わないことが多いことがわかる。これにはいくつかの理由があるだろう。1つは,できるだけ効率的に情報を伝えたいというもので,もう1つの理由は,品の名前が複雑で,それを言うことが簡単ではないということである。しかしなぜこのように客に取ってわかりにくい,あるいは言いにくい名前をつけるのだろうか？　これは品の表現として,それが客も知らないような非日常で特別なものであり,イタリア料理の固有名称を使うことは,それが正統的なものであるという主張であると考えられる。しかし,客はそのような特別なものは知らないし,知っていても曖昧である。

　しかし,品の名前を丁寧に言おうとした客もいる。

断片 29 (C16)

店員	:	失礼致します (.) ご注文お決まりですか:¿
男性	:	あ (.) [はい]
女性	:	[はい]
男性	:	えと:: (1.0) 自家製<パンチェッタ>と: (.) いろいろきのこのペペロンチーノ:. ((メニュー名を指でなぞりながら))
店員	:	はい (.) こちら自家製パンツェッタがおひとつ:.

男性	:	はい (0.5) で (.) チーズ <たっぷり> (1.0) トレ (0.5) フォルマッ (0.2) ジ
女性	:	[huhu]
店員	:	[こちら]ピザの:チーズたっぷりトレフォルマッジをおひとつで:
男性	:	はい

　この男性客は，丁寧に品の名前を最後まで言う。しかし，ぎこちなく，ところどころつまりながら言う。メニュー表に顔を近づけ，品のところを指差しながら，ゆっくり読むようにして言っている。ここで連れの女性客が「huhu」と軽く笑うことに注目したい。これは，男性の言い方が笑ってよい対象であると理解していることを示す。もし男性が真剣に読んでいて，結果としてこのようにぎこちない言い方になっているとすれば，笑うことは妥当ではない。この男性が1つの慣れないパフォーマンスを一生懸命しているということが，笑ってもよい対象として理解されていると言える。もちろん，男性は女性がなぜ笑うのかということを問題にはしない。この笑いは，人を馬鹿にしたような笑いではなく，男性があえて面白いことをしようとしていることに対する反応であると言える。

　先述の通り，ほとんどの客は品の名前をこのように丁寧には言わず，様々な戦略を使い効率的に伝えようとする。それが品の名前が客にとって難しいという説明をした。この最後の例は，その裏返しとなっている。つまり，品の名前を言うということが，普通ではない，面白いことというように扱われている。

　つまり，店側は非日常を演出するために，客にとっては理解できないようにサービスを構築する。客にとって完全に理解可能なサービスは日常的なものとなってしまい，客にとってはそれほど価値のあるものとは映らないだろう。

　ここで，客を否定していることになる。客の水準を越えたものを客に強いているのである。ここにサービスが闘いになる契機がある。しかし，そのように客にとって理解できないサービスを構築する一方で，アルファベットを付与したり，お勧めを明示したり，店員がサポートすることによって，客が問題なくふるまえるように労力が費やされる。そして笑顔や親しみやすさが付与される

のは,闘いを排除する身振りのようにも見える。

　このことは,本章の前半で見たように,サービスが高級になればなるほど,笑顔,親しみやすさ,情報などの所謂「サービス」が減少することを説明するヒントにもなっている。サービスが高級であると,より高い水準で非日常を演出するのだが,客も同様にそのような水準の自分を演じるということに志向することになるだろう。そこでは客の日常が否定され,つまり客自身が否定され,その応答として客がそのような否定を否定するように自分を示していくことが闘いとして生じる。このような闘いは,高級であるほど徹底して実践され,そしてそれが高級であることの必然性でもあるように見える。このことを第Ⅱ部で詳しく論じよう。

■注
1　「笑顔」が減少するというのは,スーパーマーケットなどの忙しいサービスにおいても見られるが,それは他の客を待たせるということが原因であり,本書の議論とは無関係である(Rafaeli, 1989; Rafaeli & Sutton, 1990)。
2　アリストテレスの次のような言葉が示唆的である。「したがって文体は,日常語とそのほかの後をある仕方で混ぜて使うことが必要となる。なぜなら,稀語や比喩や修飾語やそのほか上にあげた種類の語は,平凡でもなく平板でもないものをつくり出すであろうし,他方,日常語は明瞭さをもたらすだろうから」(アリストテレース, 1997, p. 84)。

第II部

サービスの理論

第4章

闘いとしての
サービスの価値

　本章の目的は，サービスが「なぜ」闘いとして構成されるのかを理解することである。そして，次の章では，サービスは「どのように」闘いとして構成されるのかを見ることになる。サービスとは闘いであるというテーゼは，ほとんどの読者のサービス理解の正反対の主張であろう。まずそれを確認するために，従来のサービス理解を簡単に見るところから始める。そして，元来のサービスやもてなしの概念の中に，闘いという側面があることを議論する。そのためにホスピタリティという概念を紐解き，特に文化人類学で議論されるホスピタリティの敵対性に注目する。

　しかし，これらの議論は，現代のサービスとは距離が遠い。特に，文化人類学が言うような，国家体制の構築されていない民族の村における歓待の敵対性では，経済的交換である現代のサービスの闘いを説明しきれない。そこで，現代の経済的な取引であるサービスにおける闘いの側面を理解するために，サービスが独自の価値を主張するために文化を構築する活動であることを議論し，そこからサービスにおいて人々が自らを差異化し，卓越化することを示す。そして，顧客満足度という概念の弁証法を議論し，闘いそのものの価値を理解する。最後に少し違う観点から，闘いとしてのサービスが結果として生み出す，全体的な場の押し上げ効果を議論する。

1　従来のサービス理解

　すでに見たように，サービスとは人が関与し，人と人との関わりの中で実現されることを最大の特徴としている。サービスは無形であるとか，所有権が移らないとか言われるが，それは人と人とのやりとりにおける活動であり，物を引き渡すだけではないからである。そして，サービスのキーワードは，価値共創（value co-creation）である（Grönroos, 2007; Lusch & Vargo, 2014）。つまり，顧客がサービスの生成に参加し，共にサービスの価値を作り出すというパラダイムである。

　現在主流になっているサービス研究では，このようなサービスをどのように位置付けているのだろうか。いくつかサービスの定義に関する議論を見てみよう。ある程度一般的な議論の例として，Lovelock & Wirtz (2007, p. 15) のサービスの定義を検討しよう。

> サービスとは，ある主体が別の主体に提供する経済活動である。通常，時間単位の行動であり，受け手自身あるいは受け手の所有物や財産に対して期待通りの結果をもたらすものである。顧客は，金銭，時間，活動の対価として物，労働力，専門技術，設備，ネットワーク，システムを利用し，価値を手に入れることを期待している。ただし，通常はサービス提供に関わる物の所有権を得ることはない。

　ここで強調されているのは，経済活動であること，所有権を得ることなく時間単位の活動として提供されること，そして期待通りの価値を手に入れるという点である。経済活動であるということは，売り手と買い手の交換であるということであり，本書もその枠組みに留まる。これは公共のサービスでも同様に，税金で運営されている，広義の経済活動と捉えていい。所有権に関しては，例えば，ホテルに宿泊しても，レンタカーを借りても，部屋や車に対して所有権が発生しないことを示している。本書の目的からすると重要なのは，価値の概念である。価値に関しては，次のように言及されている。

> ……価値が生まれるのは，顧客が期待通りの経験や解決策を手に入れてベネフィットを得た時点である。(Lovelock & Wirtz, 2007, p. 14)

サービスの目的が，顧客にとってのベネフィットの実現であり，それは期待通りの経験や解決策から生じることになる。ここまでを見て明らかなのは，提供者が何らかの活動を通して，顧客に期待通りの経験や解決策をもたらし，ベネフィットを感じてもらうことによって，価値が生まれることである。さらに，次のように主張される。

> したがってマーケティング・ミックスの第一歩は，ターゲットとする顧客に価値を提供し，競合相手以上に顧客ニーズを満たすようなサービス・コンセプトの策定である。(Lovelock & Wirtz, 2007, p. 26)

ここでは，顧客のニーズを満たすという側面にも言及されている。他の研究者によっても同様の主張がなされている。例えば，Lusch & Vargo (2014) はサービスを次のように定義する。

> 我々は「サービス」を形式的に，「他の存在 (entity)，あるいは自分自身の便益 (benefit) のために，能力 (知識やスキル) を適用すること」と定義する。（翻訳は筆者）

ここでも相手のベネフィットのための活動であると定義されている。

これらの議論に一貫するテーマは，顧客のニーズを満たし，顧客満足度を高めることが究極の目標であるということである。もちろん，満足度を高めることにより，リターンが得られること，それにより株主価値につながることは前提であるが，サービスという現象に関する直接の目的は，顧客満足度である。

Fisk, Grove & John (2004) は，同様に顧客のニーズを満たすことを強調する。

> 多くのサービスは，顧客各人の特別なニーズや欲求あるいは願望を満足するために調整された，特別なステップや全体的なプロセスとして特徴づけられる。(p. 80)

そして，Fiskらは，このような多様なニーズを満たすということの問題を指摘するが，それはコストがかかるからである。コストが許されるなら，ニーズ

を満たすということは疑いのない目的ということになる。さらに，顧客と提供者の関係が友好的であることが強調される。

> サービスの得意客と提供者の間のポジティブなやりとりは，成功する相互関係をもっとも導きやすい。例えば，ある患者と医師のやりとりが心のこもったものであれば，診察室におけるサービス・エンカウンターに，患者と医師はどちらもより満足するであろう。両者の心を開いた交流と協力によって，提供されるサービスに双方が満足する可能性は高まるであろう。(p. 135)

興味深いことに，Fiskらは，「友好的すぎる相互作用」の危険性にも言及する。しかし，それはコストがかかるからであり，次の客を待たせることになるからである。基本的には，コストがかからない限り，関係は「心を開いた交流と協力」が理想となる。

これ以上の参照は，繰り返しになるだけなので，控えておこう。このような顧客の「ベネフィット」「ニーズ」を実現するという言説は，特段驚くものでもないし，一般常識に照らし合わせても当然の定義であるように思われる。しかし，本当にそうだろうか？　これらの定義にあるように，提供者による一方的な，価値の提案，ニーズの充足，ベネフィットの実現という関係性，そして顧客を満足させるという関係性を，本当に前提としていいのかというのが本書の問題意識である。

例えば，世界的に著名なフランス料理のシェフである，神戸北野ホテル総支配人・総料理長の山口浩氏は，次のように語る。

> サービスでは奉仕する側と奉仕される側が，互いに階段を登るということ，そこに楽しさがある。知らないことを知っていくというかけあいが楽しい。(中略) 伝統は守ることで伝承するのではなく，伝統は受け繋いでいくのであって，その時代時代を反映する。客にとっては，時代の変化を感じながら，変化しているところに自らがいるということが，楽しい。それが生きている証だし，サービスの価値はそこにある。

つまり，ニーズを満たしてもらうことや，心のこもったやりとりが重要なのではない。人がどう生きるのか，自分がどういう存在なのかが問題なのである。

本書の目的は，このような語りに刺激を受けて，サービスの本来の価値を経験的研究と理論的研究によって解き明かすことである。

2　闘いとしてのサービス

　サービスの根本的な特徴は，客や提供者という人が深く関わるということである。しかし，この人が関わるということを正確に理解することは難しい。ややもすれば，人の「要求」や「ニーズ」を重視し，要求やニーズを「満たす」ことにすり替えられる。本書の目的は，このようなすり替えを最大限回避しながら，サービスの本質に迫ろうというものである。

　本書で「サービスとは闘い（struggle）である」と主張するとき，サービスは，参加者が自らの力を示し，相手の力を見極め，お互いを承認するということである。ここで「力」とは，能力，知識，スキル，地位などその人がその場で重要だと考える自らの卓越した特徴である。ここで「力」は，権力（power）の意味も持つ。つまり，自分の卓越した特徴を示すことで，他者を圧倒するという意味での力である。そして，自分の力を示すということは相手の力を懸念しているということの裏返しであり，それは相手の力を見極めようとすることを含み，そして相手に承認されることが想定される。もちろん，実際には結果として承認が得られないことがあるが，基本的に人々は承認に志向して行動しているという意味で，承認の概念は意味を持つ。

　なぜ闘いなのか？　それは本章を通して明らかにするべきことであるが，ここで素描してみよう。サービスは人と人がやりとりして，価値を共創する。ただ商品が交換されるだけではない。そこでは人と人のやりとりは，一瞬の交換ではなく，時間的にも空間的にも込み入ったものとなる。そのように人と人が出会うとき，そこでは人は自己を呈示し，他者の自己を肯定，あるいは否定することになる（Goffman, 1959）。そして，人は自分を差異化し，より高い水準で見せるということに興味を持つ。しかし，その自己は他者によって承認されなければならないし，裏返せば承認されないことも可能性として秘めている。

この緊張感は，サービスに限らず人が人として他者に出会う場において避けることができない。

　闘いという過激な言葉に拒否感があるかもしれない。それが英語で"struggle"であると言えば，少し落ち着くかもしれない。これはカール・マルクスに遡る系譜に位置する概念であるが，本書では政治的な闘争という明示的な闘いではなく，より根源的な闘いとして議論する。そもそも相手を対等な人であると認識するとき，闘いの関係にならざるを得ない。対等であるとは，地位，権力，資産などが同等であるという意味ではなく，互いに独立した個人であるという意味である。対等な相手を前にしたとき，人は相手がどのような行動を取るのか，自分に対してどのように接するのか，自分のことを肯定的に扱うのかなどについて，予測できない事態となる。これが予測できる場合は，その相手は自分に従属していることになる。これは奴隷と主人の関係であり，対等な関係ではない。対等な関係は，不安を呼び起こし，緊張感を持ったものとなる。危険を承知で少し急ぎ気味に言うと，サービスにおいて客と対等にやりとりするためには，客と闘わざるをえないということであり，客と闘わないということは客を自分に従属する存在として扱うということである。闘わないことは，相手を取るに足りないと見なすことに他ならない。

　サービスに関する言説は，サービスに関与する人，つまり客や提供者が「どういう人なのか」については，考えてこなかった。人と人の間でやりとりされる情報の交換，資源の交換や統合などが問題とされてきた。あるいは，配慮や感情が議論されているが，匿名の店員が匿名の客に配慮するという構図である限り，それぞれの人がどういう人かを捉えきれていない。顧客個人の特性，例えば嗜好や誕生日など，が問題になるときでも，それらの属性が問題になっているのであり，人が問題になっているのではない。しかし，人と人が出会い一緒に価値を作り出すという活動をする限りにおいては，人は自らを呈示し，相手を見極め，承認するということを避けることができない。サービスにおいてどういう人かが問題になるというのは，この最後の意味においてであり，固定化した自明な人が，個別の情報，資源，感情，特性などを操作するということ

ではない。

　闘い（struggle）を規定するということは，勝負のつく戦い（fight, combat, battle）とは異なることを意味している。ここで言う闘いとは，相手との相互依存的な関係性にもとづいており，その意味では自分自身が問題となっている。つまり，闘いとは自分を構築し，定義しようとする契機である。その意味では，相手を負かすことはそれほどの重要性を持たない。むしろ，どちらかが勝者になり他方が敗者になると，その関係性が閉じられてしまい，そもそもの闘いではなくなるだろう。実際に闘いとしてのサービスでは，勝負は結局わからないだけではなく，それが主題化することもない。

　またすでに明らかだと思うが，このテーゼは，よく聞かれる「客の言うことは聞かなくていい」という言説を正当化するものではない。客は自分の知っている世界の範囲でしか考えられず，すでにあるものの延長としての要求しか語ることができないため，客の言うことをそのまま実現したのでは革新的なものができないばかりか，客のためにはならない，という話がよく聞かれる。例えば，「スティーブ・ジョブズは客の言うことを聞かない」というような主張である。本書で議論する闘いは，このような主張とは一切関係ない。客の言う要求の通りに提供することも，客の言うことを聞かずに自分が思うものを提供することも，同様に客に一方的に何かを提供する関係性を前提としている。

　また，サービスが闘いであるというテーゼが，特定のサービスや特定の文化に限定されたものではないかという反論があるかもしれない。東京の鮨の経験的調査から議論を始めたため，鮨屋の緊張感は例外的なものではないかという疑問も生じたかもしれない。しかし本書は闘いとしてのサービスは，すべてのサービスに共通の特徴であると論じる。この点についてさらに踏み込むと，文化というもの自体が構築されたものであるということを看取する必要がある。ある文化を構築するという実践の中にすでに闘いの関係性が含まれており，その意味で闘いが特定の文化にのみ適用できるというのは表面的な議論にすぎない。

3　歓待における敵対と力

ホスピタリティに関するジャック・デリダ（Jacques Derrida）の議論を見てみよう。Derrida（1997）が指摘したように，そもそもホスピタリティは1つの不可能性である。ラテン語の語源を紐解くと，ホスピタリティはhospesに由来し，2つの対立する意味が認められる。ラテン語のhospesは，hostisとpetsが組み合わされたものであるという。Hostisは，もともとは「見知らぬ他者」という意味であり，その後「敵意ある見知らぬもの hostilis」という意味を持つようになった。英語のホスピタリティ（hospitality）も，敵意（hostility）と同じ語源を持つ。petsはpotentiaなどに関連し，「力を持つ」という意味である。つまり，ホスピタリティは，敵対者としての客を想定し，主人は力を持つ存在であるということを意味する。

このもてなすことと敵対することの意外な同一性については，その起源を想像すればすぐにわかる。Peyer（1987）は，『異人歓待の歴史』の中で，次のように示唆する。

> 異邦人とは，あるひとつの社会集団に属していない人間のことであって，無法な敵とみなされて殺されてしまうこともあったし，恐ろしい威力の持ち主とみなされて，それだけにいっそう厚いもてなしを受けることによって無害の者とされたりもした。客人厚遇は，一方ではそうした異邦人がもたらすかもしれない魔力を防ぐために社会集団に迎え入れることであり，他方では異邦人と社会集団とのあいだに取引や対話などといった友好関係をむすぶ機会であった。（p. 2）

コロンブスがバハマ諸島で，クックがニューカレドニアで現地の人々から厚い歓待を受けたのは，これらの来訪者が敵対する可能性のある人であり，魔力を持った恐るべき人であったからである。文化人類学においては，このような「ホスピタリティの法則」が議論される（Graeber, 2011）。文化人類学者がフィールドに行くと，異邦人として驚くような歓待で受け入れられることも多

い。歓待することによって，自分が敵対する意志がないことを示し，相手を招き入れ，相手のことを知り，相手を取り込もうとするのであった。主人が食事を勧めたときに，客人が断わるのは，敵であることの表明であった。

歓待における敵対性というのは，もちろん自分が明確に相手を敵だと知っているということではない。そのような敵を家で歓待することは全く別の意味となる（たとえば，敵との和解）。ここで言う敵対性は，1つの不気味さである。相手をよく知らないがゆえに生まれる緊張感であり，恐怖の念である。人々は魔術に恐れたという。その恐れから異人を歓待することが規範となっていった。異人歓待は通常は3日が限度で長く続かないが，それには理由がある。Peyer (1987, p. 6) によると，「客人厚遇は不気味な客人にたいする一種の隔離なのであって，その期間がすぎれば客人にたいする恐怖とともに客人の特殊な立場もうしなわれた」。長期に滞在することは，その主人に従属するということである。

歓待が敵対的な力に関連する事例は，これだけではない。たとえば，「数多くの客人をつねに泊めて気前の良さで客人を恐縮させ，そのことでほかの宿主に抜きんでるということが高貴であることの証であるとされた」(Peyer, 1987, p. 8)。これはポトラッチ（potlatch）と呼ばれる，気前のよい贈与である。ポトラッチは競争的である。歓待すること自体が，力の顕示となる。ポトラッチはアメリカ北西部の部族の間で顕著に見られるが（ポトラッチという名称はこれらの部族の日常語である），メラネシアなどの地域でも同様の原理が見られる。これらを理論化したマルセル・モース（Marcel Mauss）のわかりやすい説明によると，ポトラッチとは下記のようなものである。

> しかしこれらの部族において注目すべき点は，これらの活動を支配している競争と敵対の原理である。一方では，遂に戦闘になり，相手の首長や貴族を死に至らしめるようなこともある。他方では，協力者であると同時に競争相手でもある首長（普通は祖父，義父，婿）を圧倒するために，蓄えた富を惜しみなく破壊してしまうこともある。クラン全体が首長を媒介として，クラン全員のために，所有するすべてや行う一切のものを含む契約を締結するという意味で，

> そこには全体的給付が存在する。しかしこの給付は首長にとっては極めて競争的な性格を帯びたものである。それは，本質的に高利を取るもので，浪費を余儀なくさせるものであり，何よりも将来自分たちのクランが利する階層を確保するための貴族同士の戦いなのである。(Mauss, 1924, p. 19)

この競争，闘争的な贈与は，自分の力を顕示するためのものである。ポトラッチに限らず，贈与というものがそのような力の顕示を伴うことは疑問の余地はない。Mauss（1924）が端的に次のように言う。

> 首長とその部下のあいだ，部下とさらにその追従者のあいだで，こうした贈与によって階層性が作られるのである。与えることが示すのは，それを行う者が優越しており，より上位でより高い権威者（magister）であるということである。つまり，受け取って何のお返しもしないこと，もしくは受け取ったよりも多くのお返しをしないことが示すのは，従属することであり，被保護者や召使いになることであり，地位が低くなること，より下の方に落ちることなのである（従僕minister）。(p. 276)

このような力の顕示が，もてなしやホスピタリティの基礎にあることは，サービスの文脈ではほとんど議論されない。おそらくこのような力の顕示としての闘いの側面はサービスの言説に馴染まないというだけではなく，この力の顕示自体がサービスの根本原理であると暗黙に理解しつつも，それを否定するということ自体がサービスの理論を構築するためにはどうしても必要であったのではないだろうか。そのことを検討しよう。

4 おもてなしの不可能性

日本で言う「おもてなし」を，見返りを求めない心からの歓待という説明がつけられることが多い。ここまで議論してきたことは，この説明と全く矛盾するように見える。Derridaが主張したのは「歓待の不可能性」であり，この見返りを求めないという行為が不可能であることを意味している。全くの見返りを求めない歓待をしたとしても，相手には負債の感情が起こらざるをえない。

この負債は払い返されなければならない。相手がそのように思う以上，歓待する側もその感情を持たないことはありえない。そのような感情を持たない人は，他人の感情を全く理解できない非社会的な人であるということになり，そもそも「おもてなし」で想定されたような人物像ではない（もし相手の感情を理解できない人が他者の見返りを求めずもてなしたとしても，その人はただ自然に何の努力もなくそうしているだけであり，おもてなしとして特別賞賛する意味がなくなってしまう）。しかし，これが不可能であるがゆえに，見返りを求めない歓待が最大限の意味を持つことを理解しなければならない。Derrida風に言うと，歓待の不可能性がその可能性の条件であるいうことである。不可能であるがゆえに，それをしようとすることに意味がある。これを双方とも理解しているのである。

　この「おもてなし」は，様々な逸話や物語に現れる。たとえば，齋藤（2012）が紹介した謡曲「鉢の木」を見てみよう。これは鎌倉時代の執権北条時頼の全国廻国伝説の1つである。齋藤の要約を引用する。

　　ある大雪の日の夕方，諸国遍歴の旅の僧が上野国（群馬県）佐野の貧しい民家を訪れて一夜の宿を頼みます。帰宅した主人はこれをいったんは断りますが，途方にくれる僧を見て「それではろくなもてなしもできませんが，それでよろしければ」と家に招き入れます。貧しい粟飯を食べ囲炉裏端で語りあううち，僧は主人の教養人格のただ者でないことに気づき，その身の上を訊ねると主人はその境遇を語り始めるのでした。自分の名はもと佐野源左衛門常世といって近在の佐野庄三十余郷を支配する領主でしたが，一族の者に所領を騙し取られて落ちぶれてしまったのです。しかしやせても枯れても自分は鎌倉の御家人であり，もし幕府に一大事あれば癖せ馬にまたがり，ただちに鎌倉に駆けつけて幕府のため命を投げ出して奉公するつもりであると胸の内を語るのでした。
　　そのうち囲炉裏の薪がなくなりかけると，主人は家の外から梅と桜と松の盆栽三鉢をもって来てそれをナタで叩き折ろうとします。僧は驚いて止めますが，主人は「何もおもてなしもできないのが残念なので，せめてもの気持ちとして最後の盆栽を薪にするからそれで暖まって欲しい」と語り，一鉢ずつ叩き折っては火にくべるのでした。旅の僧は黙ってその火をじっと見つめていました。

翌朝，僧は何度も礼を言って旅立っていきました。

しばらくして鎌倉から一大事との緊急動員令が下されます。関東八ヶ国の御家人たちは「いざ鎌倉」と先を争って鎌倉にかけつけます。そのなかに佐野常世の姿もありました。居並ぶきらびやかな諸将のなか，壊れた鎧を身につけ錆びた刀を携えた貧相な常世は笑いものとなります。そのうち常世が呼び出されます。粗末ないでたちが咎められるものと覚悟する常世ですが，幕府首脳陣の前に召し出されてみると，目の前の北条時頼が実はかつての雪の日の旅の僧であることを知って驚くのでした。時頼は常世が約束を守って馳せ参じたことを褒め，佐野庄三十余郷を常世に返し与えただけでなく，薪となった三鉢の盆栽のお礼にと，梅・桜・松にちなんで加賀国梅田庄，越中国桜井庄，上野国松井田庄の三つの庄園を新たに恩賞として与えたのでした。こうして常世は晴れて故郷に帰還していくのです……。(pp. 13-14)

　この常世が見返りを求めず，旅の僧をもてなしたこと，そしてそれを自分が大事に育てた盆栽を犠牲にして行ったことが，「もてなし」の理念型と考えられる。このような見返りを求めないおもてなしの心が，当時の人々の心を打ったということである。おそらくこの話は，現代でも同様の感動を生むだろう。

　しかし，我々はここで終わるわけにはいかない。この話には，見返りが必要なのである。最後に常世は，元来の自分の領地だけではなく，自分の秘蔵の盆栽を犠牲にした分の褒章が与えられる。歓待の時点では見返りを求めていないかもしれないが（しかしこれは不可能である），この話には結果的に見返りが必要なのである。それはもちろん実在しない常世に対してではなく，話の書き手（話し手）と聴衆にとって必要だということである。実際に常世のような見返りを求めない歓待が不可能であることを人々は知っていて，見返りが与えられて満足するのである。正確に言えば，見返りを求めないもてなしを幻想として憧れながら，その憧れ方がそのようなもてなし自体を否定する。

　我々が考えなければならないのは，この物語が権力を正当化しようとする政治的言説であるという単純な事実ではなく（この事実すら忘れられることもあるが），見返りを求めない「もてなし」というものの社会的な位置付けである。常世のこの真摯な姿勢が人物の偉大さの証左となっている。歓待が主人による

力の顕示であることはすでに見た通りだが，この話の中ではそのような顕示は明示的には見られない。しかし結果的に，常世がそのような力の顕示を全くしないということにより，この人物の力がより効果的に示される結果となる。これが「見返りを求めないもてなし」の基本構造である。実際にはそういうもてなしが不可能であるため，人々はそのように演じるしかなく，そう演じることで自分の力を示すのである。

　日本の「もてなし」では，さりげない気遣いが賞賛されることが多い。気遣いをしながら，それを明示的には見せないというものである。例えば，『おもてなしの源流』という本の中で，熊倉功夫氏の話が紹介されている。

> 亭主の気配りを深く感じ取る心が求められます。〈吉兆〉の主人で，有名な数寄者だった湯木貞一さんが残した逸話があります。ある茶人の茶事に招かれ，帰り際に玄関の先にある雪隠（トイレ）に入りました。わずかな間でしたが，その間にぱらぱらと霜が降ってきたのです。雪隠を出てみたら，そばの四つ目垣に路地笠がかかっていました。濡れないようにお使いくださいという合図です。湯木さんは「これが風流だ」と感心されます。雪隠から茶室まではほんのわずかな距離です。それでも濡れないように心がけてくれる。客は客で，さりげない心遣いに気づき，感動する。これが主客というものです。「さあお使いください」と亭主が笠を持っていったら嫌味になる。ことさら心遣いを見せないことが，かえってよいわけです。(リクルートワークス編集部，2007, pp. 43-44)

　もてなしというものが，このように見せない心遣いとして理解されることが多い。この見せない気遣いが賞賛される理由は2つほどあるように思われる。1つは，相手に気遣いをしてもらったという心理的負担を与えないようにするという心遣いであり，相手に気遣いをさせないように気遣いをしている。つまり気遣いをしながら，相手がその気遣いにどう気遣うのかについても気遣いをしているという二重の気遣いであるという点である。もう1つの理由は，気遣いに対して感謝のような見返りを求めていないということであり，心の底から気遣っているということである。

　しかし，この言説は現実の記述としては不十分である。亭主は，このような

気遣いを見せることにより，自分の圧倒的な力を見せているのである。この気遣いが明示的にではなく，さりげなくなされることが最大の力の効果を持つ。そのため，主人が風流だということが争点となりうるのである。一方で客は，主人の気配りに感動するだけではなく，この主人に「感心する」のである。「感心する」という行為がある以上，感心した人と感心された人の関係性を無視して通ることはできない。見返りを求めていない気遣いや相手を気遣ったうえでの気遣いができるという人物が評価の対象となっている。つまり，主人は全く自分を主張しないがゆえに，自分を高いところに定義し，他の人がそれを認める。客の側も同様で，客はただ座っていたら供与される存在ではなく，主人の力と対決していく存在である。客はその気遣いを感じ取る心が求められるし，そのうえで感心するということは，主人を評価する立場にある自分を定義する。つまり，すべての気遣いや気づきは，それを気遣っている人，気づいている人が問題となるように構成されている。このせめぎ合いを，気遣いと感動というようなきらびやかな言葉で片づけようとすると，その意味の半分しか理解していないことになる。

この敵対性と力の距離感が本来のサービスの姿であろう。もっとも，ここで理解しなければならないのは，見返りを求めないもてなしは重要であり，人々がその幻想を信じるという意味で現実であるということである。しかし，サービスを研究するには，それを前提として受け入れてはならず，人々がなぜそのような幻想を信じるのかを探究しなければならない。

5 サービスにおける敵対性

これまでに議論した歓待というものは，家に客人を招くとか，異邦人を受け入れるという意味であり，ある意味で特別な状況を参照しているように見える。しかし，この論理はすぐに，一般的な人の関係性に適用できる。例えば，この本来の歓待の緊張感は，レストランなどのサービスでの緊張感に通じている。クロード・レヴィ=ストロース Claude Lévi-Strauss (1967, pp. 146-149) の

第4章　闘いとしてのサービス価値

『親族の基本構造』で示された議論が，我々に多大な刺激を与えてくれる。まず，Lévi-Straussの基本テーゼを確認しよう。つまり，「敵対関係と互酬給付品の供給とのあいだには一つのつながり，連続性がある。すなわち，交換とは平和的に解決された戦争であり，戦争とは不幸にして失敗した商取り引きの帰結であるということだ」(p. 157)。これはすでに見たように，Maussの互酬的な交換の原理である。Maussは，互酬的な贈与のやりとりが社会を秩序立ったものにする原理であると主張した[1]。

このように贈与の関係の背後には，敵対性がある。Lévi-Straussはこのテーゼを親族の構造，つまり婚姻関係に展開したのであった。

しかし，このような関係は，国家制度を持たないような民族の世界の話として片づけられるのだろうか？　上記のLévi-Straussの著名なテーゼの直前に，以下のような文章があることはあまり知られていない。Lévi-Strauss (1967) は次のように書く。少し長くなるが，ここに引用しよう。ここで彼は南フランスのあるレストランで，見知らぬ2人の客がワインを注ぎ合うことを記述している。

> 名前も職業も社会的地位もわからない人物はやりすごすのがフランス社会の習わしであるが，小さなレストランでは，そのような人物たちがほとんど肩を寄せ合うようにして一時間から一時間半も同席することになり，ときとして馬が合うというので一つに結びついたりする。孤独を尊重しなくてはならないとする規範と人が集まっているという事実とのあいだで，ある種の葛藤が，向かい合って座っているどちらの側にも生じている。なるほどたいして激しくはないだろうが，しかし現実的な葛藤，緊張状態を生み出すには十分なほどの葛藤である。独りでいると同時に一緒にいると双方が感じている。見知らぬ同士なのだから習慣として遠慮しなくては，と強いられつつも，物理空間でのそれぞれの位置が，また食事の内容や食事の道具への二人の関係が親密な気分を醸し出し，なおかつある程度まで親密さを命じてくる。(中略) 会食者の胸中には，目に見えない不安がどうしようもなく兆してくるだろう。接触がどんな些細なとわしさを告げてくるのかわからないがゆえの不安。侮蔑，尊大，攻撃などの現れがまったく伴わなくとも，維持される社会的距離は，それだけですでに苦

痛の種になる。(pp. 146-147)

ここでは客と提供者の関係ではなく，客同士の関係が記述されている。客と提供者の間の緊張感という比較的わかりやすい対象ではなく，むしろ客同士の間にも緊張感が生じるということを指摘したのは，示唆に富んでいる。先進国フランスのレストランにおける体験の中に，このような「葛藤」「緊張」「不安」「苦痛」を見て取ったのは，Lévi-Straussの文化人類学者としての力量を示すものであろう。ここでの緊張感は，相手を知らないにも関わらず，親密な空間に置かれたことによる。周りの雰囲気か，特に食べものにまつわる雰囲気が命令する親密さがあり，一方では見知らぬ人が自分の行為にどう応対するかわからない不安である。そして，この葛藤や緊張がワインの互酬的交換を導く。

> ワイン交換はまさにこのつかの間の，しかし困難な場面に決着をつけてくれる。それは好意を明示し，相互のおぼつかない気持ちを解消し，並列状態の代わりに交流をもたらすのである。だがワイン交換はそれ以上のものでもある。それは一歩退いた態度をとる権利をもっていた相手を，そこから抜け出るよう仕向ける。ワインが供されたならワインを返さなくてならない，親愛の情には親愛の情で応えなくてならないのである。互いに無関心であるという関係は，会食者の一方がその関係から脱しようと意を決するや，もはやいままでとはまったく別様に結び直されずにすまない。この瞬間から関係は，もはや親愛的か敵対的かのどちらかにしかなりえない。隣席の人がワインを差し出したのに自分のグラスを差し出さなければ，礼を失するほかなく，供与を受け入れれば，それによって別の供与，会話の供与が可能になる。かくして受け取ったものより多くを供与することによって権利を開拓し，与えたものより多くを受領することによって義務を負うとの，つねに双方向的に進む一連の相互往還運動をとおし，ささやかな社会的絆が累加的に結ばれていくのである。(p. 147)

ワインの注ぎ合いはこの緊張感を緩和する。なぜなら，ワインの交換は互酬的であり，注がれた方には負債の感情が生まれ，それが還されるという繰り返しにより社会的関係が生まれるからである。ところで，これがワインであることが重要である。「ところがこの液体と固形物とでは，客の態度にすぐに独特

の違いが現れる。肉や野菜は体になくてはならぬが、ワインは体にとっての贅沢品である。一方はなによりも栄養を与えてくれ、他方は面目を施してくれる」(p. 145)。食べものは個人的であるが、ワインは社会的である。必須ではない嗜好品は、互酬的交換の対象物となりうる。Lévi-Straussはさらに続ける。

> これがすべてではない。与える―受け取るの周期を開く人が主導権を握り、彼の示した社会的な自由闊達さが彼を優位に立たせる。じつに周期の開始にはつねにある種の危険がはらまれているからである。献酒に対して相手は少ない量の返杯で応えてくるかもしれないし、逆に競り上げに出てくるかもしれず、競り上げに出られた側は―忘れないでおこう、瓶の容量はごくささやかなのだ―自分の分を一滴残らず相手のグラスに注ぎ入れて切り札を失うか、威信を保つためにもう一瓶追加するはめになる。要するに我々は、微視的規模とはいえ、紛れもない一つの「全体的社会事象」、心理的・社会的・経済的のいずれの合意をももった事象に直面しているのである。(pp. 147-148)

ここで、最初の緊張が、ワインの応酬という別の緊張へと移動する。つまり、見知らぬ者同士の出会いは闘いの原型であるが、それを乗り越え交換するとしても、それもまた闘いである。競り上げるとは、互酬原理においてよく見られるポトラッチを指している。相手よりも与えることで気前よさを見せ、相手もそれを上まわってくる。ここでは、さらに社会的な全体性へと結びつく。つまり、ただの個人的な緊張感ではなく、社会的な地位、経済的な関係に結びつく。このような緊張感のあるせめぎ合いを通して、社会的な関係が構築されていく。Lévi-Straussは馴染みのない文化における実践を説明するのであるが、それと同じことがレストランというサービス場面で見られるということが重要なのである。

> その意味で、レストランの見知らぬ人々それぞれの態度には、ある基礎的場面が、無限遠点から、感知しがたくも識別できるほどには投影されていると我々には映るのである。すなわち、未開の個体や群れが未知の個体や群れとはじめて、あるいは例外的に接触する場面のことである。

ここで、Lévi-Straussは前述のテーゼに至る。

> このような照明のもとで,「目に見えない者たち」をめぐるチュクチの伝説を理解しなくてはならない。その伝説では,財が謎めいた仕方で運ばれてきて自分で交換をおこなうのだが,チュクチの古代市場の描写ほどこのことの意味をはっきり照らし出してくれるものはない。人々は武装して市場にやってきた。生産物は槍の先に引っかけられて差し出された。人々は一方の手に皮の包みを,もう一方の手に短刀を携えていることもあった。ちょっとした挑発さえあればいつでも戦えるよう,身構えていたのである。だから昔は市場をelpu'r. Irkln「交換する」の一語で言い表し,この語は仇討ちの意味でも用いられた。現代語は新しい動詞vili'urkln「交易する」を導入した。これはコリヤーク語のvili'vikln「和睦する」にあたる。我々がこれらの観察記録を負っている著者は,こう付け加えている。「古い語と新しい語のあいだにはめざましい意味の違いがある」(pp. 148-149)

　これにより,闘いが何を意味するのかは明らかであろう。そして,それが古来の異人歓待やおもてなしに限ったものではなく,現代のレストランの文脈でも同様に見られることも,それほど意外なものではなくなっただろう。人が他の人が見ている前でふるまい,そして単にすれ違うのではなく,何らかの価値を共に生み出す関係にある場合,そこには緊張感が生じる。その緊張感が何らかのやりとりを生み出すのであるが,それは必然的に闘いの関係となるのである。このことを理解せずに社会的関係性を議論することは,社会的関係を物と物の間の関係のように物象化することに他ならない。つまり,客は自分の欲しいものを示し,提供者がそれを受け取り提供するというような関係性は,社会的関係性ではない。サービスの言説はこれを避けなければならない。

6　互酬性と経済的交換

　Lévi-Straussの主旨は互酬的交換であった。サービスにおける関係は経済的交換の関係である。この2つの交換は同じものと考えてよいのだろうか？　このことを考察したい。

一方が何かを贈ると，他方はそれに見合うものを贈り返さなければならないという互酬関係（reciprocity）が働く。言い方を変えると，一方が何かを贈ると，贈られた方に負債（debt）の感覚が生まれる（Nietzsche, 1887）。この感覚が次に贈り返すことにつながるし，贈り返さないと自分がその人に従属する関係であると認めることになる。贈り返さないといけないという規範が，コミュニティを作り上げ，戦争や無秩序を回避することになる（Sahlins, 1972）。
　しかし，コミュニティでは決して完全に等価なものを明示的に等価なものとして贈り返すことはない。なぜなら，そうすることは，一方が負った負債を帳消しにする意味があり，これは関係性を帳消しにするということを意味しかねないからである。そのため，少し価値の低いものや高いものを贈り返す。これにより関係性が永遠と続くことになる。一方で経済的交換は，そのような永続的関係性を断ち切る。Graeber（2011）は，交換とは，対等であることを意味すると同時に，分離も意味すると言う。
　これは歓待の場面でも同様である。Peyer（1987）が示したように，異人を歓待した後，その客人と別れるとき，主人が何か贈物をすることがある。「別れにのぞんで宿主は客人に高価な贈物をすることがよくあった。このことによって客人厚遇が強まったばかりか，それによってはじめて客人厚遇が永くつづくむすびつきという特色をおびるということがよくあったようである」（p. 6）。しかし，主人の方は客人からの贈物は受け取らなかったという。これは現代の我々からすると奇妙である。歓待を受けたほうが御礼として贈物をするというのが自然に見えるからである。しかし，もし客人が贈物をすると，主人の歓待に対する支払いという位置付けになってしまうし，そこでその関係性が帳消しになる。また，主人が客を歓待したのは，魔術に対する恐れでもあった。そうすると，御礼の贈物の代償として歓待したということは，災いがふりかかると思われた。
　このように互酬的交換と経済的な交換は違う論理で行われる。互酬的交換は，継続する関係性が前提であり，経済的交換はその場で関係性を帳消しにすることを前提としている。サービスを考えるとき，経済的取引を考えなければなら

ない。経済的取引では，等価交換が基本である。そもそも経済的交換は，その人々の個性が無関係である関係性という意味で，非個性的（impersonal）なものである。経済的な取引とは，見知らぬ人と交換を行うことであるが，我々は通常これをその場で完結する交換として理解する。コンビニエンスストアで150円のコーヒーを買う。その店員とはその時点で150円という等価の現金を支払い，150円の価値のあるコーヒーを受け取る。その取引の前には何も特別な関係は存在しないし，その取引の後にも関係は継続しない。等価交換は，等しい価値のものを交換するため，何も後を引くものがない。そして，その見知らぬ人がどういう人かも問題とならない。人間関係はその取引の間だけ，交換の主体としてのみ継続する。

　もちろん，知っている人と経済的取引をするということもある。例えば，友人の店で食事をする場合がある。しかし，このときに我々はどうしても違和感を感じてしまう。知り合いである場合には，多くの場合通常の等価交換以上のことが起こることを期待している。例えば，何か無償で追加されることや，値引きされるなどである。これが行われないときには何か違和感が残るし，行われたとしてもすっきりしないものが残る。これは基本的に，よく知っている人と経済的交換をするということがないからである。Graeber（2011, p. 102）は次のように書く。

> もしある人が別の人と打ち解けた状態にあるとき，その人の状態を完全に無視することは難しい。商売人は必要な人には価格を下げることが多い。貧しい地域では，商売人は顧客と同じ人種であることがほとんどないのは，これがその一つの理由である。その地域で育った人が，商売をして儲けることはほとんど不可能である。なぜなら，貧しい親戚や学校時代からの友達に金銭的な配慮をすることや少なくともツケを認めるようにプレッシャーを受けるからである。
> （翻訳は筆者）

　もちろん，店の常連になったうえで，親しく付き合うということはある。これが発展して，特別話が合うということや趣味を共有するということで，友人という関係まで変化することはある。しかし，多くの場合，サービス従事者は，

常連であっても，あくまで客であるという関係の枠組みを維持することが多い。そのうえで，常連に対しては，若干の値引きをしたり，他の客よりもよいサービスを提供する。我々が調査した鮨屋では，日本酒を頼んだ常連に，特に求められてもいないのに，のどぐろの肝を出したりすることもある。しかし，客であるということの一線を越えない。この一線を越えて離れていった「客」の話しはよく聞かれる。ある鮨屋についてある人が言ったことである。「ある時仲良くなった親方から電話がかかってきて，残り物の魚があるので5千円にするから，食べに来ないかと言われた。仲良くなって誤解したんでしょうね。それ以来その店には行っていません」。

このように，経済的取引では，本来的には非個性的であり，匿名の人同士が，その場かぎりの交換をするということになる。サービスにおける，客と提供者の関係は，この関係である（Gutek, 1999）。まずこのことを確認する必要がある。

しかし，実際の経済的取引がそのような，機械的な関係では不可能であるということを理解する必要がある。そもそも相手に対する信用がないと，経済的取引は成立しない。見知らぬ人との取引において，相手が自分をだまそうとしていないということについて，信頼関係が必要となる。売り手の売るものがまっとうなものであること，それが盗んだものではないことなどについて信頼が必要であるし，買い手が支払う金が正当なものであること，後から理不尽なクレームをつけないことなどに関して信頼が必要となる。

ところで，等価交換というのが，Aという物とBという物が等価であるから交換するという関係ではないことに注意する必要がある。等価交換とは，交換する両方の主体が相手からできるだけ少ない対価でできるだけ多くを得るということに志向し，その中で交換が成立しているという関係性である。つまり，この関係性は双方が利益を上げるという意味で矛盾をはらんでおり，等価に見えているものは力の折り合いのついた点にすぎない。そうであるとすると，なおさら何らかの信頼が必要となる。

サービスにおいては，客がその価値の共創に関わるため，さらに問題を複雑

にする。匿名の人同士の間の機械的な交換では、サービスはとても違和感のあるものとなってしまう。仕様の比較的明確な商品を販売する場合は問題となりにくいが、サービスは個々の顧客の状況に応じて、サービスの内容自体も変化するし、サービスは体験しないとその内容がわからないという特徴がある。見知らぬ人とこのような取引を行うことは、それほど簡単ではない。

そこで、サービス事業者は、なんとかしてこの見知らぬ人との非個性的なやりとりを、人間的で個性的なものにしようと努力をする。笑顔、親しみのある話し方、信頼感のある外観、居心地のいい空間などを作ろうとする。このようなサービスに慣れてしまっているため、レストランの店員やキャビンアテンダントがにこりともしないことがあると、我々はその従業員が怒っているのではないかと考えてしまう。実際には微笑んでいないだけである（Hochschild, 2003）。サービスにおいて、個性的、人間的な側面を付与することは、顧客満足度を高めていると捉えてはいけない。そもそもサービスとは敵対的であるということであり、満足度に志向した行為はその裏返しにすぎない。ジャン・ボードリヤール（Jean Baudrillard）は次のように言う。

> 人間関係（自然発生的・相互的・象徴的人間関係）の喪失は、われわれの社会の基本的特徴である。この事実にもとづいて、人間関係が—記号の形で—社会的回路に再投入され、記号化された人間関係と人間的温かさが消費されるという現象が生じている。案内嬢、婦人民生委員、PRの専門家、宣伝用のピンナップガールなど、すべての公僕的使徒たちは心づけ、つまり制度化された微笑による社会関係の円滑化を現世的使命としている。（Baudrillard, 1970, p. 243）

この微笑み、温かさ、心づけは、記号としての人間関係である。つまり、それは本来の人間関係を記号で置き換えたものである。本来の人間関係は喪失されており、そのうえで記号としての擬似的な人間関係が構築される。

さらに、このような気づかいが矛盾したものであることも看取する必要がある。Baudrillardの議論を追ってみよう。

> 気づかいのこの巨大なシステムは完全な矛盾の上に成り立っている。（略）それ

自体がコミュニケーションとサーヴィスの人間関係を生産するひとつの生産システムなのである。気づかいのシステムは社交性を生産するが，(略) 自ら克服しようとしている社会関係までも同時に再生産せざるをえない。気づかいを生み出すはずなのに，社会的距離，コミュニケーション不能の状態，人間関係の不透明性と残虐性を生産かつ再生産してしまうのである。
この基本的矛盾は機能的になった人間関係のあらゆる領域に見出される。このような新しい社会性，「溢れんばかり」の気づかい，温かい「雰囲気」が自然発生的なものでなく制度的かつ産業的に作られたものである以上，それらの社会的・経済的本質がそれらの基本性格そのもののうちに現われない方がおかしいのだ。(Baudrillard, 1970, p. 245)

　気づかいが巨大なシステムになるというのは，我々の日常生活のありとあらゆる部分に，気づかいを生み出す原理が見られるということであり，それがもはやシステムとして機能しているということである。このようなシステムが，「現代のテクノグラシー的社会の「哲学」そのものであり，価値体系ともなっている」(Baudrillard, 1970, p. 244)。ところが，このように生み出される気づかいは，逆に人間関係に距離を生み出すという矛盾が生じる。それが極端な形で気づかいされるとき，さらにその矛盾が露呈する。サービスにおける気づかいは，このような矛盾をはらみながら構築されている。
　時には，笑顔で飾るのではなく，取引において少し緊張感のあるゲームを構築するということも多い。途上国にみられるような市場での値引き交渉は，1つのゲームのような楽しみがある。Graeber (2011) が示したように，実際にはこの値引き交渉をバイパスし，淡々と取引することができる。しかし，時間をかけて値段交渉をして，時には一方が不満を表明し，あるいは相手を罵る。その結果取引が実現する。Graeber (2011, p. 104) は次のように書く。

これは，買い手と売り手が，少なくともその場では，友達であるという前提でなされることである（そのため，双方が相手の理不尽な要求には激怒し憤慨する権利を有している）が，これは全てちょっとした劇場となっている。(翻訳は筆者)

そして，人々はこのような演劇的なゲームを楽しむのである。このようなゲームは，敵対的関係性を儀式として残している。ここで興味深いのは，本来避けるはずのこのような敵対的な関係性が，取引の面白さとして昇華されている点である。本来，笑顔で飾るようなサービスのほうが望ましいように見える。しかし，一方で人々は完全に緊張感のないやりとりに魅力を感じないのである。
　つまり，ここにサービスにおける関係性の複雑性がある。まず，等価交換として，非個性的な関係性が作り上げられる。しかし，それでは取引は成立しないし，不要に緊張感を高めるだけである。そこで，人々は笑顔や演技によって擬似的な関係性を構築するのである。Baudrillard（1970, p. 113）的に言えば，「お肌に夢のような自然の輝きを」というような化粧品の謳い文句にある自然とは「メイク・アップ」した自然である。サービスの関係がこのように擬似的なものとして構築されているということを，我々はある程度気づいているのではないだろうか。だから，店員が笑顔を作ることや，サービスの空間が特定の感情を生み出すようにデザインすることなどが真剣に議論されているのである。このような議論では，本当の関係性を議論していないことは，誰も言わないがみんな暗黙に知っているようなものである。
　ここで，我々のサービスの言説が，表面的にならざるをえないことの理由が理解できる。そもそもサービスの人間関係は，原理的に匿名であり，1回限りの関係であるという関係の上に，擬似的に社会的な側面が構築されたものである。サービスの言説が扱っている対象は，擬似的な社会にすぎない。これは何もマクドナルドのスマイル0円のような言説を批判するものではない。鮨屋，料亭，旅館における関係性も同様に構築されたものである。第3章で見たのは，サービスは高級になればなるほど，一般的に言われている「サービス」が減少するということである。つまり，笑顔，情報，親しみやすさ，迅速性などが減少する。このことは，このサービスが構築されたものであるとき，その構築が明示的なものから暗黙なものへ移行していくことを示している。
　本書の基本的な姿勢としては，特定のサービスがよいとか悪いという主張には論理的な必然性がないという前提がある。伝統的な鮨屋，料亭，旅館，高級

なホテルやレストランがよいサービスであるとは言えない。後述するように，伝統も構築されたものである。一方で，伝統的なサービスのほうがよいものだという言説は，人々がそう理解している限りにおいて現実である。本書のアプローチは，これらの判断自体には全く興味はなく，つまり肯定も否定もせず，代わりにこれらの判断がどのように生産されるのかを明らかにすることである[2]。

7　文化のパフォーマティブ

　一見すると，鮨屋や料亭のサービスの価値は，その文化や伝統から生じていると見えるかもしれない。つまり，江戸前の鮨という伝統を味わう，あるいは京都の料亭の伝統を味わうということの価値である。そうすると，これらのサービスは文化を背景として持つという意味で，非常に特殊なサービスであるということになり，高い付加価値が成立するのに何ら不思議はない。

　しかし，そうではない。サービスと呼ばれるものの中で，文化的ではないものはほとんどない。客が価値を認めるサービスは，例外なく文化を捉え，操作し，利用し，作り上げられている。マクドナルドが世界中で人気を得るのは，それがただおいしいと思われているだけであろうか？ あるいは，価格が適切で，どこの店に行っても，どの時間に行っても，同じ品質のサービスを，予測可能な形で得ることができるということだけが価値（Ritzer, 2000）となっているのだろうか？ これらの要素が重要であることは間違いないが，マクドナルドが1つの文化を呈示しているということに注意を払わなければならない。米国の中では勃興する中流階級の解放を示唆するように，従来のレストランにはない新しいファストフードという文化を形成し，他国ではそのような先進的な米国文化が持ち込まれている。

　スターバックスも同様に，コーヒーをファッショナブルな文化に変えた。アメリカではありふれたドーナツやパンケーキの店がなぜか日本で流行するのは，文化としての価値であろう。日本の鮨がかなり変容した形であれ海外に持ち込

まれるとき，エキゾチックな文化の価値が認められる。人々は，自らの文化とは異なる文化に触れることで，非日常の世界に浸ることができる。しかしそれだけではない。異文化というものは，何か神秘的な感覚を持っている。この神秘性は，自分たちのものではない異質性と自分の尺度では解釈しきれない余地から生まれる。

　ここで文化という概念の二重性に注意しよう。そもそも文化とは，我々にとって当たり前になってしまっている日常的な行動の様式や認知のパターンであるため，我々にはそれを意識することがほとんどない。例えば，日本人が日常的に生活する中で，「日本の文化」というような言葉を使うことはない。箸を使うときにそれを文化として議論することはない。ただ，箸を使っているだけである。文化という言葉を使うときには，必ず別の文化（例えば，アメリカの文化）との関係を議論している。あるいは，その文化を身につけていない人（例えば，子ども）と関わるときである。ほとんどの日本人にとっては立ちの鮨屋よりもコンビニエンスストアのほうが当たり前になっていて，我々の文化を体現している。しかし，コンビニエンスストアに文化的価値を見出すことはない。見出すとすれば海外に行ってセブン-イレブンに入ったときに，慣れ親しんだセブン-イレブンと違うと理解したときぐらいであろう。

　しかし，サービスを考えるにあたって，もう一段階考察を加えなければならない。日本人が鮨屋や料亭を「文化的」だと言うとき，実はその日本人にとって，そのサービスは当たり前にはなっていない。我々は鮨屋の文脈が我々にとって非日常であり，昔は当たり前であったかもしれないが今は失われてしまったものであるというような形で意識している。つまり，サービスは文化的であるように「構築」されていて，それは文化の一部となってはいない。たしかに，東京で生まれ育って小さなときから鮨屋を体験している人にとっては，立ちの鮨屋は当たり前の存在となっているだろう。しかし，多くの人にとっては，鮨屋はそのような存在ではなく，行くのに少し構えなければならない存在である。このように非日常の文化的サービスを我々が「文化的」と言うのは，それを当たり前ではないという意味で距離を感じているからである。そうする

と，我々が鮨屋のサービスが文化に依存しているというとき，それは日本文化を理解している日本人だから理解可能であるという単純なものではなく，日本人にとっても異質なものとして構築されているのである。

ここでピエール・ブルデュー（Pierre Bourdieu）の議論が参考になる。

> 文化とは，あらゆる社会的闘争目標〔賭金〕がそうであるように，人がゲーム〔賭け〕に参加してそのゲームに夢中になることを前提とし，かつそうなるように強いる闘争目標のひとつである。そして競走，競合，競争といったものは文化にたいする関心なしではありえないが，こうした関心はまたそれが生みだす競走や競争それ自体によって生みだされるのだ。フェティッシュの中のフェティッシュともいうべき文化の価値は，ゲームに参加するという行為が前提としている最初の投資のなかで，つまりゲームを作りだすとともに闘争目標をめぐる競争によって絶えず作り直されるところの，ゲームの価値にたいする集団的信仰のなかで，生まれてくる。「本物」と「まがいもの」，「真の」文化と「通俗」文化との対立は，闘争目標の絶対的価値にたいする信仰をうちたてることによってゲームを基礎づけるものであり，ゲームと文化的闘争目標の基本的承認という思い入れillusioを生産し再生産するにあたって，この信仰に劣らず必要不可欠であるような共犯関係collusionを隠している。(Bourdieu, 1979, p. 386)

この文章の中で，文化が闘いの場であるだけではなく，闘いの目標であり，結果であることが明確にされている。それだけではなく，ゲームとして構成される文化は，人々がそれを受け入れ，価値のあるものだと理解する集団的信仰を必要とし，そのために幻想を生産し，再生産する必要がある。

この最後の点について，文化の二重性が重要となる。ただ自らのサービスを差異化するための闘争であるとすると，それが文化として構築される必要はない。文化として構築されるのは，それが当たり前，自然，当然である存在として構築されるということである。つまり，闘争であるように構築しながらも，それが闘争であるとは一切見せず，そこに自然に当然のようにある文化として構築しなければならない。卓越化の根本的な原理は，卓越化しようとしている

意図が明るみにされると，その卓越化の試みそのものが崩壊するということである（Bourdieu, 1979, p. 385）。そのような意図をもってして卓越化しようとする人は，「派手」であったり，「見せびらかし」であったりというように，むしろ「下品さ」として捉えられる。

　第1章で見たような鮨屋で行われる客を試すやりとりは，最初の質問があたかも当然であるようになされていることに意味がある。この難しい質問が当然の簡単な質問であるようになされることによって，その店の客はそれに答えることができて当然である存在として定義される。そして客はその難しい質問に当然のように答えることができるということに志向し，実際に経験のある客は端的に答えることができる。経験の少ない客は，極力自然に答えながらも，やはり自身の行為が適切であるかどうかに志向していることが示され，ここで客の経験のレベルが表出化する。このやりとりを文化的であると捉えるのではなく，文化を構築する行為であると捉える必要がある。

　この状況を，文化のパフォーマティヴィティと呼ぼう。パフォーマティヴィティ（遂行性）とは，言語行為論（Austin, 1962）の議論に依拠している。我々の言語的行為は，ただどこかで定義された現実や頭の中にあるアイデアを言葉に出すだけではない。言葉に出すこと自体が，1つの行為である。「これをiPhoneと命名する」という発話は，名前を事実として構築する行為である。つまり，それ自体が現実を構築しているのであり，現実を単に表現しているだけではない。これが社会理論に応用されると，社会的事実が我々の実践を通して構築されるということが示される。Butler（1990）がパフォーマティヴィティの概念でジェンダーを説明するとき，日々の反復的な実践を通して，ジェンダーという事実が構築されるのだが，その事実は何かすでにある実体を反映しているように幻想を作り上げることが指摘される。実際にはすでにある実体というものは存在しない。言い換えれば，サービスの文化は何かすでに実体として存在し，そのサービスがそれを単に表現しているかのように考えられているが，そうではない。文化が闘争の賭け金である以上，それはすでにあった実体であるように見せかけることで，自らの価値を正当化し，客観化している。

サービスの反復的な実践を通して，このような幻想が構築され，その文化が実体化される。

　我々はこのようなサービスを批判的に捉える必要はない。このようなパフォーマティヴィティが人々を従属されるように働くとき，それを暴くことにはある程度の正当性があるだろう（女性が男性に従属するなど）。しかし，サービスにおいては，客も提供者と同罪である。客もこの文化のパフォーマティブに協力し，すすんでそれを自らの楽しみとしている。これが現実であり，むしろサービスの実践者はこの事実を積極的に利用しさえすることができる。ただ我々に求められるのは，このようにパフォーマティブを通して構築された文化を自明なものとして受け入れるようなナイーブな理解をもとに，サービスの科学を構築することを避けなければならないという点である。

8　差異化＝卓越化

　サービスが闘いとなるとき，それが自らを差異化し，より卓越したものであるように定義するという原理が働いていることが看取できる。次にこのことを議論しよう。

　ソースティン・ウェブレン（Thorstein Veblen）による顕示的消費の議論は，本質的に人々が自らの力を示すものであることを示している。そして，力を示すことは「闘い」を意味することになる。「この闘いは，実質的に妬みを起こさせるような比較にもとづく名声を求めようとする競争（race）であるから，確定的な到達点への接近などありえないのである」(Veblen, 1899, p. 43)。この力の過程は，「妬みを起こさせるような invidious」差異が原動力となっている。妬みを起こさせるようなという意味は，

> 技術的（technical）な意味で，相対的な値打ち（worth）や価値（value）——審美的・道徳的な意味での——によって人々を評価したり格づけしたり，それによって人々が自他ともに正当性を持って認められているという満足感の程度を裁定したり明示したりしよう，という意図で行うお互いの比較を表現するため

に使用されている。競争心にもとづく比較（invidious comparison）とは，値打ちをめぐって人間を評価するプロセスのことである。(Veblen, 1899, pp. 45-46)

　ここでは，worthを有用性よりも，値打ちと訳した。Veblenが示したように，1つの差異化の方法は，実用的ではない儀礼に投資をする時間と資源があるということを顕示することである。Bourdieu (1979, p. 87) も同じ主張を行った。

必要性にたいする，またそのなかに閉じこめられた人々にたいする客観的な距離は，見せびらかすことによって自由を倍加するような意図的な距離設定をともなう。必要性への客観的な距離が大きくなるにつれて，生活様式はますますウェーバーが「生活の様式化」と呼んでいるもの，すなわちワインなどの製造年代やチーズの選択，田舎の別荘の室内装飾といった，ありとあらゆる慣習行動を方向づけ組織だててゆく一貫した方針の産物に，なってゆくのである。

　このような必要性から切り離された趣味を「自由趣味 goûts de liberté」と呼び，逆を「必要趣味 goûts de nécessité」と呼ぶ。このようにBourdieuは人々が持つ美的性向に注目した。

しかし美的性向とはまた，社会空間におけるある特権的な位置を他から区別する表現のひとつでもあって，その弁別的価値は，さまざまの異なる条件から発して生みだされてきた他の表現にたいする関係のなかで，客観的に決まるものである。（略）というのも趣味というのは，人間も物も含めて，人がもっているすべてのものの原理であり，また人が他人にとってどういう存在であるか，そして人は何によって自らを分類し何によって分類されるのか，といったすべてのことの原理であるからだ。

趣味（すなわち顕在化した選好）とは，避けることができないひとつの差異の実際上の肯定である。趣味が自分を正当化しなければならないとき，まったくネガティブなしかたで，つまり他のさまざまな趣味にたいして拒否をつきつけるというかたちで自らを肯定するのは，偶然ではない。趣味に関しては，他のいかなる場合にもまして，あらゆる規定はすなわち否定である。そして趣味goûtsとはおそらく，何よりもまず嫌悪dégoûtなのだ。(Bourdieu, 1979, p.

88)

　このように自らを他者から差異化し，卓越化しようという動きは，根源的に闘争となって生じる。すでに見たように，サービスがこのように差異化＝卓越化をしようとする関係になることは不思議ではない。サービス提供者は自らのサービスをより洗練され，差異化された趣味として構築する。これによりサービスの価値を高め，客を引きつけることができる。しかし，サービスに人が深く関与する人間関係が中心となる以上，そこで話は終わらない。客はその場をただ楽しむだけでは済まされない。そのような洗練された趣味に対して，ふさわしい人間であるように自分を見せなければならない。つまり，客が差異化＝卓越化を行わなければならない。むしろ，この関係性は逆かもしれない。客が自らを差異化＝卓越化をしたいというとき，サービスがその夢を叶えているのかもしれない。いずれにせよ，サービスにおいて，この闘争が中心的となることは不思議ではないだろう。

　他の人から自分がどう見えるのか，他の人に自分をどう見せるのかについては，人々が思っているよりも重要な側面である。Rebecca Spang（2000）がフランスにおけるレストランの歴史を紐解くとき，非常に奇妙な記述がある。「レストラン」は18世紀半ばフランスで生まれた。当時のレストランは豪華な空間を提供していた。その典型的な例が「鏡」であった。鏡は最富裕層の邸宅に置かれていたもので，エリート文化を象徴するものでもあった。例えば，「十枚の鏡（それぞれ縦約115センチ，横約70センチ）がグルネル通りにあるヴァコサンのレストランの最も大きな食事室に飾られ，わずかに残った壁面は温度計と高価な時計で埋められた」（Spang, 2000, p. 92）。当時の人が書いたのは次のようなことである。

> ご婦人方，お洒落な青年たち，きりりとした弁護士，堅苦しい神父たちが，鏡がなかったら一体ここで何をするというんだ。ちびで未熟な弁護士が情婦に〈レストラン〉をおごってやったとして，そのあと奴は何をする。ここに座っている閣，女は何をする。風貌，物腰，外見とも，男は高等法院院長，女は侯爵夫人のようだと言ってくれるその鏡が目の前にないとしたら。（Spang, 2000,

pp. 91-92）

このことからよくわかるように，レストランでのサービスにおいては，自分が他の人からどう見られるのかということが重要な要素であったということである[3]。

人は根源的に，自分をよく見せようと努力をするし，それが価値となる。それがサービスの文脈では，より直接的に経済的価値に結びつく。つまり，サービス提供者が自らのサービスをより洗練し，水準の高いもののように見せることで，より高い付加価値を求めるのである。外見的な表現を軽薄なものとして退けることが多いが，それはそのような外見しかないからである（Spangの記述するレストランの客は大部分そういうものかもしれない）。フリードリヒ・ニーチェ（Friedrich Nietzsche）が重視する「高貴」とは次のように，体面や身振りを強調したものである。

> たえず体面を保たなければならないということ。たえず身振りを必要とする状態を探しもとめるということ。幸福を多数者どもにゆだねるということ（中略）。おのれの負うべき重い責任を本能的に探しもとめるということ。いたるところで敵をつくることをこころえており，最悪の場合にはわが身をすら敵視するということ。多数者どもに，言葉によってではなく，行為によって，たえず反抗するということ。（Nietzsche, 1906, p. 449）

Bourdieu（1979）の研究が革新的であるのは，この差異化＝卓越化が，サービスにおけるふるまい方そのものに見出されるということを示したことにある。つまり，そのようなサービスに行くかどうかだけではなく，そこでどのようにふるまうのかということである。サービスが洗練されているように構築されたとして，そこで客が同様に洗練されたようにふるまわなければならない。この洗練というのは，必ずしも上流階級の優雅さだけではないだろう。鮨屋での客の「粋」なふるまいというのも同様であると言える（その違いは後で考察する）。どちらにしても，重要なのは知識ではなく，ふるまい方である。そのようにふるまうということは，長年の経験が体の中に刻み込まれ，自然とふるまうということが重要となる。第1章で議論したのは，このルーチン性の相

互反映的な意味である。ルーチンに，つまり特に意識することなく，その場にあったように自然にふるまえること自体が，Bourdieu（1977; 1979）の言うハビトゥス（habitus）によって可能となる。ハビトゥスとは多くの実践の結果培われた身体的原理であり，それにより実践が自然に生み出される。Bourdieuは次のように書く。

> たとえばさまざまな施設（ホテル，美容院など）に関して，贅沢な施設と普通の施設の違いの本質をなすまったく象徴的なサービスというものを「その正当な価値に応じて」評価するには，自分が官僚機構のようなしかたで個人にたいして供されるこうした細かな注意や配慮を受けるべき正統的な対象であると感じていなければならず，またそれらの注意や配慮を提供することによって報酬を受ける人々にたいして，一定の距離（チップを「気前よく」与えたりする行為はその一部である）とブルジョワが使用人にたいしてもつような自由気ままさとをあわせもっていなければならないのだが，こうしたことは忘れられがちである。ブルジョワ的言説ではよく「人に仕えられるすべを知る」という言いかたがされるが，これがブルジョワ的生きかたの構成要素の一つであるということを疑うむきには，たとえば次のような例を挙げておけば充分であろう。すなわちある種の生産労働者や下級事務労働者の人々は，何か晴れの機会にしゃれたレストランに入ったとき，どうしてもそこでは自分がサービスされる立場に立つために居心地の悪い思いをするので，あたかもこうしたサービス関係を象徴的に打ちやぶって居心地悪さを追い払おうとするかのように，店長や給仕人をつかまえて話しこんだりするのであり，店長や給仕人のほうも「即座にこの客がどういう人たちであるかを見てとる」のである。（Bourdieu, 1979, pp. 193-194）

つまり，洗練されたサービスを受けるにあたって，自分がそこにふさわしいかどうか不安に感じているということは感知されるし，それにより自分がそこにふさわしい人間ではないことを示してしまうことになる。これが第1章で見たことである。しかし，一方でハビトゥスが獲得され，その場で本当に自然にふるまえるというのは，ごく限られた人にだけ当てはまるだろう。サービスの提供者は，どこまでも差異化＝卓越化し続けなくてはならず，できるだけ多く

の客を不安にさせるようにするだろう。実際には，人々は自らの不安を見せないように意識しながら，その中でどうやって意識していないように，自然にふるまうのかが重要な事項となる。

　Bourdieuの議論は，この差異化＝卓越化そのものの議論に収まらない。支配階級による非支配階級の支配という社会の構造の土台に，このような差異化＝卓越化の動きを見出したことである。Elias (1969) もVeblen (1899) もBaudrillard (1970) も同様の，社会批判を含んでいる。しかしながら，サービスを考えるうえで，社会的階級の概念を持ち出すことには違和感がある（実際には階級という概念で驚くほど距離を稼ぐことができるのだが）。鮨屋で自らを差異化＝卓越化しようとしている客は自らを，例えば上流階級として定義しないだろう。むしろ，鮨通というカテゴリは，鮨通自身が「鮨ヲタ」と呼ぶこともあるように，「オタク」のニュアンスを持っている。京都の料亭やフランス料理のレストランのようなものは，もう少し保守的なエリート主義が感じられるかもしれないが，全般的に「グルメ」「グルマン」「食通」と呼ばれる人たちは，現在の日本の社会においては，階級とは結びつかない。ただし，これらの高級サービスは高価であるという意味において，Veblenの言う「浪費」の価値が生まれる。つまり，これらのレストラン，鮨屋，料亭で慣れた存在であるということは，これまでこのような場を多く経験したことの証明であり，それは多大な投資を行ってきたこと，それを行える資産を持っていることの証明である。

　Bourdieu, Elias, Veblenらの議論に対して，我々はサービスの関係が基本的に構築されたものであることを確認する必要がある。もちろん，上流階級の支配関係も同じく構築されたものである。しかし，Bourdieu, Elias, Veblenはすべて，その歴史的な長さを強調する。つまり，上流階級は自らの地位の歴史的な根拠に価値を見出す。これは現代のサービスにおいては，ほとんど意味を持たない。もちろん，鮨通歴がどれだけあるか，経験をどれだけ持っているのかは重要な尺度である。しかし，それがその人の出自とは結びつけられることはあまりないだろう。実際には特定のグルマンや鮨通を指して，そのような「階

級」を説明のために持ち出すことがあるかもしれないが，それは必然ではない。鮨屋で鮨通になることの文化資本は，過去におけるほど経済的・権力的価値に転移できるものではない。この意味で，サービスにおける差異化＝卓越化の関係は，多分に再帰的に構築されたものである。

　過去には高級サービスで優雅にふるまえることが，上流階級としての存在意義であり，それが権力に連動していたこともあった。しかし，日本の状況を考えるうえで，サービスに関する情報が雑誌，テレビ，インターネットで広まり，外食ブームを経て，それまで事実上限られた人にしか開かれていなかったサービスが，多くの人の手の届く範囲になった。それは価格だけではなく，情報にも関連する。それまで銀座の鮨屋は値段もわからないし，予約の取り方もわからないという具合であったのが，情報が開示されたことで，1人どれぐらいの予算を考えておけばいいのかがわかるようになる（中澤, 2007）。さらには，それまで鮨屋は作法などの敷居が高いことで近づかなかった人も，様々な書籍や雑誌で，鮨屋でのふるまい方を学ぶことができるようになった。サービスが大衆化したのである。そのことにより，そのようなサービスでうまくふるまえることは，必ずしも限定された伝統的な階級の特権ではなくなったと言える。つまり，サービスの大衆化に直面しているわけである。もちろんサービスが高級であり，一部の人しか行けないということは事実である。しかし，特別な日にそういうサービスに出掛けるというのは，それほど非現実的なものではないだろう。

　ここでサービスの大衆化についての議論を避けることができない。大衆化は一見望ましい事態のように見える。これまで一部の人にのみ利用される閉鎖的であったサービスが，多くの人にアクセス可能となった。閉鎖的であるだけでは特に問題はないが，そのようなアクセスの制限が社会の支配構造に寄り添っているということは指摘されるべきだろう（Bourdieu, 1979）。多くの人がそれに参加できるようになったということは望ましい。しかし，ここで2つのことを指摘しなければならない。1つは，ただサービスが多くの人にとってアクセス可能になっただけでは済まされず，サービス自体が変化するだろうという

ことである。極端な例は回転寿司である。鮨という概念を極端に大衆化したものであるが，回転寿司はBourdieu（1979）のいう，「まがいもの」「偽物」「代替物」「コピー」であり，それに大衆が同一化するとき，支配関係は強化される（もちろん，人々はそのアイロニーを理解している）。

　回転寿司を皮肉として持ち出さなくても，鮨屋が変化したことは見てとれる。以前の東京の立ちの鮨屋では，「おこのみ」で食べることが普通であった。つまり，1つずつ自分で選択するのである。たしかに，「おきまり」という形で，握り10貫でいくらと決まったメニューもあった。しかし，鮨屋の基本はおこのみであった。鮨屋に，それまで鮨屋に行き慣れていない人が多く行くようになってからは，そのスタイルではうまく対処できなくなったという。客がおこのみでは注文できなくなった。メニュー表もない鮨屋では，客がその季節の旬の魚を知っている必要がある。しかし，それを知らない客が増えてきた。そこで，鮨屋は「おまかせ」のスタイルを始めた。値段が決まったコース料理である。今東京の鮨屋のほとんどが，おまかせが主流になっている。最近ではミシュランガイドの影響で外国人客が多い。そこではさらに，おこのみは不可能となる。結果的に以前のような緊張感はやわらぐことになる（職人はそれをなんとか維持しようとするのだが）。

　もちろん，このことからサービスの水準が低下するというのも一面的であろう。おまかせは鮨屋に新しい風をもたらしたともいえる。おまかせになるということは，職人の力量が問われる。どう料理を構成するのかという問題が発生する。職人が客に言われたものを握るだけではなく，自らの責任で提案していく必要が出てくる。そうすると，用意する魚の種類がかなり増えることになる。逆に言うと，コースで必要な魚を自分で決めることができるから，大胆に仕入れることができる。さらには，鮨だけではなく，ちょっとした料理を提供することも視野に入る。伝統的な鮨屋では，つまみは刺身しかなかったが，新しい鮨屋の多くでは様々なあたたかい料理が提供される。そして，それに合わせる酒の種類が増える。このことが鮨に一定の革新をもたらしたと言えるだろう。一方で，従来の鮨屋の緊張感も若干薄れてきたということも避けることができ

ない。客に求められる知識や経験の水準が下げられ，座っていたら提供されるというところも少なくない。そのため，おこのみのスタイルを一部でも残そうという職人は多いし，おまかせを導入しない店もある。このような時代の変化と共に，サービスがどのように客の変化に適用しながら，それでも差異化＝卓越化し，客にも同様の差異化＝卓越化を求めるのかは，職人と客が実践を通して構築していくしかない。

　サービスの大衆化のもう1つの問題は，サービスの関係性が変化してしまうことである。客に求められる経験，知識，スキルの水準が下げられる。そこでは，誰でも金を払えばサービスを受けることができるという言説ができあがる。これは社会のあらゆる場面で進行し，信仰されるようになった言説である。サービスが「風俗化」している。つまり，金を払って座っていたら満足させてくれるという誤解である。本来サービスはそういうものではなく，客に様々な努力を強いたのである。このような一方的なサービスという概念は，社会の隅々にまで広がった。サービスとは，提供者が支払いの代償として何かをしてくれるという理解である。

　ヴァルター・ベンヤミン（Walter Benjamin）が言うように，複製技術によってコピーされるということは，芸術から「アウラ」が消滅する（Benjamin, 1975）。この場に一度だけ存在する芸術には，何か威厳があり，真正性，つまり「アウラ」があった。しかし，複製されることで，それが消滅する。複製技術は芸術を大衆にもたらすが，そのとき芸術が新しい原理を獲得する。Benjaminは，そこで芸術の凋落を嘆くのではなく，新しい原理に大衆の解放を重ねた。新しい複製技術は自然に従うのではなく，余裕を持って自然を眺めることができ，そこに「遊戯」空間を作る（例えば，肉眼で見えないような細部を見たり，スローモーションで見ることができる）。これにより，芸術が礼拝的価値から解放されるし，大衆もまた解放される契機となる。そして，大衆は芸術に対して注視して鑑賞するのではなく，受動的にその空間に浸り，特に注意することなく，くつろぐような関係を取る。Benjaminはこのようなくつろぎの姿勢を，最大限ポジティブに捉えようとした。注視して鑑賞する視覚的

知覚から，その場に浸る触覚的知覚への変化であり，後者特有の芸術の出現である。しかし，Benjaminは芸術の大衆化の両面性を明確に理解し，その矛盾を抱えたまま議論を未定のまま提示した（これが彼の議論の魅力の源泉となっているように思われる）。サービスの大衆化の両面性にとって，とても示唆の大きな議論である。

これはサービスの大衆化と共に，ハーバーマス（Habermas）が指摘した「システムによる生活世界の植民地化」と呼ばれる状態にも関連する（Habermas, 1981）。つまり，貨幣に媒介された経済システムが，本来我々が持っていた双方向の社会的関係性（生活世界）の中に入り込み，それを経済的な関係に変化させる。サービスとは客の権利であるということ，そして人の権利は金で置き換えられるということが進む。これはサービスが固定的に実体化し，閉じられてしまうことを意味する。つまり，その人がどういう人かが問題とならず，金を払う客という役割，そしてそれに一方的に奉仕する提供者という役割の関係に閉じられる。

つまり，サービスが多くの人にアクセス可能となること，そしてそれまでの閉じられた社会的関係が崩壊することを肯定的に捉えるだけでは済まされない。サービスが差異化＝卓越化の場であるとすると，保守的な社会関係を擁護することは避けなければならないが，サービスの大衆化を否定も肯定もするものではないということである。むしろ，本書のテーゼ「サービスとは闘いである」は，サービスの大衆化を前提とし，それをより推し進めるための主張である。サービスが風俗化されると，大衆化は人々の求めるものとはならないだろう。このことは終章で再び取り上げる。

9 顧客満足の矛盾

顧客満足度に関しては，様々な議論がなされてきた。顧客満足度は，サービスにおいては，重要な目標である。顧客が満足するということが，ほとんどのサービスの議論の前提となっている。顧客満足度が，行動の意図，つまりサー

ビスへの再訪・再購買意図と相関があるということになる。

　顧客満足度の議論は，不一致理論（disconfirmation theory）が前提となっていることが多い。この理論によると，事前に顧客が持つサービスに対する期待と比べて，実際に経験されるサービスがそれを下回るときには，不満足が生まれ，それを満たすか，越えるときに満足が生まれる。もう少し一般的に言うと，起こる頻度が低いと思われていることが起こるか，起こる頻度が高いと思われていることが起こらないことが驚きとなる。そしてこの驚きが「肯定的（positive）」なものか「否定的（negative）」なものかによって，肯定的な不一致（positive disconfirmation）か否定的な不一致（negative disconfirmation）となり，満足と不満足が生じることになる。

　この議論の延長として，顧客満足と顧客ディライトあるいは歓喜（customer delight）の区別がある（Oliver, Rust, & Varki, 1997）。実際のサービスの体験が，事前の期待を越えるとしても，その越え方に2種類があると言われている。

　1つは，通常の範囲内で期待を越えている場合で，もう1つは通常の範囲を越えて期待を越える場合である。前者の場合は，顧客は驚かないが，後者の場合は驚きを伴う。顧客歓喜は後者のように，期待を驚くほど上まわることを指している。

　しかしながら，顧客歓喜に関しては，一度期待を大きく上まわると次の機会にはさらに大きく上まわらないといけないというジレンマが指摘されている。このことを考えるのに，2つの視点がある（Rust & Oliver, 2000）。1つは，「同化された歓喜（assimilated delight）」で，時間とともに歓喜は当たり前となり，次にはさらに高く期待を越える必要が出るというものである。もう1つの考え方は，「再演された歓喜（reenacted delight）」で，歓喜は体験としては衰弱するが，記憶として残り，再生されるというものである。同化された歓喜の考え方によると，高まるハードルに応じてでも歓喜を実現するためにどこまでコストをかけることができるのかという，コスト・ベネフィット分析が重要になるという。再演された歓喜に関しては，人々の体験は薄れていく一方でエピソードが残るため，それほど変わらないレベルのサービスを実現し続ければ

いい。2回目以降は歓喜を感じないかもしれないが，肯定的なエピソードを呼び起こすために人々は再演を楽しむことができる。

　この中で，Rust & Oliver（2000）は，歓喜を目指した活動をすると，たしかに次々とハードルが上がっていき，コストがかかることを確認した一方で，競合との関係が重要となることを示した。つまり，歓喜を目指すことをやめてしまうと，歓喜を目指す競合に客を取られてしまう。結果的に，歓喜を目指すことが始まってしまうと，それに乗らざるを得ないというわけである。そのため，競合が真似しにくい領域で，歓喜を目指すことが論理的な戦略となる。Rust & Oliverによると，最も避けるべき戦略は，「ひき逃げ歓喜（hit-and-run delight）」と呼ばれるもので，一度顧客に歓喜をもたらしながら，次には元のレベルにサービスを戻してしまうことである。そもそも1回目に歓喜をもたらさなかったときよりも，余計に客を失望させることになる。

　同様に，Harvard Business Reviewで発表された，Dixon, Freeman & Toman（2010）の論文が物議を醸した。Dixonらは，顧客を歓喜させることは無意味であると断言する。そうではなく，顧客の問題をしっかり解決することに全力で取り組むことで，顧客ロイヤリティを獲得するべきであるという。顧客ロイヤリティにむすびつく要因は，商品の品質であったりブランドであるが，顧客の不忠（disloyalty）の要因はサービスの問題であることが多いという。例えば，同じ問題で何度もカスタマーサポートに連絡を取らなければならないとき，顧客は感情的になり長期的なロイヤリティなど期待できなくなる。つまり，いくらサービスで顧客の期待を大きく越えて歓喜を生み出したとしても，それが顧客ロイヤリティにつながらず，顧客の不忠を避けるにすぎない。むしろ，サービスの品質を高めることが重要であるが，顧客の期待を越えようと努力することにより，顧客の問題を解決し品質を上げることに全力で取り組むことを難しくする。

　しかしながら，顧客満足にしても，顧客歓喜にしても，顧客のサービスに対する反応を単純化しすぎているように見える。期待のレベルに対して，知覚品質が満たすか，越えるか，大きく越えるのかという違いに関しては，その概念

化は顧客のサービスに対する反応を1つのスケールに還元してしまっている[4]。しかし，人のサービスに対する反応はそれほど単純であろうか？　まず，この1つのスケール上に期待と知覚品質を並べて，その差を見るというアプローチは，顧客にとってサービスが与えられるものであり，顧客はそれを一方的に評価する存在として前提されている。本書で議論しているように，顧客がどういう人かというサービスの根本的な問題が棚に上げられている。我々は，そもそも満足するとか歓喜するということがどういうことなのかを問わなければならない。まず，人々が期待している通りにニーズを満たされることで満足するという考え方は，単純化に過ぎると言わざるをえない。

　顧客満足に関する理論を完全に記述することは，明らかに本書の範囲を越える。ここでは，満足という概念に若干の複雑さを挿入することだけを目的にする。例えば，これまで理論家を悩ましてきた次のような問題を考えることに意味があるだろう。アリストテレスが議論したように，人々は「あわれみとおそれから生じるよろこびを再現によって作り出す」悲劇に魅了されるのである（アリストテレース，1997, p. 55）。よろこびは，あわれみやおそれから生じる[5]。そして，アリストテレスが，幸福で終わる喜劇よりも，悲劇のほうに力点を置くのは，そのよろこびの魅力のゆえであろう。通常議論される顧客満足は，おそれやあわれみとは相容れない概念である[6]。客をおそれさせることは，サービスにおいては避けるべきことであろう。しかし，そのこと自体の美を看取する必要がある。

　同じことが，例えば，エドマンド・バーク（Edmund Burke）やイマヌエル・カント（Immanuel Kant）の崇高の概念にも見られる（Kant, 1790）[7]。崇高とは，大自然のような絶対的に壮大なものを前にしたときの感動に依拠した美的判断である。「それだから崇高なものに対する感情は，美学的な量的判定における構想力が，理性による量的判定に適合し得ないところから生じる不快の感情であるが，しかしまたこの不快と同時に喚起された快でもある」（p. 167）。我々はこのような崇高を前にして，「動揺を感じ」，「震撼」し，「底知れぬ深淵」に臨んで「戦々兢々」とする（p. 168）。このような「快は不快を介

してのみ可能なのである」(p. 171)。崇高という特殊な美的判断に関する議論であり，これ自体を承認するかどうかは別として，人々の快と不快，満足と不満足の間の複雑な関係が見事に表現されている。

　顧客の欲求を満たすというモデルでは顧客満足が得られないことを見てみよう。もし一方的にニーズが満たされたとき，人々はそのサービスに価値を見出さない。下記に議論するヘーゲルの指摘通り，要求が消滅するだけに留まり，満足も消滅する。ゲオルグ・ジンメルの主張するところによると，我々は何かを享受しているとき，つまり満たされているとき，それに「価値」を見出さない (Simmel, 1900)。そのものと我々の「距離」が広がるときに初めて「価値」が生まれる。この距離が，抵抗として我々に向かい，我々の払う犠牲を意味し，それが価値の前提となる。つまり，「この（価値が生まれる）過程に現れるのは先ずは力の実証と困難の克服との喜びであり，さらにしばしば矛盾の喜びである」(p. 52)。

> この類型がもっとも頻繁にしかももっとも決定的に実現されるのは，感情の衝動が絶対的な目標を追求しながら，すべての望まれた満足がたんに目標への相対的な接近にのみ結びついていることをはっきりとは知らず，目標の徹底的な達成がおそらくはその反対にさえ転化するばあいである。思い出されるのは恋愛であり，恋愛はもっとも親密で永続的な結合への願望によってその内容と色彩を受け取るが，それが到達されるやあまりにもしばしばこれらの双方が失われる。（中略）実に幸福感でさえ，われわれの努力の絶対的な目標ではあるにせよ，実際に永遠の浄福として実現されれば，たんなる倦怠とならねばならないことは，すでに陳腐となっている。それゆえわれわれの意志は，あたかもこの状態に達すべきかのようにのみ経過するが，この状態が達せられるとかえってこれを否認し，そして過ぎ去ったその反対の苦悩の追加にして，はじめてこの状態に意味を維持させることができる。(p. 154)

　恋愛のように，達成される前に最大の価値が生じ，達成されると価値は消滅する（あるいは，別のものへ変化する）。つまり逆説的に言うと，顧客のニーズは満たさないほうが，サービスの価値が高まるということである。一般に，

鮨屋や料亭は「敷居が高い」と言われる。巷では，京都の料理屋は，「一見お断り」であるという誤解が多い。このような敷居の高さは，顧客が求めるものからの距離であり，抵抗となる。そして，客が犠牲を払うことで，価値が高まる。ところで実際に鮨屋の親方や料亭の主人の話を聞くと，誰でも電話で予約すれば利用できるし，むしろ新しい客にもっと来て欲しいという。一方で，店構えやサービスのわかりにくさなどの点から，初めての客には入りづらい雰囲気を醸し出している。

　同様に，ボードリヤールが示したように，現代の消費社会において，我々の個人的な欲求は，我々が差異化しようとする社会的な欲求に比べて重要ではなくなっている（Baudrillard, 1970）[8]。我々はものを消費することによって，社会の中での差異化を求めるのだが，差異化の対象としている人々も同様に差異化をするため，全体的にはその欲求を満たすことは不可能となる。このため，ものを消費すればするほど，競争心にかりたてられ，結果的に心理的に満たされることのない「心理的窮乏化」（p. 75）が生じる。消費社会において，我々が様々な価値にアクセス可能となったがゆえに，我々の欲求が決して満たされない状態，豊かさが限りなく後退する社会が作り出される。マルクスが指摘したように，我々が持つ選択の「自由」は「強制」されたものである（Baudrillard, 1970, p. 86）。Sahlins（1972）は逆に，狩猟，採集民族の生活の豊かさを示した。これらの人々は物の所有にはこだわらないし，物を大事にしないことが現代の人々には奇異に映る。蓄えることもせず，暇な時間は何もしないような生活が，怠惰で無分別ということになる。しかし，これらの人々は豊かさを持っている。現代の「われわれの方には豊かさの記号しかない」（Baudrillard, 1970, p. 78）。我々の欲求，欲望，ニーズというものは一体何だろうか？　Baudrillard（1970, p. 95）は言う。

　　すなわち，一方には，欲望が充足されると緊張が和らいだり消えたりするという合理主義的議論とはとうてい両立しがたい事実，すなわち欲求の遁走，欲求の再現ない更新という事実を前にして絶えず素朴に狼狽ばかりしている立場があるが，これに反して，欲求とはけっしてある特定のモノへの欲求ではなくて，

差異への欲求（社会的な意味への欲望）であることを認めるなら，完全な満足などというものは存在しないし，したがって欲求の定義もけっして存在しないということが理解できるだろう，と。

客の欲求だけが満たされ，あるいは客の問題だけが解決され，そこに社会的な緊張感が生じないということはありえない。問題が解決されたとか便益がもたらされたということが，力への意志から切り離され議論されるとしたら，それは力を正当化するか，意識することがない程度まで力に従属しているかだろう。サービスにおける「真理」は便益をもたらすことであるとすると，「真理に達する方法がみいだされてきたのは，真理を動機としてではなく，権力を，優越したいとの意欲を動機としてである」(Nietzsche, 1906, p. 444)。

サービスという概念が商品と質的に異なるのは，商品が交換の一点における価値だけに限定され，サービスがより長い時間軸の価値に広がっているからではない。サービスというものが，社会的関係の中で生み出される価値である以上，それは最初から最後まで社会的なものとして捉えなければならない。個人が独立した問題を解決したり，食欲というような個人的な欲求を満たすというような個人的な側面に戻ってしまうと，サービスを中心概念とすることの意味が失われ，これまでの商品中心の考え方と何ら変わらないことになってしまう。

当然ながら，顧客満足の概念を単純化することの批判は，顧客満足度を定量的に測定することを否定するものではない。それ自体には実践的な意味があるし，ある種類の満足度を措定したうえで他の変数との相関を見ること自体は理論的な意味がある。実際にサービス現場では，顧客満足を考えざるをえない。本書の批判は，サービスがあたかも欲求を満たし，満足度を高めるというものとして規定されてしまうことにあり，このことに注意を払いながら満足度という指標を活用するべきである。

10 闘いを通した相互承認

次に，議論を一歩進め，闘いということ自体を顧客が求めているということ

を考察したい。しかし，人がそもそも暴力的であるとか，戦闘好きであるということを主張することに意味はない。たしかに，フロイト（Freud）の「死の欲動」（小林，2012）やニーチェ（1887）の言う暴力を加える「快感」のように，人の特性そのものが破壊的であるという議論は多い（Nietzsche, 1887）[9]。しかし，同様に，人が根源的に親和的，友好的であるという議論も成り立つことを理解するのに時間はかからない。そうすると，そこから議論が進まない。単に人が闘いを求めているというような粗雑な議論を乗り越えなければならない。

　我々が認めるサービスの価値には，1つの倒錯した関係がある。我々はサービス提供者が我々のために作り出し提供してくれるものに対してよりも，提供者が自分自身のために作り出すもののほうに価値を見出す。このことは鮨職人を考えればわかりやすい。鮨職人は職人気質であることを自認しているし，期待されてもいる。職人であるがゆえに，その人が作り出す鮨に価値が認められる。ここで職人とはどういう姿勢で鮨を作るのだろうか？　この職人が目の前にいる客のために握るということではない。職人が自分に厳しく，自分の完全性のために，自分に納得のいく鮨を握ることを期待している。客はそれをたまたま提供されたということに過ぎない。つまり客は，職人が客のためにした仕事よりも，職人自身のためにした仕事を評価する。

　我々が職人気質と呼ぶものは，端的にはこのようなことを含意している。職人というと愚直で，自分に厳しく，仕事のみに長け，それ以外のことには不器用であるというようなイメージであろう。このイメージがなぜ生まれるかというと，最も重要なのは仕事であって，それ以外は無関係であるという前提があるからである。そして，それ以外のことに労力や才能を費やすよりも，仕事にすべてをつぎ込むことに価値が置かれる。これは芸術家のイメージに近い。時に，芸術家は芸術以外のことには不器用というだけではなく，時には芸術以外のことでは役に立たない奇人であることさえも望ましいとされることがある。その理由は，職人にせよ，芸術家にせよ，作り出すものが審美的なものであり，月並みな人間の枠組みを越えたものが期待されているからである。一方で，職人にとっては，このイメージにより，客に愛想を振り撒くことで，自らのサー

ビスを陳腐なものにする必要性から解放される。逆に，愛想を振り撒かないことによって，より作り出す料理の価値を高めるのである。

　レストランで，「お客様のために心を込めて」というような標語が掲げられていることが多いが，客にとっての本当の価値を理解していないと言える。それを見た客は特に何も感じないだろうし，そのレストランの姿勢について感心するというようなこともないだろう。逆に，客のために奉仕をするというイメージは，サービスの価値を低下させかねないし，奉仕する人の地位も低下させかねない。これは客にとっては，自らが受け取る行為の価値を毀損することでもある。自分よりも低い立場の人からの承認には価値を見出さない。むしろ，自分よりも地位の高い人からの承認のほうが価値がある。

　ここで，第3章で議論した逆説が理解できる。つまり，サービスは高級になればなるほど，笑顔，親しみやすさ，情報，迅速さなどのいわゆる「サービス」が減少する。これらのいわゆる「サービス」は，提供者の立場を毀損する[10]。

　ここで想起されるのは，ヘーゲルの主人と奴隷の弁証法であろう（Hegel, 1807）。少し長くなるが，Hegelの論旨を追ってみよう。意識は他者と出会い，自己意識となる。自己意識は，自己が自己を意識するため，意識している自己自身の他に意識される対象としての自己を持つという二重性がある。この対象としての自己は，端的には他者として現れるが，他者も自身が意識をする自己意識であり，その他者の中に自身を見る。このため，自己意識は他者を通して，自身に関する確信を得ようとする欲求である。そのために他者の承認を求め，そして他者が自分を承認するということは，自分が他者を承認するということに帰結されなければならない。しかし，相互承認は簡単には得られない。まず，人は他者を通してではなく，他者を否定することで，自分自身の確信を得ようとする。そうすることで承認が得られると考えるが，実際には他者も同様に自分を否定することになる。ここで承認を得るための闘いが始まる。Hegel（1807, p. 224）は次のように書く。

　この叙述は，他方の行為と自己自身による行為という二重の行為である。だから，

行為が他方の行為である限り，各人は他方の死を目指している。だがそこにまた，自己自身による行為という第二の行為もある。というのも，他人の死を目指すことは，自己の生命を賭けるということを含んでいるからである。そこで，二つの自己意識の関係は，生と死を賭ける戦いによって，自分自身と互いとの真を確かめるというふうに規定されている。——つまり，両方は戦いにおもむかねばならない。なぜならば，ともに，自分だけであるという自己自身の確信を，他者においてまた自分たち自身において，真理に高めねばならないからである。そこで自由を保証してもらうためには，生命を賭けねばならない。

　この闘いによって，真の相互承認が得られることはない。ここから得られるのは，相手の否定のみである。自己意識は，否定したものをも保存し，維持し，また自分が否定されることにも堪えて生きるような形で，つまり止揚する形で否定する必要がある。しかし，そのようではない否定の応酬によって，自己意識は，2つの意識形態に分かれる。一方は，純粋に自分だけで自分を確信する主人であり，他方は，その主人に依存する形で存在する奴隷である。奴隷は，自らの確信を得るために，自立的で自明な「物」にこだわる。主人は，奴隷が労働を通して作り出す物を享受する。ここに支配関係が生まれる。

　しかし，主人は奴隷から完全な承認を得ることができない。この関係は非対称であり，主人が奴隷にすることを奴隷が主人にすることはできないし，その逆もできない。つまり，相互承認とはならない。結果的に，主人は自分だけで自分の確信を得ていると思っていたが，その確信が崩れる。逆に奴隷の意識が，本質的な意識として現れる。奴隷は主人の絶対的な力を前に恐れ，震え上がることで，その存在がこれまでの固定的な枠組みを越えて流動的となり，主人に依存しながらも恐怖によって依存が無化し，絶対的な否定性となる。つまり，逆に他に依存しない純粋な自分の確信を得る。加えて，奴隷は物に形を与えるという労働を通して，自らの確信を得る。

> 欲求は対象の全き否定と，これによる混りけない自己感情とを自分の手に残している。がしかし，だからこそこの満足はそれ自身消え去るにすぎない。というのもそこには対象的な面つまり存立が欠けているからである。これに対し労

> 働は妨げられた欲求であり，保留された消失である．言いかえれば，労働は形成する．ほかでもなく労働している人にとっては，対象は自立性をもっているのだから，対象に対する否定的関係は対象に形式を与えることになり，永続させることになる．(p. 231)

　主人がただ一方的に享受する満足は，その欲求を消すに留まるが，労働は自立的な物を加工し，形を与えることによって，永続性を持つことになる．そのことから，奴隷は自分への確信を得る．つまり，完全に否定された後，物を形成するという契機によって，自分を取り戻す．ここに，奴隷と主人の関係が逆転する．

　これがHegelの主人と奴隷の弁証法の全容である．人は他者からの承認を求めている．サービスにおいては，価値の創造に顧客も提供者も参加するということは，人と人の間の関係がより複雑になる．ただ情報をやりとりするだけではなく，お互いの力を見極め，承認を得るという関係性を避けることができない．そして，承認は自分と対等な人から得られなければならない．自分に従属する人からの承認には意味がない．ここにサービスの根本的な矛盾が生じる．

　Hegelの提示した弁証法的枠組みが，なぜお互いの承認を求めることが，死を賭した闘いになるのかという点に関して議論を与えてくれる．基本的に人は別の人からの承認を求める．自分自身の自己意識を認める以上，別の人も同様に自己意識であるということを理解することになる．つまり，この時点で自分と対等である別の人との関係に入る．対等であるということは，その人も自分と同じように意志を持った存在であるということである．承認を求めるとき，対等な人からの承認が必要なのであって，自分よりも下や上の人からの承認は意味がない．下の人からの承認は，すでに上下関係の存在する中での承認であり，本当に自分が勝ち得た承認ではない．上の立場の人（例えば神）からの承認は，自分を完全に譲り渡したうえで実現するのであり，自己意識を捨てるということを意味する．自分と同じ対等な自己意識からの承認は，勝ち取られるものである．すでにシナリオが描かれており，それに従ったのでは意味がない．そして，相手がはたして自分を承認するのかということが完全に不確実である

ことが必要である。そういう関係においては，緊張感のある闘い以外の関係性はありえない。闘わず相手を承認するということは，予めシナリオのわかっている出来すぎたやりとりにすぎず，もともと求めていることと矛盾する。

　職人はただ好き勝手に自分のやりたいことだけをしているかというと，そうではない。職人はあくまでも客に上質なものを提供するという目的のために，自分のために努力するのである。客のための努力は，それは自分が納得する完全性を得るということが媒介となる限りにおいて，客のためになっている。言い換えると，客のためではなく自分のために仕事しているということが，本当の意味で客のためになるという形に止揚される（「止揚」というのは，あるテーゼがそれを否定するテーゼの媒介を乗り越えて，新しいテーゼとして戻ってくることを指す）。ただ素直に客のためにという仕事は，客のためにはなっていない[11]。

　本書が「闘い」というテーゼを主張する根拠は，このHegelの「生死を賭した闘い」である。ここで闘いという概念がただ過激な面白さではなく，対等な人間の関係性の根本的な問題であることが理解された[12]。これはサービス科学という学が乗り越えなければならないステップである。サービス科学が顧客のニーズというものを直接的に措定するだけでは，学問として発展する余地がない。それを否定し媒介されてそれに戻ることにより，体系としての学問がそれなりの価値を持つようになる。なぜなら，そもそも満足を最大の価値と措定したり，心のこもったもてなしを崇拝するということは，その背景には満足やもてなしの概念とは相容れない現実があるからである。こうあるべきであるという価値を受け入れ，その価値が生まれた現実を無視するということは科学としてはあってはいけない。

　サービスにおいて客がどういう人なのかが問題となるということを議論してきた。ここで，このことの本当の意味を議論したい。そのとき，エマニュエル・レヴィナス（Emmanuel Levinas）の言葉が有用である。Levinasは，Hegelの弁証法が全体性に閉じることを批判し，人にとって他者という外部性を中心に据える。この他者が，社会的関係性が中心的なサービスにおいて重要

となる。サービスにおいては，人は他者と出会う。

　ある人が「どういう人か」という問題は，「木村さん」とか「会社員」であるとかを名乗ることではないことは明らかである[13]。

　　なるほどだれ (qui) は，たいていはなに (quoi) である。「X氏とはだれか」と問えば，「国務長官である」とか「これこれの方である」と答えられる。その場合，答えはなに性として呈示され，諸関係の体系へと関連づけられている。(Levinas, 1961, p. 365)

そして，この「どういう人か」が問題となりうるのは，自分の理解を超えた他者に出会うときだけである[14]。

　　〈他者〉に接近することによってだけ，私は私自身に居あわせることになる。(中略) すなわち，語りにおいて私は〈他者〉からの問いかけにさらされ，応答することを迫られ—現在の鋭い切っ先によって—私は，応答することの可能性[責任]として生みだされる。責任あるもの[応答しうるもの]として，私はじぶんの最終的な実在に連れもどされる。(pp. 367-368)

つまり，本当の意味で客や提供者がどういう人かが問題となるのは，自分に隷属することのない，自分の理解の範囲を超えた他者との対峙において可能となる。第1章で見たように，鋭い問いかけによって応答を迫られた客は，それに応答する責任を持つことにより，自らがどういう人かを開示するのである。この意味で，Levinasは「ことば」によって人が開示されるという。親方のことばによって，客は自分がどういう人なのかを示す。

　そして，サービスで何か美味しいものを食べること，便益がもたらされること，問題が解決されること，つまり欲求が満たされることからは，サービスにおける本当の意味での価値は実現されない。

　　満足という全体性について，それがたんに現象にすぎないことが告白されるのは，ある外部性がとつぜん到来するときである。その外部性は，ここちよい欲求であろうと悩ましい欲求であろうと，欲求という空虚のうちに滑り落ちてゆくことがない。満足の全体性がたんに現象にすぎないことがあかされるのは，この外部性—欲求とは共約不可能なものである，この外部性—が，その共約不

可能性そのものによって内部性を打ちやぶるときである。内部性はそこで，充足していないものとして見出される。(中略) そうした外部性が啓示するのは，したがって分離された存在の不充足であり，しかも充足が不可能な不充足である。(pp. 369-370)

　外部性とは他者である。他者が外部性なのは，「私」を超越しているからである。これはこの他者が神であるということではなく，「〈他者〉の反応が予見不可能である」(下巻, p. 41) という意味である。1人の独立した対等な人は，その予見不可能であるということによって，絶対的な外部性を持つことになる。欲求が満たされたとしてもそれ自身充足していない。これが他者との対峙によって明らかになる。ものによって満たされる欲求に対して，決して満たされることのない本質的な「渇望」が対置される。

　〈他者〉との関係，あるいは〈無限なもの〉の観念によって，〈渇望〉は成就される。〈他者〉への奇妙な欲望において，各人はこの〈渇望〉を生きることができる。(p. 370)

　Hegelとの違いは，Levinasが超越した存在である他者との関係における緊張感と共に，その関係が支配と従属の関係ではなく，平和の関係であることを強調することである。しかし，この緊張感を消去してしまわないように注意しなければならない。他者とは自分を超越するものである限りにおいて，圧倒的な力を持つ。重要なのは，このように決して対等ではない関係性から出発し，結果的に対等に達する動きである。逆に最初から緊張感のない調和の取れた対等な関係を措定すると，本当に対等な関係は生まれない。

　この議論を一歩進めると，次のような主張までは一足である。顧客というものは，媒介されている。顧客と呼ばれるものは弁証法的生成の結果であり，事前に与えられるものではない。主体を前提とするのではなく，弁証法的過程を通して主体を獲得することが示唆されているからである。そして，その原動力となるのが「矛盾」であり，そもそも前提としての調和を仮定せず，むしろ矛盾を前提とするべきである。もちろん安易に全体性へ止揚するような弁証法は避けるべきである。つまり，主体を獲得すると言うとき，絶対的な状態に到達

するのではなく，常に矛盾をはらみつづけ，つねに動きを伴う過程として理解するべきである。そのような動きこそサービスの本質ではないか。そうすると，顧客のニーズを満たし調和を実現するということは，不可能であるだけではなく，望ましくもない。むしろ，不調和を作り出すことことを目指す必要がある。

11 緊張感の中のくつろぎ

　サービスでは，客の居心地のよさをよくすること，くつろげる環境を作ることが議論されることが多い。しかし，この居心地のよさ，くつろぎなどの概念は，弁証法的に媒介されたものであって，たんに居心地がいいとか，くつろいでいるという意味ではない。客にとって日常であり，自分の家の中にいるのと同じぐらい居心地がいいサービスというのは不可能である。もしそういうサービスを議論しているとすると，おそらく抽象的で観念論的な議論であり，現実には基づいていない。このような自分の家にいるかのような居心地のよさというのが不可能であるのは，それは客が誰にも見られることなく，1人でいるときしかありえないからである。サービスでは，サービス提供者との関係性が生じるため，客が1人でいるということはありえない。提供者にどう見られているのかが多少なりとも問題となる限り，たんなる居心地のよさというのは不可能である。

　第3章で見たように，店員の態度は，高級なサービスになるほど，笑顔，気遣い，迅速性，フレンドリーさが軽減される（もちろん，感じの悪い態度を取るわけではない）。しかしながら，高級なサービスに笑顔が少なく，情報も限られ，わかりにくいとしても，それが居心地が悪いということではない。むしろ，そのようなサービスに特有の居心地のよさというものがある。これまでは弁証法的な相互承認の緊張感を見た。ここではもう一歩進んで，この居心地のよさというのはどういうものか考察したい。

　Bourdieu (1979) は「緊張感の中のくつろぎ」を議論した。例えば，次のような文章である。

> 支配者の観点からは強いられた禁欲と根拠のない放任主義の組み合わせによって特徴づけられているように見える被支配者の存在状態にたいして，芸術作品と美的性向がその最も完全に近い実現形態である支配者の美学は，ゆとりと禁欲の組み合わせを対置する。すなわち熟考の上での抑制，手段の節約，保留，節度などといったかたちでの選択的禁欲主義を対置するのであり，これらは緊張の中でのくつろぎという，あの優秀性の絶対的な現われのうちに見られるのである。(p. 269)

　この禁欲とゆとりの組み合わせは，一見矛盾する。ここで「ゆとり」ということに再帰的な意味，つまり人々が実践の中で理解し利用している意味があることを理解することが重要である。他人の前でゆとりをもってふるまうということ自体が，その人の力を示すことになる。しかし，このゆとりは単に飾らない，くだけたゆとりではなく，上品で，優雅で，繊細なふるまいの中で現われる必要がある。たとえ上品，優雅，繊細なふるまいであっても，それがゆとりなく，焦りながら，不安を示しながら，ぎこちなく実践されたのでは，逆に力の欠如を示すことになる。

　Bourdieuが議論したように，保守的な支配階級の美学は，「緊張の中のくつろぎ」や「節度の中のゆとり」というような一見矛盾する傾向を持っている。このような禁欲主義は，多くの高級なサービスの基本となっている。ネクタイを締めて行くフレンチレストラン，ホテル，料亭などで生み出される「くつろぎ」とは，くだけただけのリラックスではなく，禁欲的に自分を律する中で生まれるくつろぎである。まず，みんながくだけた状態でいるときの雰囲気が，特にサービスとして付加価値を支払うようなものでないという感覚がある。

　Bourdieu（1979）が示したことであるが，富を所有することの究極の形は，自由闊達さであり，ゆとりであるから，自分の所有する富に執着したり，それを意識しないことである。執着することや，意識すること，さらには富を持たないことに対する不安，さらには富を持ったときの傲慢あるいは不安などが，その人の「下品さ」の表現となる。人々が富を求めようとするとき，その人は自分がその富を本当に所有できないことを知る。富を求めないことが，富を得

る条件となるのである。

> 屈託のない振舞いや，自分に距離をとった態度のあらゆる形にたいして高い価値が与えられるのは，上昇志願者たちが自分の所有物にしがみつき，いつも自分自身および他人に関して不安定な状態にあって，たとえ傲慢な態度に出るときでも不安な緊張にさらされているのにたいし，これらの態度が，その人物が（言語的な，あるいは別種の）大きな資本を所有していることを示すと同時に，この所有物そのものにたいして自由を保持していることを証しだてているからであり，この自由は必要性にたいする力の第二水準における肯定なのである。芸術作品の物質的・象徴的消費が前提とする見事な言葉の使いかたや時間・金銭の無償の支出，あるいはそれ以上に，「持てる者の禁欲主義」（マルクスがセネカに関して言った言葉による）を生みだすことさら意図的に引き受けられた制約や拘束，そしてあらゆる「純粋」美学の根本にある，安易なものの拒否――これらはすべて，主人と奴隷の弁証法のこうしたヴァリアントの反復である。そしてこの弁証法的関係を通して，所有者たちは自分の所有物にたいする所有を明確にし，そうやって非所有者たちとの距離を広げてゆくのだが，非所有者たちはあらゆる形で必要性に従属させられていることに満足せず，いまだに所有欲にとりつかれ，したがって潜在的には彼らがいま所有していない，あるいはまだ所有するにいたっていない所有物にとりつかれているのではないかと思われるのだ。(Bourdieu, 1979, p. 396)

このような緊張感の中でのくつろぎは，茶の湯の世界で理念化されている。そのことを見てみよう。ただし，少し回り道が必要である。サービスは闘いであるというテーゼに関連して，茶の湯が完成する前，室町期に流行した「闘茶」について触れないわけにはいかない。熊倉 (1990, pp. 72-74) の記述に従って，この闘茶を紹介しよう。闘茶とは，端的に言えば，茶の味を言いあてるゲームである。典型的な闘茶では，3種類の茶葉を用意し，まずそれぞれを飲み，味を記憶する。そして，次の茶はどれか知らされないまま飲み，それがどの茶かを言いあてるのである。茶は実は4種類あって，4種類めの「客茶」は試しに飲むことをせず，試しに飲んでいない茶だと思えば，それが客茶であることになる。これを10回（3種類を3回に分けて9回，それに客茶を加え

る）繰り返し，その中でどれだけ言いあてることができるのかを競う。賞品（懸け物）が用意されていて，勝ったものから配分される。

この闘茶の遊びが，その後に，村田珠光，武野紹鴎，千利休という人々によって，茶の湯という芸能に作り上げられていく。この闘茶という趣向で言うところの，「闘い」は本書で言う闘いとはニュアンスが異なる。闘茶はあくまでもゲームである。そして勝者には賞品が与えられるということが，ゲームとしての性格を表現している。そこでは自分の力を示し，相手の力を認めるというような闘いではなく，くだけた遊びに近い。ただし，味わい分けるということが人物の力を表現するようになるという側面については，後程議論する。

闘茶を乗り越えて，茶の湯が生まれる流れを見よう。熊倉は，次のように説明する。「闘茶は寄合いの趣向としては面白かっただろうが，賞品を競うだけではあきられてしまう。一服の茶がもてなしの心をもつようになるとき，新しい茶の湯の時代が開ける」(p. 84)。そして，「茶が寄合いの趣向の一つにとどまる限り，茶の湯としての体系は生まれない。茶の湯としての完成は，芸能化することではじめて可能となったのである」(p. 97)。ところで，この芸能という概念は何を意味しているのだろうか？　熊倉は続ける。

> さて芸能とは何か。第一の特質は，演者と観客の間の，見る見られるという緊張関係の上に成立する文化であること。第二に，全く同じ形では繰り返すことができない一回性であり形を残さない無形性であること。第三に，日常性を超え，非日常世界への変身願望を内在させている点。(p. 98)

第1の特質として挙げられていることが，闘いとしてのサービスを端的に表現している。「見る見られるという緊張感」である。そのような緊張感は，二度と同じものはなく，練習できず，その場で力が試されるという，1回限りの事象であるから生じる。そして，そのようなアウラをまとった1回限りのやりとりは，非日常となる。非日常のためには，参加者は変身しなければならない，あるいは変身することができる。

そして，本題であるが，利休の作った茶の湯は「遊興性の払拭」(熊倉, 1990, p. 219) を特徴としていた。

> ……大胆であることによって，利休は茶会が非日常的な緊張した一瞬であることを見事に表現しているのではないだろうか。利休とて常にこのような茶会を聞いていたわけではないだろうが，求めるところは厳しい緊張とそれによって生まれる新しい精神の交読であったにちがいない。(p. 220)

この緊張感を作り出すために，小さな茶室を作ったという。

> ただ茶を飲むだけならばともかく，ここに前後あわせて四時間ちかくすわりつづけ，懐石も共にするとなると，かなり緊張感が必要である。しかも亭主も一メートルと離れていないところから，終始そのふるまいを客から注目されているのであれば，いやがうえにも緊張感が高まるであろう。
> 主法としての点前の型が利休においてほぼ完成された。亭主のふるまいが，客に間近から見詰められるために洗練の度が加えられていったことは確かである。(pp. 221-222)

もてなしに緊張感があるのは，それが人と人のぶつかり合いであるからで，人が他の人を試し，それに対してどう応えるのかという応酬である[15]。このような緊張感のある応酬が，とても静かに，何でもないかのようになされる。逆に，何でもないかのようにすることが，自分の力を見せつける最大の手段となる。緊張感の中のくつろぎは，2つの意味を持つ。1つは緊張感のあるやりとりの中で自らの能力を身につけた人が到達するくつろぎである[16]。しかし，同時にそれは完全なくつろぎではない。緊張感の中でくつろいでいるように見せること，そしてそれを見せようとはしていないように見せることが求められる。本当にそのように見せていないように見せるためには，やはり本当にくつろげるだけの力量が求められるだろう。ただし，この力量をもってしても，完全にくつろぐことは不可能であり，そこには緊張感が生じざるをえない。これが鮨屋，料亭，旅館，ホテルなどで感じる「緊張感のあるくつろぎ」である。

しかし，この美学は，「支配階級の被支配集団のエートスが合理化された形で表現されているあらゆる美学」(Bourdieu, 1979, p. 372) の等価物であり，その意味では歴史的に作り上げられたものにすぎない。つまり，このような美学は，サービスの理論を構築する基盤とはならず，むしろこの美学が生じると

ころの社会的関係性と歴史的過程を基盤としなければならない。つまり，このような美意識そのものが，社会的な力関係が生じる場であり，その結果と目標であるということである。Bourdieu (1979) は，カントの言う禁欲的な純粋美的判断は，上流階級の支配関係と結びついているということを示した。つまり，我々が緊張感の中でのくつろぎという価値を理想として提示しているのではなく，むしろそのような価値には理論的な興味がない。それが文化を賭け金とした闘争の過程で生じるものであり，その闘争の過程こそが我々の興味の対象である。

　茶の湯はとても政治的であり，経済原理に従っていることを理解しなければならない。信長も秀吉も茶の湯を政治に利用した。それだけではない。茶の湯を作り上げた，堺の町衆は商人であり，儲けることに執着した。「逆説的にいえば，それだからこそ"わび"茶を志向したのである。『市中の山居』それは金殿玉楼のなかの茅屋でもあった」(熊倉, 1990, p. 164)。山の中ではなく町の中にわびの空間を作り，その中で美的空間を作り上げたのは，経済原理であり，その裏返しでもある。

　このことがサービスにおいてどういう意味を持つのか？　繰り返し見てきたように，サービスにおける美しさ，美味しさ，洗練さは構築されたものであり，人々はそれを明示的には語らないが，暗黙のうちに，つまり実践の中で理解している。人々はサービスの美意識に価値を見出しながらも，それとは距離を取る形の価値である。距離を取りながら，その場にふさわしい人間を演じることを楽しみ，それを演じようとしていないように演じ，演じきれない中でそれがどれだけうまく演じることができているかを楽しむせめぎ合いでもある。その限りにおいて，上流階級の支配的美学の支配性をそのまま批判することは野暮であろう。Bourdieu (1979) の示した被支配階級は選択することなく支配関係に投げ込まれているのだが，サービスの客は自分から金を払って，そのサービスに参加する。このことが，闘いの中に，一定の距離を生じさせることは認めなければならない。

　我々はすでにHegelの議論に依拠し，闘いによる相互承認が根源的な人間の

関係性であることを論じた。しかし，サービスを議論する限りにおいては，これは作り上げられた根源性にすぎない[17]。鮨屋や料理屋の緊張感は作り上げられたものであり，それが伝統的で正当であるという理由はなく，そのように見えるように作り上げられているのである。もちろん，それはそのような闘いを通した相互承認を求める人々のあり方を否定するものではなく，むしろそれに結びついているがゆえにサービスにおいて闘いが構築される。しかし，逆にこの闘いを絶対的で正当なものであると認めることもできない[18]。

12 サービスの原動力

　しかし，なぜ緊張感のあるサービスをわざわざ実践するのか？　1つの解は，すでに見てきたように，自らを他者から，そして自身から差異化するという人の根本的な性向であるし，そうすることにより得られる達成感である。しかし，もう1つ重要な理由がある。それは，このように矛盾と不調和を組み込むことにより，人々がより経験を積み，自らの能力の水準を高めようとする動きそのものが，サービスの絶え間ない向上をもたらすということである。

　鮨屋では，客はより経験を積むように促される。客が経験を積み，鮨をより理解することにより，職人も自らの仕事を高める契機となる。四ツ谷の名店すし匠の親方，中澤圭二氏は次のように言う。

> 鮨を真剣に味わうお客様が減れば，職人も緊張感を失い店の味は落ちます。（中略）お客様が最高の味と雰囲気を楽しんでこそ店の真価が伝わる。その味わいがお客様の味覚を育て，真剣勝負する職人を鍛え，店の味を高めるのです。（中澤圭二, 2007, p. 17）。

　職人が客に挑戦することは客に努力を促し，それが次に職人への挑戦となり，職人が腕を上げる契機となる。このような弁証法的な動きが起こるためには，矛盾が動力として必要となる。客の要求を満たすという調和が前提とされると，この矛盾が生じない。この矛盾とは，そのときの食事や体験に満足しながらも，客が感じる自分が場違いのところにいる感覚であり，自分がそこに完全にふさ

わしい人間ではないという感覚である。

　フランスで大革命前後に生きた，ブリヤ＝サバランは美食を擁護し，1つの学問にまで高めようとした（Brillat-Savarin, 1825）。「グルマンディーズ gourmandise」は「美食愛」と訳され，ブリヤ＝サバランによると「特に，味覚を喜ばすものを情熱的に理知的にまた常習的に愛する心である」と定義される（p. 195）。そして，彼は次のように書く。

> グルマンディーズこそ，並のもの，上等のもの，極上のものに（それらの特質が加工によるものにせよ自然に備わったものにせよ），ともかくそれぞれつりあった値段をつけるのだ。
> グルマンディーズこそ，大ぜいの漁夫や漁師や農夫やその他の者の希望や競争心を支えるものである。実にこれあればこそ，かれらの労働や発見の結果で毎日最もぜいたくな調理場が満たされるのだ。
> 最後にもう一つ，実にグルマンディーズこそ，料理人，菓子屋，キャンディ屋その他いろいろな食品調製者からなる勤勉な一団に食を与えるうえに，さらにそれらの連中をして自分たちの必要のためにあらゆる種類の労働者を使わしめるから，終始絶えまなく資本の流通が生じるわけで，その動きを計算したり，その額を決めたりすることはどんな熟達な人にもできないのである。(p. 197)

　ここでブリヤ＝サバランは，グルマンディーズの経済効果を指摘しているわけだが，グルマンディーズの存在により，料理人の努力が促され，またその努力が報われるという論理である。さらには，彼は次のように書く。

> それ［グルマンディーズ］はまた，すべての主人がそのお客をもてなすためにしなければならない努力の原因動機ともなれば，またお客のほうが心からのもてなしを受けたと思う時にいだく感激の原因動機ともなるものである。だからこそわれわれは，最もすぐれた御馳走を失敬千万な冷淡をもってむしゃむしゃと食い，芳醇清澄な美酒銘酒をも不敬な無関心をもってがぶがぶやる，あの愚鈍無神経な手合を呪わなければならないのだ。(pp. 203-204)

　ここで食事に真剣に向き合う「グルマンgourmand（美食家）」という存在が，料理人のサービスに報い，そういうことを理解しない人の存在がサービスの努

力を台無しするというわけである。

　一方で，グルマンであるというのは，相当の努力を強いる。実は，ブリヤ＝サバランは，グルマンであるのは先天的なものであると結論付けている。彼は，グルマンディーズを特定の上流階級や富裕層特有の現象であることを否定し，すべての社会階級に見られる普遍的な性向であると主張した。所得の低い階級には，それに応じたグルマンディーズがありえるというわけである。ブリヤ＝サバランは味覚を生理学的な観点から捉えようとしたため，人間にとって普遍的な特徴を議論することになったと考えられる[19]。

　ブリヤ＝サバランと比べて，最初にグルマンディーズを提唱し，その意味を著したのは，グリモ（Alexandre Balthazar Laurent Grimod de La Reyniére）であった。ブリヤ＝サバランと同時代の人でありながら，数十年先駆けて美食を追求した。また，料理の批評を始めた人物である。ブリヤ＝サバランが注意深く大食を美食と対立させたのに対して，グリモは大食を美食の1つの側面と捉えた。橋本（2014）は次のように書く。

> 「美食家」らの食事は，しかし，手放しの快楽ではない。むしろ美食は，ときには命すら危機にさらすような「苦痛を伴う職務」として定義されている。例えば一回のディネに要する時間は五時間が妥当であるとされる。
> 「食審委員会」においても，審査は「最低でも」五時間を要するとされていた。満腹になるにしたがい，このような作業は当然苦痛になってくる。その対策として，「委員会」の審査では，食事半ばで胃を整えるようなアルコール飲料が登場する。「第一級のアブサン，蒸留酒や同じような種類の飲み物を食事中に一杯飲むことが義務づけられていて，ある会食者がそれを辞退しようとすると，ド・ラ・R氏は彼に，ここにいるのは〈自らの快楽のため〉ではなく，〈審議のため〉だとさとした」という。審査員たちの料理に対する，逆説的にも禁欲的なこの姿勢は，もはや純粋な快楽主義者として片づけることはできない。（橋本, 2014, p. 187）

　美食家が命を賭して食に向うというとき，「卒中」が頭の中にある。実際に美食を追求するということは，命がけであったということになる。

「美食家」にとって，美食行為の結果として死ぬことは名誉以外の何ものでもないことをグリモは再三主張する。他ならぬ彼の祖父の死因が，フォアグラの食べ過ぎによる消化不良であったことを自慢するかと思えば，消化不良で死の淵をさまよった同じ「美食家」仲間を見舞うに際しても，快復を祈るのではなく，消化不良で死なんとしていることを祝福しに行く，といった具合であった。(橋本, 2014, p. 100)

　このような言説は奇異に見えるかもしれない。しかし，これとは対極にあるように見える茶の湯の世界にも同様の原理が見える。そもそも茶人などを「数寄者」と呼ぶが，この「数寄 すき」は，「好き」に由来し，無我夢中に好きなことをする姿勢である。これに比べて，「わび」は，恋が実らない淋しさや無念であり，数寄とは対極にあるように見える。しかし，この弁証法がその本質である。好きであるものを極限まで求めるという姿勢は，ある意味で欠如を包含し，さらにはある種の禁欲主義に到達する[20]。そのため，このわびの美意識は，欠如を伴う。満月ではなく，雲に隠された月がよい。「この不完全は完全を包含し，完全はうちに不完全を含みこんでいるのだ」(熊倉, 1990, p. 135)。快楽と禁欲主義は矛盾しない。

　重要なのは，食べるという行為が真剣であるということを理解することである。上記の中澤親方が示唆しているのは，真剣に鮨を食べようとする客の存在の重要性である。このように繊細な味覚により，真摯に食を評価する客がいて初めて，職人や料理人が緊張感を感じ，サービスの水準を上げる契機となる。

　ここで触れておかなければならないのは，食の世界は特に能力を維持するのに相当の努力が必要であるという点である。扱う食材が非常に複雑であり，変化するということが重要となる。魚のように繊細な食材は特に鋭い感覚を必要とする。そのような感覚を日々磨き続けなければならない。これは酒，味噌，チーズなどの微生物により作り出される複雑な味わいを持つ発酵食品においては特に顕著である。努力されないと自然に味が落ちるということであり，努力によって常に味の感覚を研ぎ澄ませる必要がある。そのためには，毎晩遅くまで客を相手にしながら，毎朝5時に起きて市場に向かうということを欠かすこ

とができない。そのために客との緊張感が必要なのである。

■注

1 Sahlins (1972, p. 205) は次のように言う。「モースの視座からすると，ホッブズでも同様なのだが，社会の下部構造は，戦争にほかならない」。Maussは，贈与に対する返報は，贈与された物のやどる霊（マオリ族の「ハウ」）に対する恐怖にあると言うが，この部分は批判が多い。実のところ，返報が義務としてなされるのは「戦争の恐怖」である。
「というのも＜戦争＞は，モースが構築した，＜全体的給付＞のすばらしい定義のなかに，前提としてすでにふくまれていたからである。「この給付および反対給付は，どちらかといえば，任意な形式のもとで，贈物，進物によってはじまるが，じつはきわめて厳格に義務的なものであって，その不履行のばあいには，公私の戦争にいたるものである」(Sahlins, 1972, p. 209)。

2 そもそも現代的な意味での非個性的な市場というメカニズムがこの社会に生まれたのは，それほど古くない。例えば，Karl Marxが，商品の物神性を示し，社会的関係がモノに媒介されると説明したのは，1867年である。それ以降，社会が市場という形式を持つことについて学者が議論することになる。Graeberであれば，市場とは，特定のグループが（つまり植民地の宗主国が），その社会を支配するために生み出した政治的発明であると主張するであろう。しかし，我々はその議論に踏み込む必要はない。経済的交換を平和で機械的な取引であると理解するのは，経済という独自の領域を，社会という別の領域から切り離すという現代社会の言説に依存している。

3 このことはサービスに限らない。根源的に経済的な価値は，自分がどう見えるのかに連動している。Graeber (2011, p. 145) によると，歴史的に貨幣として使われる素材としては，人々が自分を飾るものが利用されることが多いということである。「これは偶然ではない。(中略) 金 (money) は，ほとんど常に，主に個人にとっての装飾品に利用されるモノから生じる。ビーズ，貝殻，羽毛，犬か鯨の歯，金，銀などは，よく知られた事例である。これら全てが，人々の関心を引くような外見，つまり美しく見せる目的以外には役に立たない。Tivが使う真鍮棒は例外のように見えるかもしれないが，そうではない。宝飾品を製造するための原材料というのがその主な用途である。あるいは，単にひねって輪っかを作り，ダンスするときに身に付けるために使われる。例外はあるが（例えば，牛），一般的な規則として，政府が，その次に市場が見られるときに初めて，大麦，チーズ，タバコ，塩などが貨幣として使われるようになるのである」（翻訳は筆者）。

4 ここでNietzscheの次のような言葉が念頭にある。「「苦は快よりも優勢」ないしはその逆（快楽主義），これら両説はそれ自身すでにニヒリズムへの道標である…なぜなら，ここでは，両者いずれの場合も，快ないしは不快の現象以外にはいかなる他の究極的意味も立てられてはいないからである。しかし，一つの意志を，一つの意図を，一つの意味を，もはやあえて立てることをしない或る種の人間が，このように説くのである，─あらゆるより健康な人間種にとっては，生の価値はけっしてかかる瑣事を尺度としてはかられることはない。しかも，たとえ苦の優勢は可能なことであるにしても，それにもかかわらず，強力な意志が，生へと然りと断言することが，この優勢を必要とすることが，あるべきである。…生起する出来事のうちの満足や不快は手段の意味しかもちえない。問い残されて

いるのは，はたして私たちは，「意味」，「目的」をそもそもみとめることができるのか，無意味性とかその反対とかの問題は私たちには解決しえないものではなかろうかということである」(Nietzsche, 1906, pp. 48-49)。Nietzscheは，サービスを心のこもったもてなしや要求を満たすことによる満足という美しい言葉で飼い慣らすことに対して強く反論したであろう。

5　ここで詳細に議論することは適切ではないが，Nietzsche (1906) によるアリストテレスの浄化（カタルシス）概念への反論は興味深いし，筆者もおおよそ同意する。つまり，恐怖を覚えるものや，さらには醜いものに対して美しいと感じること自体が，力への意志である。力のないものであれば，これらを恐れ，憎悪するだけである。

6　ここで単純な反論は，このようなおそれやあわれみも含めて，「高次」の「欲求」であり，顧客の「欲求を満たしている」という構図は維持できるというものである（このとき，マズローの階層的欲求モデルが引用されることが多いが，このモデルは多分に恣意的である）。この反論には次のように反論することができる。顧客の欲求（や要求）を満たすという場合に，欲求については恣意的に変更されてはならず，厳密に定義されなければならないということである。つまり，この場合は高次の欲求が満たされていて，この別の場合は低次の欲求が満たされているというような主張は，欲求自体を恣意的に定義してしまうために完全に意味を失う。つまり，この主張は「顧客の欲求を満たさない」という逆の命題を同じように保持することになる。この場合は低次の欲求を満たして「いない」し，この別の場合はこの高次の欲求を満たして「いない」と言えばいい。つまり，欲求という概念が実に空虚なものであるということを示している。

7　料理を食べるときの感覚と芸術的な価値を多少でも結びつける議論をするにあたっては，Kantの「快適」と「趣味判断」の区別を意識する必要があるだろう。Kantによれば快適とは，関心を含む快の感覚であり，趣味判断はそのような関心を持たない。例えば，「飢えは最もすぐれた料理人である［ひもじい時にまずい物なし］，また食欲の旺盛な人達にとっては，およそ食べられるほどのものなら何によらず美味である，と。それだからかかる場合の適意は，趣味による選択を示すものではない」(p. 83)。趣味判断とはただ対象に専念し接するときに得られる単純な感覚に依拠するのであり，空腹であるとかには依存しない。あるいは，次のような引用も興味深い。「そこで或る人が（ありとある感官的享楽を与えるような）快適な事物をもって，自分のお客達を供応し，満座の人達の快いようにもてなすすべを心得ていれば，我々は彼を評して，「あの人は趣味がある」と言うのである。しかしこの場合における［適意の］普遍性なるものは，比較的［相対的］な意味しかもたない，つまりそこにあるのは一般的 (general) 規則（経験的規則は，すべてのこのようなものである）にすぎないのであって，普遍的 (universal)［即ちア・プリオリな］規則ではない」(p. 88)。

　本書はこのような理論には依拠しないし，これに限らず美学の理論をその基礎に置くことはない。Bourdieu (1979) が批判したように，我々はむしろこのような区別そのものが構築されたものであることを看取し，サービスの理論はこの区別がどのように生じるのかに関する分析を基礎とするべきであると考える。

8　ところで，Baudrillardは商品としてのモノの交換だけに限定して議論しているのではない。「消費社会の特徴は財とサーヴィスの豊かさだけではない。もっと重要な特徴は，すべてがサーヴィスとなること，すなわち消費の対象が単なる製品としては引き渡されずに，

個人的サーヴィスや心づけという形をとって与えられるという事実である」(Baudrillard, 1970, p. 239)。さらに、「今日では純粋に消費されるもの、つまり一定の目的のためだけに購入され、所有され、利用されるものはひとつもない。あなたのまわりにあるモノは何かの役に立つというよりも、まずあなたに奉仕するのである。個性化された「あなた」という直接の対象がなければ、そして個人的給付という包括的なイデオロギーがなければ、消費は文字通り消費でしかないだろう。消費に現在のような深い意味を与えているのは、心づけとそれに意味を与える個人的慰めの温かさであって、純粋かつ単純な充足ではない。この気づかいという太陽の光を浴びて、現代の消費者たちの肌はこんがりと日焼けしている」(p. 240)。

9　「サービスは闘いである」という本書の主題は、「生とは権力への意志である」というNietzscheの系譜学に深く依っている。例えば、次のような引用がある。「今日社会のさまざまな形式を判定している価値評価は、戦争よりも平和により高い価値をわりあてるあの価値評価とまったく同一のものである。しかしこの判断は、反生物的であり、それ自身生のデカダンスの落とし子である……生とは戦争の一帰結であり、社会自身が戦争のための一手段である……」(Nietzsche, 1906, p. 66)。しかしNietzscheの枠組みは本書の主題を理論的に進めることに、多少の困難を提示する。

10　ファストフードなどのサービスは、提供者が客に従属的になるということをあえて実践しているのであるが、からくりはそれだけではない。もし単に店員が客に従属する関係であれば、その仕事は堪えられないものとなるだろう。ファストフードは店員を非人間化する。つまり、画一的なマニュアル通り行動している存在として呈示する。これはルーチン化のポジティブな側面でもある (Leidner, 1993)。つまり、仮に客に理不尽なことを言われたとしても、「それは自分ではない。マクドナルドのマニュアルが言われているのだ。」と言うことができる（もちろん、ダメージが全くないことはないが）。従属している店員は「人間」ではない。つまり、ファストフードのサービスは客に従属していながら、従属している主体を自らではなく、別のところの「かかし」として措定する。これは客という存在を落としめる行為であるが、同時に客にやすらぎを与える。つまり、この差異化＝卓越化の循環から客を解放するのである。第2章で見たように、客はファストフードのファストフード性を理解し、自らを匿名な客として仕立て上げる。このことの背景には、そのような意味があるだろう。

11　弁証法的な言い方をすると、顧客のニーズというものは、媒介されている。それが直接与えられているとき、それは実は与えられていない。しかし、一方でこれは形式としてのみ、そして否定性としてのみ与えられている。結果的に顧客のニーズを満たさず、自分の歓びや満足のためにする仕事が、弁証法的生成を経て、顧客のニーズに戻ってくる。Hegelは言う。「つまり、始まりを本来的に肯定的に実現することは、同時にその逆でもあって、始まりに対し否定的な態度を取ることでもある」。

12　この議論は、Bakhtin (1963) の対話原理に重なっている。「自分自身のみ取り残された人間は、自らの精神生活のもっとも深奥の内面的な領域においてさえ、ものごとに決着をつけるということができず、他人の意識なしにはにっちもさっちもいかないのだ。人間は、自分自身の内側だけでは、けっして完全な充足を見出すことができないのである」(Bakhtin, 1963, p. 356)。対話とは、予定調和の中で相手の行動を予測できるような関係性ではなく、相手が自分に反旗を翻すような可能性を秘めた関係性である。サービスとは対話であると

いうとき，サービスは闘いであると言っているに等しい。第1章で鮨屋において観察した自己の呈示と交渉の過程は，このような対話の一種である。

13　Levinasの用語では，この「だれ」を示すものが「顔」である。違う言い方をすると，Levinasは「顔」という用語によって，「だれ」という問題を絶妙に言いあてている。「だれという問いは顔を目ざしているのである。顔という概念は，表象されるいっさいの内容ともことなっている。（中略）顔を目ざすとは顔そのものに対してだれという問いを定立することであるけれども，その場合，顔こそがその問いへの応答にほかならない」（pp. 365-366）。つまり，「だれか」という質問に対して顔そのもので答えるのではなく，「木村さんである」と説明することや象徴することは，「だれ」を隠蔽することになる。「言い換えるなら，このだれは，みずからの現出にあって不在なものとして現出する存在にほかならない」（p. 366）。

14　Levinasは他者が自分を超えた存在であることを強調し，決して対等ではないと言う。これは対等であるということが，自分の観念を超え出る超越的な存在であるという意味であると解釈できる。次のような引用が有用だろう。「顔をこのように迎えいれることによって（この迎えいれはすでに顔に対する私の責任であり，その結果，そこでは顔は高さの次元から私に接近し，私を支配することになる），ひとしさ（egalite）［平等］が創設されるのである」（下巻, p. 76）。

15　茶の湯で「花」の使い方は，特に緊張感があったという。「緊迫した花の趣向」として，次のような逸話がある。利休が茶頭を務める秀吉の茶会でのことである。「そこへ入ってきた秀吉は，肩衝と天目の間へ手にしていた野菊を一本はさんだ。どのように茶頭の利休が野菊を扱うか，一同息をのんだことであろう。初座がすみ，中立の間も野菊ははさまれたまま飾りは変えられなかった。後座ではどうしても茶入と茶碗を扱わねばならないから，利休の野菊の扱いに皆の目は集まった。（中略）実にあっさりと，こだわらずに利休は難題の野菊を扱ったように思える。床の隅に寄せかけるのをみて，人々はホッとしたであろう。利休における花は，花そのものが時の賞玩であると同時に，花をめぐる主客の応酬が，予断を許さぬ緊張をはらんだ茶の湯の趣向だったのである」（熊倉, 1990, pp. 233-234）。

16　ここで想起されるのは，Heidegger（1960）による芸術の議論である。芸術作品において，開けられる「世界」と閉じて保蔵する「大地」の闘争が，その真実（アレーテイア）を生成するのであるが，このとき芸術作品の存在は一つの統一として「安らい（ruhe）」を生じる。しかしこの「安らいは，もちろん，運動をそれ自体から除外せず，それを包含するような反対者である。動かされたものだけが安らうことができる」（p. 72）。つまり，闘争と安らいは矛盾しないどころか，闘争は安らいにとって必要である。

17　これはサービスの領域に限定されないと思われるが，それを論じることは本書の範囲ではない。

18　この議論を曖昧であるとか，矛盾であるとして退ける必要はない。我々の研究の対象は論理的な議論ではなく，実践である。つまり，曖昧であるように，矛盾しているように構築した実践がある以上，それはそれとして認めなければならない。

19　ブリヤ＝サバランは，美食を擁護するにあたって，その言説を操作するという政治的意図を持っていた（橋本, 2014）。そのため，グルマンディーズを「社交性」と結び付け，動物的な「食の快楽」と区別し，社交的で反省を伴う楽しみである「食卓の快楽」を重視する。

20　本書はサービスを議論するにあたって，日本の文化に特化することを極力避けてきた。しかし，このような茶の湯の芸能は，我々にサービスを理解するための言語を与えてくれる。もう少し見てみよう。熊倉は，村田珠光の「心の文」という文章を説明している。まず，その文章の前半部分の説明は次のようになる。

「茶の湯の修行にとって一番障害になることは，我慢と我執だ，というのが最初のテーマである。我慢というのは今日の意味とは違って「われこそは」と慢心すること。我執は文字通り，自分に執着して我を張ることである。慢心があるから，自分より秀れた人に対して反感を持つし，また初心者を馬鹿にする。こういうことはあってはならぬことである。上手な人にはお近づきになって，その上手なところに感心する気持ちが大事だし，初心者にはその修行を助けてやらねばならない」(p. 109)。

ところが，この文章の最後で，珠光は矛盾する主張をするという。

「心の文は最初に，茶の道の修行にとって，一番の障害となるのは心の我慢，我執だと断じていた。ここでもまたそれをくり返したのだが，その直後に，「しかし我慢がなくては成就せぬ道だぞ」と反対のことをいいだした。慢心や執着が人間をいかに卑しいものにするかわれわれはよく知っている。しかしそうした我欲，我執を捨てられないから悩みが生じる。さらりと捨てられたらどんなに楽かと，悟りの境地に憧れるのだけれど，そう簡単に悟れない。(中略)。珠光はそこでもう一つの答えを用意した。やはり我慢は必要なのだ，と。慢心はよくないかもしれないが，それは向上心でもある。人よりも秀でた存在になりたい。競争心があればこそ上達もする。自分の置かれている状態に慣れ切ったら怠惰な人間になってしまうだろう。自分を生かしたい，と思う気持ちが人の修行を助ける。我慢，我執は大切なのだ。この矛盾をどう解決したらよいだろう。

珠光は仏典にその根拠を見いだした。心の師となりなさい。心を師としてはいけない。心というのは我慢，我執も含めさまざまの欲望や意識すべてである。その心を自由自在に使いこなせる人間でありたい。欲望や既成の意識にとらわれて，その心に使われてしまう人間になってはいけない。これが珠光の結論だ」(pp. 111-112)。

自己を否定し，無の境地とでも言うようなものに達するのではなく（それは不可能であるし，面白いものではない），自分を肯定し，より自分を高めるということに志向するということである。そのためには，自分の心を否定するのではなく，使いこなすということである。

第 **5** 章

闘いの方法

　第4章では，サービスが闘いであるという意外なテーゼを，様々な側面から理論的に考察した．特に，サービスが「なぜ」闘いになるのかという問いを検討した．本章では，サービスが闘いであるとしたとき，それが「どのように」実践されるのかを議論する．

1　礼儀作法

　サービスにおいて緊張感を生み出すものの要素の1つに，礼儀作法がある．例えば鮨屋において，客はその場で適切にふるまうことに志向している．それは，その場に礼儀作法というものが存在し，それを理解することが容易ではないことを意味する．鮨屋に関するマナーに関しては，様々な議論がある．例えば，検索エンジンで「鮨の食べ方」と検索すると，正しい順番などないとしつつも，白身，赤身，こってり，巻物という順番を示すものや，最初にこはだを注文するのが通であるなどと書かれている．食べ方については，手づかみで裏返して醤油をつけて口に放り込む，親指，中指，人差し指でつかんで食べる，軍艦はきゅうりがついている場合はそれを醤油につけてたらす，がりに醤油をつけて上からかけるなどのように書かれている．本来鮨屋では酒は飲むべきではなく，お茶を飲みながら食べるのが正式である，というような説明もある．

　ラーメンズというコメディアンの『日本の形』というビデオシリーズの中に『鮨』というストーリーがある．鮨屋の暖簾のくぐり方，扉の開け方，人数の

伝え方，席への座り方などをネタにして，冗談をまじえて解説している。鮨という領域には様々な作法があること，そしてそれがネタになりうるということを示している。

外国人が書いたものにも同様の解説がある。"The Story of Sushi"という本の中で，Corson（2009）は付録に，"How to eat Sushi"というセクションをもうけ，6ページかけて解説している（その中でもラーメンズのビデオが紹介されている）。例えば，注文の順番についても解説がされている。

> 客が鮨を頼む順番はそれほど重要ではない。しかし，ほとんどの鮨通はさっぱりした軽い魚から始めて，強い味で脂の多い魚へと移っていく。(p. 318)（翻訳は筆者）

さらには，手で食べるということも解説されている。

> よい握りは口の中で溶けなければならない。だから職人は米を強く握らない。ほとんどの鮨通は鮨を指でつまむ。箸では弱く握られた握りを壊してしまいがちだからだ。(p. 321)（翻訳は筆者）

しかし，一体この作法とは何か？ それについては様々な説明が試みられる。その多くは合理的な説明である。例えば，鮨屋では酒を飲まないという作法については，鮨屋は本来立ち食いであったため，ゆっくり酒を飲む場所ではないという歴史的な議論や，米を主とした鮨には，米から作った酒は合わないという合理的な理由で説明されることもある。また，鮨を手で食べるのは，シャリには空気を多分に含むためにくずれやすく，箸では持ちにくいから，と合理的な理由が説明される。

しかし，礼儀作法の意味を，合理性に求める議論は破綻する。ヨーロッパにおける文明化の過程を分析したノルベルト・エリアス（Norbert Elias）は次のように言う。

> 二十世紀の観察者は，「手を使って食べること」をやめること，フォーク，個人用の食器や食事用具を使うこと，自分の基準に合致したその他の作法をつくること，これらのことが「衛生上の理由」から説明されていることを期待する。というのもこれが，かれ自身がこれらの風習一般を説明する仕方だからである。

しかし十八世紀に入ったころまでは，人間が互いに課しているかなり大きな自制の動機づけとしては，この方向に向かっているものはほとんど見出されない。いわゆる「合理的な理由づけ」は，他の理由づけに比べて，少なくとも全く前面には出てこない。

ごく初期の段階では，自制の動機づけとしては大抵の場合，これこれのことはするな，というのもそれは「礼節にかなって」いないからだ，とか，それは「礼儀正しい」ことではない，「高貴な」人はそんなことはしない，と言われる。(Elias, 1969, p. 250)

つまり，合理的な理由があるから作法があるのではなく，それが作法だから作法に従うという同語反復である。礼儀作法は有用性がないことこそがその本質である。Veblen (1899) によると，顕示的行為は非生産的であること自体から価値を引き出す。作法は元来，貴族階級が自らを差異化するために構築したものである。そこでは，有用性は，生産などの俗なものに結びつけられるため，貴族が高貴さを表現するのにはふさわしくない。有用でないことに時間を費し，作法を修得することができるということが，自らの余裕を示すことになる。つまり，有用でないことが，高貴さを表現する手段となった。

Elias (1969) によると，礼儀作法は，差異化＝卓越化の手段である。もともと独立していた領主たちは，絶対王政のもと宮廷貴族として組み込まれる中で権力を失った。そして経済的に勃興する市民階級との間に挟まれて，自らを差異化＝卓越化しなければならなくなった。それに対して，市民階級は貴族階級の作り出す作法を取り入れることで自らを差異化＝卓越化しようとした。それにより作法が普及すると，今度は貴族階級がまた新しい作法を作り出すという動きが起こる。

それがレストランという食サービスを舞台に展開され，興味深い経緯を辿る。フランス革命で旧体制の貴族階級が処刑され，または国外に逃亡したことにより，ブルジョワが社会を支配することとなった。ブルジョワは，元来貴族が持っていた作法を完全には身につけていなかった。にも関わらず，レストランが民主的な存在として，社会的階級との厳密な関係が薄れた後も，複雑でわか

りにくい作法を保持し続けたのは，サービスというものが差異化＝卓越化の闘争の場として意味があったからである。

　有用性についての議論に戻ろう。作法が時間とともに形式的になるという批判はよく聞かれる。茶道で決められているルールは多分に形式的であり，その1つ1つにどれだけ意味があるのかは不明である。しかし，これを形式主義であると批判することは，これらの作法の意味を理解していないことに等しい。形式的であり，有用性がないことが，作法として神格性を持つことの必須条件である。もしある作法が有用であると明確に理解されているとすれば，それはただ有用な活動をしているとしか捉えられないだろう。その結果，祀られている神格や尊重されている伝統そのものに対する敬意が弱まる。つまり，作法が形式的であるからこそ，これらそのものに敬意が向けられる[1]。

　次のような例を考えてみよう。徳利で日本酒を注ぐとき，どちら側から注ぐのかということについて，面白い議論がある。図表6-1のように，徳利の口は注ぎやすいようにくびれが作られているため，我々は通常そこから注ぐ。しかし，実は逆から，くびれを上にして注ぐのが正式であるという言説に出会うことがある。ウェブを検索すると，そのような議論は簡単に見つかる。

図表6-1 ●徳利の注ぎ方

なぜ逆から注ぐのかというと、徳利の口の形が、くびれを上にしたとき、寺社にある宝珠（**図表6-2**）の形になるからだという。宝珠は、正しくは如意宝珠と呼ばれ、様々な霊魂を表し、仏塔などの最上部に取り付けられている。そして、客に注ぐときには客から見て徳利の口が宝珠の形にならなければならないというのである。

この話を聞くと、「へー、なるほど」と頷く。しかし、よく考えればおかしな話である。そういう謂れであるという理由で、これを簡単に受け入れていいのだろうか。やはりどう考えても口のくびれは注ぐことを容易にするためのものである。これを宝珠に重ねて見せて、逆から注ぐことが正式であるという主張は違和感があると言わざるをえない。しかし、なぜそのような言説が成り立つのか？

この例は、我々が作法と呼ぶものの構造を示してくれる。まず、この話を知っていて、それを実践する人のことを考えてみよう。料理屋で他の人に酒を注ぐときに、くびれを上にしてみる。このように酒を注ぐ行為は、自分は「正式」な作法を知っており（かつそれを他の人が知らない）、それを実践できるということを示している。言い方を換えると、自分が知識の点で他の人よりも優位に立つということを定義している（知識の点ほど自分の能力を示すうえで有効な領域はない）。ここに作法の「差異化＝卓越化」の原理が見てとれる。この差異化＝卓越化が、人々が作法というものにこだわる原動力である。

さらに踏み込むと、このような作法は、通常多くの人が理解している実用的

図表6-2 ●宝珠

な方法とは「正反対」の方法を取っていることがわかる。つまり、実用的には注ぎやすいようにくびれを下にするが、それをあえて正反対の上にする。上記で見たように、実用性を否定し、多くの人が理解していることと正反対の方法を構築することで、作法としての効果を持つ。そして、注がれた人には効果的な驚きがもたらされる。

　そして、その作法には、何らかの説明がなされなければならない。説明がないランダムな行為は、その作法の意味が明示的に議論されない間は成立するかもしれないが、長くは続かない。説明によって、「なるほど」という理解が与えられなければならず、さらにはその説明は、説明をする人の力を示すものでなければならない。力を示すためには、知識、工夫を示す他、宗教、伝統などより深淵な拠り所が利用される。しかし、これらの説明は多くの場合、作り上げられたものである。多くの人の理解と正反対の行為に、それなりに納得性を与えるために、巧妙に考え出されたものである。

　しかしながら、この説明を明示的に話すことに関しては、ジレンマを抱えることになる。多くの場合は、くびれを上にして注いでも、その理由を説明はしない。ただそのように注ぐだけである。そして、他の人に聞かれて初めて、説明を与える。あるいは、後になって何かのきっかけがあって初めて、説明を与えることになる。つまり、自分から積極的に説明することは避ける。注ぎ手は説明を与えたいという葛藤があるだろう。自分が優位に立つ知識を披露したいという衝動は自然である。しかし、自分の優位性を積極的に披露することは、その優位性を毀損することになる。あくまでも自然に優位であることが必要であり、自らそれを示すことは、説明しなければ優位ではないことの証明となる。また、説明を一定の間隠すことによって、手の内を明かさず、それ以外にも多くの知識を持っているかのように見せる効果がある。

　言い換えれば、作法とは矛盾である。実用的ではないことに対して説明を作り上げること、その説明が決定的に重要となるが積極的には開示できないこと、などの矛盾である。この作法の構造を通して、人々は自身の力を示し、他者から認めてもらうことが可能になる。これは様々な作法に見られる構造である。

第5章 闘いの方法

通常,京懐石の料理では盛り付けを崩さないように食べることが作法となる。お碗の具は丁寧に,きれいに食べる。しかし焚物の蕪蒸しでは,蕪をすり潰し,葛で溶いた餡をぐちゃぐちゃに混ぜて食べるのが正当である。あるいは,それまで音を立てないように食べていたものが,最後に抹茶が出されると,ズズっと音を立てて飲むのが正式である,というような具合である。

このように多くの人が信じていることと「正反対」のことをするということが,作法において重要となる。これこそが「二重否定」である。つまり,鮨屋ではサーモンは握られる。Bourdieu(1979, p. 347)は次のように書いた。

> すなわち,過剰なものとみなされた卓越化の意図(これがいわゆる「上昇志向」なるものの定義である)あるいは単に「使い古され」「時代遅れになった」卓越化の意図から,さらに自分を区別しようとする意図をもったために,社会空間のまったく反対の両極を誤って一致させてしまうような多くのあやまちの原因となっているあの二重否定という操作が,どうしても必要になるような場合である。たとえば質素さ,簡素さ,手段の節約といった特質にたいして,あらゆる支配者美学が大きな価値を与えていることは周知の通りだが,これらの特質は,第一段階の単なる簡素さや貧しさに対立すると同時に,いわゆる「半可通」の特徴である仰々しさや誇張,気取りや勿体ぶりなどにもまた対立するのである。

このような動きは,多々見られる。鮨屋では,人々がこぞって「鮨に作法はない。好きなように食べればいい」と言う。しかし,この言表はその通りに受け取るわけにはいかない。この言表は二重否定の典型例である。つまり,多くの人々が鮨の作法を語りたがる傾向がある。鮨は手で食べるとか,白身から始めて光り物に行ってマグロに行くというような議論である。このような議論に対して差異化をするために,二重否定として,「鮨屋には作法はない」という言表に立ち戻る。他には,江戸前鮨では鮭・サーモンは握らないと言われる。しかし,多くの人が回転寿司などの影響でサーモンを鮨の定番と信じているという状況があるとき,「サーモンは鮨ダネではない」と主張することは,差異化の行為となる。しかし,一方で鮨屋ではサーモンは握らないことを知っている人に対しては,正反対のことを言い始める。「でも,鮭児という特別な鮭が

あって，あれはいいネタだ」といった具合に（鮭児とは，卵巣，精巣の未熟な鮭で脂肪が多く，幻の鮭と呼ばれ，1万尾に1，2尾程度しか獲れないと言われる）。つまり，鮨屋ではサーモンは握られないと言う人を否定する。

以上のような作法が持つ闘いとしての意味は，誤解されていることが多い。多くの客はこれらの作法に接すると，伝統的な意味を理解し感心するだけで終わるだろう。そのため，サービスを考える人々は，これらの作法が力を示すものであること，そしてそれがただ与えられるだけではなく，構築するパフォーマティブであるということを見過ごすことが多い。ここで以上のような議論で作法の虚構を暴こうとしているのではない。サービス科学にとっては，虚構であることよりも，虚構を作り上げて力を示すという実践のほうが重要である。

2　神秘性

すでに見たように，サービスの実践とは文化を構築するパフォーマティブである。しかし，なぜ文化を構築するのか？　端的な答えは，文化というものが，人々に対して畏怖，尊敬，あこがれの念を覚えさせるような神秘的な存在であるからである。我々は伝統というものに対して，ある程度の価値を認める。鮨屋や料亭は伝統に根差しているがゆえに，神秘的な価値を持つ。そこでは，自分の力を越えたもの，自分には理解できないものを感じる。そのような価値を構成することができると，サービスの価値をより高めやすい。サービスが，文化を作り上げるパフォーマティブであるというとき，このようにサービスを構築する実践を指している。

特に食べ物は伝統に結びつく。ロラン・バルト（Roland Barthes）は，食べ物，特にフランス料理が，「回顧的機能」を負うと言う（Barthes, 1961, p. 117）。「食べ物は，人が毎日，民族の過去のなかに分け入ることを可能にする」（p. 117）。この回顧的機能は，「貴族的伝統」と「田園社会の名残り」（p. 118）を意味する。そして，「フランス料理の神話は，むろん，食べ物のこうした懐古的《価値》を大いに尊重するだろう」（p. 118）。このような伝統への志向は，

旅館，ホテルなどでも見られるし，「老舗」という言葉でその特別な価値が表現される。そして，サービスは，異文化のエグゾティックな神秘性にも結びつけられる。異文化の食べ物，風習，芸術はそれ自体が神秘的であり，サービスの価値を高める。Barthes（1957, p. 124）は「エグゾチズムの神話」を語る。

　サービスが価値を構築するにあたって，提供するものの品質がよいとか，応対が丁寧であるとかいうことは，ごく表面的なものに過ぎない。価値の根本は，人々に対して，より大きな神秘性を感じさせることである。我々が鮨屋について語るとき，あるいは祇園のお茶屋について語るとき，我々は何か神秘性を感じているし，それに魅惑されている。もちろん，「堅物の親方のいる鮨屋は嫌いだ」とか「祇園の白々しいいやらしさは嫌いだ」と主張する人も多い。しかし，そう強く主張すればするほど，すでにその神秘さを認めてしまっていることになる。この神秘さは，サービスにおける物語として構築されたものである。

　しかし，伝統とは一体何か？　鮨屋，料亭，旅館などのサービスは，長い歴史の結果として積み上げられ，文化の一部となっているように見える。しかし，伝統という言葉は，もう少し複雑である。我々が伝統というとき，すでにそこには何らかの正当性の重みが込められている。そして，伝統という言葉を使うとき，我々はその欠如を問題としている。伝統の欠如，そのときに初めて伝統という言葉が使われる。あるものが伝統的であるというとき，それは特別な正当性を持っているという主張である。それが特別であるということは，裏返せば伝統が欠如していることが実際であり，それが欠如していない状態を幻想として伝統が価値を持つ。

　そして伝統の欠如が問題になっているのは，伝統という言葉を発している本人である。あるものを伝統的であるというとき，その人自身がその伝統に馴染みがない。この欠如が神秘性を生み出す原因となる。あるサービスが伝統的であるというとき，それに対して正当性の重みを感じる主体がいて，その主体はその伝統の欠如として存在している。実際にあるものが伝統的であると言うということは，そこに自らの伝統の欠如を重ね合わせ，その対象の中にある何か掴みどころのないもの，その対象の中にあって，対象以上のものを措定するこ

とになる。このようなときに初めて，伝統という概念が機能する。これはスラヴォイ・ジジェク（Slavoj Žižek, 1989）がイデオロギーの崇高な対象として議論したものと同じ構造を持つように見える。サービスが崇高な対象（sublime object）として構築される。

　伝統の欠如を埋めるために，空想が構築される。そして，この空想が1つの記号，つまりシニフィアンとして置き換えられ，サービスが神秘化される（Saussure（1972）による記号学において，シニフィアンとは意味するものであり，シニフィエとは意味されるものである。これらが一体となって記号ができる）。神秘的ということは，人々の欲望の原因となっているということである。神秘性が生じるのは，その対象の中に何か隠れた秘密があるとして，人々が接するときである。この欲望の原因こそが，Lacan（1966）が，そしてŽižekが言う，「対象の中にあって，対象以上のもの」，つまり我々にとっては「サービスの中にあって，サービス以上のもの」である。これは「掴みどころのないX」というシニフィアン（Xは規定できない変数）である。そして，この掴みどころのないXであり，欠如でもあるものは，シニフィアンによって置き換えられる。我々はそこに1つの記号を付与することで，それを全体化して1つのものとして取り扱うのである。鮨屋のサービスは端的に「鮨屋」というシニフィアンに置き換えられるが，その記号が指し示すもの（つまりシニフィエ）は欠如のままである。シニフィアンとは，それ自体は空虚な記号であり，この欠如に表現形式を与えていくことになる。

　このことは若干わかりにくいと思われるので，少し回り道をして丁寧に説明しよう。Žižekは反ユダヤ主義について次のように語る。

> 今世紀の初め，ポーランド人とユダヤ人が汽車に乗り合わせ，向かい合って座っていた。ポーランド人は落ち着きなく体をもぞもぞさせながら，じっとユダヤ人を見つめていた。何かに苛立っているらしい。とうとうそれ以上我慢できなくなって，こう切り出した。「あんたらユダヤ人は他人から最後の一銭まで引き出し，そうやって財産を貯め込むそうだが，一体どうすればそんなにうまくいくんだね」。ユダヤ人は答えた。「わかった，教えてあげよう。だが無料じゃだ

第5章　闘いの方法

めだ。まず五ズオチ払いなさい」。その金額を受け取ると，ユダヤ人は話し始めた。
「まず，死んだ魚をもってきて，頭を切り落とし，水を入れたコップにはらわたを入れる。そして満月の晩，夜中の十二時に，そのコップを教会の墓地に埋めるんだ」。「それじゃ」とポーランド人がじれったそうに言った。「その通りにすれば，おれも金持ちになれるのかね」。「あわてなさんな」とユダヤ人は答えた。「やらなくちゃいけないことはまだある。だが，この先を聞きたければ，もう五ズオチ出しなさい」。ふたたび金を受け取るとユダヤ人は話の続きをはじめたが，しばらくするとまた金を要求し，しばらくするとまた……。とうとうポーランド人は怒りを爆発させた。「このいかさま野郎め，おまえの狙いが何か，このおれが気づかなかったとでも思ってるのか。秘密なんか最初からありゃしないんだ。おまえはただ，このおれから最後の一銭まで巻き上げようとしてるんだ」。ユダヤ人は諦めの表情を浮かべ，落ち着き払って答えた。
「さあ，これでわかっただろう，われわれユダヤ人がどうやって……」(pp. 101-102)

　この秘密が「掴みどころのないX」である。実際にはそれは存在しない，つまり欠如である。「したがって，ユダヤ人の「秘密」はわれわれ自身（ポーランド人）の欲望の中にある」(p. 103)。その欠如が「ユダヤ人」というシニフィアンによって置き換えられる。「空想は一つの構成物として，すなわち，〈他者〉の欲望の開口部である空無をみたす想像的なシナリオとして，機能するということである」(p. 180)。この話の場合は，このポーランド人は，「空想を通り抜け」て，ユダヤ人というシニフィアンの裏には何のシニフィエもないことを悟ることになるのだが，この通り抜けが起こらない限り，神秘性が生じる。
　例えば，鮨屋を考えるにあたって，鮨屋の特徴を列挙することで，鮨屋のサービスの価値を分析してみることができる。メニュー表がない，価格がわからない，静かな空間などである。しかし，その列挙された特徴を吟味することで，我々がなぜ鮨屋に神秘性を感じ，そこに価値を見出すのか，答えは得られない。我々は，Žižek風に，この論理を「反転」させなければならない (Žižek,

1989, pp. 153-154)。つまり，鮨屋がこのような特徴を持つのは，それが鮨屋だからだ，というものである。これはトートロジーではなく，鮨屋という存在を1つの記号として象徴化したもの，つまりシニフィアンに置き換えたものと考えることができる。このシニフィエなきシニフィアンこそ，「サービスの中にあって，サービス以上のもの」である。

　伝統を構築するのは，伝統が欠如している主体自身である。その主体がそこにシニフィアンを置き，同一化する。極端な言い方をすると，伝統は実体としては存在しない。古いものは山ほど存在する。しかし，その中で伝統的であると価値が認められるのは，それが伝統的な価値を持つだけの特徴を有しているのではなく，それが伝統的に価値があるという同語反復（つまり，価値があるから価値がある）として価値があるということになる。様々な研究が示しているのは，伝統と呼ばれる儀礼，作法，規則，趣味，美意識は，ほとんどの場合恣意的であるということである。Elias (1969) はエラスムスが1530年に記述した作法について詳細に説明している。国王であっても料理は手で食べる，片方の手で三本の指を使って食べるのが上品である。大皿から肉を引きちぎって，皿はないのでパンの上に置いて食べる。屁をこらえるのは愚か者のやることである。食べたものを吐きそうになったら，吐いたらいい。唾を吐くときは，他の人にかからないように，向こうを向いて吐きなさい。などなど。

> エラスムスが扱っている多くのことについて述べること，あるいはそのことについてただ聞くだけでも，われわれにとって恥ずかしいことだということは，この文明化の過程の徴候のひとつなのである。（中略）われわれの先人の風俗が，われわれにときとして引き起こすのと同じ羞恥心を，われわれの風俗が後世の人々に引き起こすことは十分に考えられよう。(Elias, 1969, pp. 148-149)

　当然ながら，この時代の上品なふるまいは，全く別の基準に置かれているということであり，それが下品であるということではない。それでは何が正当なのか？　何が伝統なのか？　問題は，伝統とは「恣意的」であるということである。ある国で正当とされている作法が，別の国では恥ずかしいことであるというのはよく聞く話であるし，伝統的なしきたりや作法には実に奇妙なものも

多い．すでに見たように，多くの「正当な」礼儀作法は，実用性を持たないことが重要であり（Veblen, 1899），他者，特に自分よりすぐ下の階層の他者に対して自らを差異化するために，ほとんど気紛れに作り上げられる（Elias, 1969）．具体的な伝統の儀礼や表象はそれ自体の意味だけではなく，神話という二重の意味を指し示すのであるが，そのときそれらの具体的な内容は，「空虚になり乏しくなり，歴史は蒸発し，もはや文字しか残ら」ず，「形式」としてのみ作用する（Barthes, 1957, p. 152）．

伝統を構築するのは，我々の空想である．「空想は基本的に，根本的不可能性というがらんどうの空間を埋めるシナリオであり，空無を隠蔽する幕である」（Žižek, 1989, p. 197）．そして，この空想は空想としてではなく，当たり前の事実として構築される．「神話は概念を自然なものとして馴化しようとする」（Barthes, 1957, p. 169）．すでに見たように，伝統などの神秘性はそれがあたかも当たり前で，そこに自明にある自然であるように示される．そこにはサービス提供者の意図は見せられることなく，あくまで当然そうであるように構築される．Barthesが「神話は極度に正当化されたことばである」（pp. 169-170，強調はオリジナル）と言うとき，この正当化が正当化しているようには見せない形でなされていることを指している．結果的に，「等値物があるだけの場合なのに，読者は因果関係の経過を見てしまうのだ．（中略）神話は意味論的体系でしかないのに，事実の体系として読まれてしまうのである」（p. 171）．

ここで空想を構築するのは，客である．Althusser（1970）は，イデオロギーは呼びかけであると言った．イデオロギーは常に主体としての個人に呼びかけ，個人がそれを自分であると理解し応えることによって作用する．同様に，Barthes（1957, p. 161）も「神話は命令の，呼びかけの性格を持っている」と言う．これはそのサービスに直面する主体である客に対する呼びかけである．客が1つのイデオロギーを受け入れるように命じられ，そして客が自らそのイデオロギーを構築する．客は伝統的なサービスを前にして，自身は伝統を持っていないことを知っている．それを求める客が，呼びかけに応じて，伝統を構

築していく。

　サービスを実践するものにとっては，サービスの質を上げること，顧客の要求を理解し応えること，顧客を満足させることよりも重要なことがある。それは，神秘性の構築である。神秘性の構築は，その素振りを見せずになされることが重要であり，人々を説得するのではなく，そのサービスが自明なものであると受け入れるように文化を構築しなければならない。

3　見せない気遣い

　これまで闘いを強調してきたが，誤解があってはいけないのは，サービス提供者は闘いを実践しながら，客への気遣いを怠らないということである。例えば，堅物でニコリともしない鮨屋の親方が細かな気遣いをすることはよく指摘される。例えば，先述の2011年のDavid Gelb監督によるJiro Dreams of Sushi（邦題『二郎は鮨の夢を見る』）という映画を見てみよう。この映画は当代を代表する鮨職人，すきやばし次郎の小野二郎氏を取り上げたドキュメンタリーである。この中で，小野二郎親方が，料理評論家の山本益博氏に鮨を握る場面がある。山本益博氏は出された鮨を食べたあと，「うまい」と言うかのように，「うんうん」と言いながらうなずいて親方を見る。親方は一切表情を変えない。自分を評価してくれた客に対して，笑顔一つ見せない。なんとも悲痛な雰囲気である。客の評価を取るに足りないとでも言いたげである。

　しかし，一方で親方の気遣いについての言及がある。この場合は，映画の撮影がされていることと，山本益博氏が他の客に解説していることから，このような会話が成り立つ。実際には，小野親方はこういうことをあえて説明せずに実行していることには注意する必要がある。

山本　　：　僕等がこっちから[客席から]見ている十倍，[親方は]向こうから見ているんです。

親方　　：　今日だって違うんですよ。大きさが。女性と男性で大きさが全然違う。

第5章 闘いの方法

客	：	ふーん。
他の客	：	へー。
親方	：	やっぱり同じだとどうしても割れちゃいますから。ちょっと少なめにして，それで最後にこう一緒になる。
客	：	一緒になる。
親方	：	だから絶対一緒には握らない。
客	：	へー，すごーい。
（略）		
山本	：	最初のひとつめのときに左で持ってお箸の（中略）人食べると，次のときには左向きに出てくる。
客	：	あ，そうなんですか。
他の客	：	相手の食べ方に合わせた角度で。
他の客	：	へー。

「へー，すごーい」という感心の身振りが見られるが，このような気遣いはそれほど驚くべきことではないように思われる。女性と男性で大きさを分けること，客の利き手に合わせて提供することなどは，サービスにおいては，特別高度な気遣いというわけでもないだろう。ここでこのような言及が意味を持つのは，このような気遣いをしていないように見える寡黙で職人気質の親方が，実は気遣いをしているというギャップによるものだろう。結果として気遣いを神秘化することができるという意味で，非常に効果的である。

気遣いをするということが，独立した変数として，サービス品質を高め，顧客満足度につながるという考え方は，1つの側面を見落としている。気遣いをするということ自体に関する，力の問題である。気遣いをするということは，相手に対して自らを下の立場に置きかねない危険を伴う行為であるということである。

高度なサービスでは，おもてなしということが，気遣いをしていながら，それを表に出さないことであるというように言われることがある。相手が気遣いをしてもらったと感じて心理的に負担に思うことを避けるということを意味し

ていることが多い。しかし，それほど単純ではない。つまり，気遣いを明示的にしてしまうと，相手に対して自らを下の立場に置いてしまう。サービス提供者が自分に事細かに気遣いをしてくれると，提供者とは自分に一方的に奉仕する存在であると感じてしまう。さりげなく気遣いをすることで，この危険性をある程度回避できる。鮨屋の親方の場合は，気遣いをしないような無愛想さを見せることで，気遣いをしながら自らの立場を貶めないだけではなく，むしろ効果的に高めている。

なお，通常の対等な社会的関係において，一方が気遣いをすると，他方は負債の感情を持つ。結果的に，負債を返すために，相手に気遣いをする必要が生まれる。サービスでは，そもそも客と提供者という経済的取引関係にあるため，気遣いは支払いへの応答であるように見えてしまう。ここで，金銭を受け取るために，気遣いをしていると思われることは，さらに提供者を貶めることになる。この気遣いの問題を回避する1つの効果的な方法は，まず客に気遣いをさせるということである。もし客が提供者に気遣いを見せるようになると，提供者が見せる気遣いは互酬性の仮象を帯びる。鮨屋ではこのようなことが実践されている。

また，さりげない気遣いとは別の方法で，自らの地位を毀損することなく，気遣いのあるサービスを実現する方法が別にある。それは，圧倒的な気遣いを見せることである。圧倒的であるとき，人々は逆に力を感じる。つまり，普通だと考えられないようなサービスがそれにあたる。これがザ・リッツ・カールトンで美談となっているようなサービスである。例えば，記念日を祝福する予定だった夫婦が，事情があってキャンセルして家に戻らないといけなくなったとき，従業員がシャンパンを持って家を訪問し祝福したという。これらの美談は，顧客の期待を大きく越える顧客歓喜（customer delight）の典型的な事例である（Oliver et al., 1997; Rust & Oliver, 2000）。顧客歓喜については様々な問題が指摘されているが（Dixon et al., 2010），少なくとも自らの力を示し，顧客を圧倒することは，サービス提供者が顧客に従属する関係になることを回避する方法となる可能性がある。顧客歓喜のような概念も，力の関係として捉

える必要がある。

4　支払いの隔離

　「客」という概念には二重性がある。客とはサービスに対して支払いをする人であり，サービスを評価し，選ぶ人である。そのため，客はサービスにおいて神格化される。客の要求を見たす，客を満足させるというような言表はここから生まれる。しかし同時に，客は利益を上げるための資金源でもある。客からどうやって資金を引き出すかが重要になる。実は客の側も同じように二重性を認識している。客は支払いする立場であり，自身を絶対的な力を持つと理解している場合がある。サービスが悪いと怒り出す客は往々にしてこの立場である。一方で，客は自分が事業の利益のために搾取されているということも理解している。

　しかし，この2つの側面が根本的に矛盾することは避けられない。これは客をどのように定義するかという問題であり，2つの全く相反する定義が共存している。前者の立場では，客は神格化される。客が特別な存在であり，その要求は満たさないといけないものであり，その怒りを最大限避けるために努力しなければならない。そのような客から得られる利益は，客のために真摯に奉仕していると，自然と報われるといった形で捉えられる。このような言説が，人間が神や仏に対するときの言説と非常に似ているとすると，興味深い。その際には，支払い，利益，価格などは議論として避けられる傾向がある。まず奉仕があり，利益は自然ともたらされる。

　一方で，客からどのように利益を上げるのかについては，マーケティングや事業開発においては，自然に議論されている。どの利用者をターゲットにして，その人たちがどのくらいなら支払ってくれるのか，どの頻度で戻ってきてくれるのかといった議論である。あるいは，顧客のペインポイント（痛みのもと）は何か，という議論である。この言説はゲームの駆け引きのようにも聞こえる。ポーカーのように，相手に手の内を隠し，相手に何かを信じ込ませ，自分の利

益となるような特定の行動を取るように仕向けるという具合である。相手のペイン（痛み）を理解し，それを消滅させることで，利益を上げるというメタファーは興味深い。

　このような宗教的な言説と駆け引きの言説は相容れない。客を神格化しているとき，その客との駆け引きはできないし，その逆も同様である。この相反する二重の意味の「客」を止揚して，高次の「客」という概念を生み出すことは難しい。そのため，実際のサービス現場では一方の言表だけが用いられる。例えば，実際に顧客に応対する現場では前者の言説が用いられ，後者の言説は隠される。サービスを作り，管理する層では後者の言説が用いられる。前者の言説が使われるのは，ある人（例えば管理者）が別の人（従業員）に特定の精神的内容を持たせるという精神論である場合である。

　この議論は，サービスにおいて利益を出すということの意味を議論しにくいことにもつながっている。サービスの言説において客のために真摯に骨を折ることと，そのサービスで経済的リターンを得るということは矛盾する。例えば，およそ金に興味がないかのように仕事に打ち込む鮨職人が，利益について議論することに違和感を覚えるのはこのためである。サービスの質にこだわればこだわるほど，利益に関する言表が離れていく。しかし，一方では店の経営者であり，従業員の給料を支払う必要もある。利益に興味がないというのは不自然である。興味がない人という人物像を，作り上げているにすぎない。逆に，利益を議論している人が，客のために奉仕をする議論をすると，とても空虚な精神論に聞こえる。少なくとも，事業開発のMBAの授業やベンチャーキャピタルへのピッチで，そのような言表は浮いてしまう。しかし実際には，この類の人もある程度客に奉仕をするということを信じているだろう。

　この二重性が生じるのは，閉じられた言説を前提としているからである。言うまでもなく，客を資金源と見る言説は，客を物象化することで，客を1つの概念として措定する。しかし，客に奉仕をするという言説も，客という存在を神秘化することで，1つの十全の実体として閉じている。閉じられた言説は，その言説の外部とは相容れないため，自らの境界を設定することで安定する。

つまり，この2つの閉じられた言説は，場合によって使い分けられるしかない。闘いという概念によって，実践を通して客という主体が生成する過程に着目することで，言説が開かれる。この2つの言説を対立させながら，客と提供者がせめぎ合う関係自体が，闘いの場となる。客に全面的に奉仕せず互いの力のぶつかり合いとすること，鮨屋のように支払い自体を闘いの1つの争点とすることなどが織り合わされてサービスが構成される[2]。

特に，サービスにおいては支払いの扱いが特に難しい。貨幣という抽象的な存在が特に困難を生み出す。貨幣の社会に対する効果については，マルクスの交換価値のように様々な議論があるが，ここではゲオルグ・ジンメル（Georg Simmel）の議論を見てみよう。

> 貨幣は価値単位の純粋に算術的な集計として，絶対に無形式なものと呼ばれることができる。無形式性と純粋な量的性格とは同一である。事物がたんにその量のみを顧慮されるかぎり，その形式は度外視される。——このことがもっとも明瞭に生じるのは，事物が秤量，されるばあいである。それゆえ貨幣そのものは，もっとも恐ろしい形式破壊者である。（中略）関心が事物の貨幣価値へ還元されるやいなや，事物の形式は，それがいかにこの価値をひき起こしたにせよ，重さにとってと同じように，どうでもよいものとなる。(Simmel, 1900, p. 288)

貨幣の抽象的で量的な性質は，対象の形式を破壊する。ここで「形式」というのは，対象の美的側面を指している。美的な側面が破壊されて，抽象的な量としての性質に還元される。続けて，Simmelは次のように言う。

> 事物の価値がたんなる量的なもの，同じ種類の単位のたんなる総計によってすべての質に代わるものとなるやいなや，事物をその形式の価値よりみて問題とするか，それともその価値の量よりみて問題とするか，この強調の敵対がつねに非融和的に，すべての美的な関心にとって決定的に存続する。(p. 290)

サービスが，その美的な形式によって評価されるのか，量的な価値，つまり価格の面から評価されるのかについては，融和することがない敵対的関係である。この敵対関係を無理に融和させる言説は矛盾する。量の議論を始めると，美的側面は否定されるし，美的側面を議論すると量の議論はできなくなる。

サービスでは客が提供者に支払いをする。サービスはその対価として提供される。これは揺るぎない事実である。そのため，サービスでは，支払い，価格，コスト・利益といったものは，特別な方法で扱われる。特に，支払いのやりとりは，サービスから切り離され，それ自体が別の世界の事象であるかのように扱われる。

サービスと支払いが直結した仕組みとしては，米国などで見られるチップの制度がある。ある程度の割合でチップを支払うことが義務として理解されているが，そこに一定の幅があるし，場合によっては客が満足していないときにはチップの額を極端に少なくすることもありえる。Whyte（1948）が1940年代のレストランのエスノグラフィで明らかにしたことであるが，チップの仕組みは決して店員にとって意義のあるものではない。

> チップは，伝統的に効率的でよいサービスに対するものである。しかし多くのサービス係は，客の中にチップをする権力を使って，へつらうような態度や特別な待遇を要求する人がいると感じている。
>
> チップ制度は社会的な標定システムでもある。チップの量は，サービス係にとって，客が自分たちのことをどう思ったのかを示すと解釈される。もっとも厄介なのは，チップを払わない"stiff"と呼ばれる人々である。高級レストランでさえも，このような人が多いことに気付いた。（中略）
>
> 評価（recognition）は物質的な報酬である必要はないが，チップ制度のもとでは，そのようになっているのが慣習である。結果的に，従業員はチップを払われないとき（is "stiffed"），個人的に失格であるとか，公にされた叱責だと受け取ってしまうのである。(pp. 98-99，翻訳は筆者)

つまり，支払いがサービスに直接連動することで，客が店員を評価することになり，結果的に店員が客に従属する関係性となってしまう。この関係は店員にとって非常に精神的に負荷の大きいものとなり，店員が客にチップをもらえず，自らのサービスを否定され，涙することは珍しいことではない。結果的に，「多くの人が，自分の置かれた顧客に対する低い立場を，チップ制度のせいにする」（Whyte, 1948, p. 99）。

そこで，支払いをできるだけサービスとは切り離すことが必要となる。支払いの意味を曖昧にする1つの戦略は，支払いの内訳を明かさないことである。客には総額のみを伝えることで，客は何がいくらしたのかがわからない。鮨屋では1つ1つに値段が付与されていないので，総額しかわからない。鮨屋以外でも，ワインリストに値段が書かれていないこともあるし，料理にオプションで追加するトリュフの値段はいちいち示されず，後になってかなりの高額であったと知ることもある。

これは支払いの対象を曖昧にするだけではなく，客との権力関係の逆転という意味がある。1つ1つがいくらになるのかを知らないまま注文するということは，客のほうにプレッシャーを与えることになる。鮨屋についてよく聞かれることであるが，客によって値段を変えているのではないかという「噂」が生まれる。銀座の鮨屋では客の腕時計を見て値段を変える，というような言説である。このような言説は人々を魅了する。そのような鮨屋を（本当であるとして）毛嫌いする人，そういう世界で経験を積み自分には問題ではないと言う人，あるいはそういう世界をテレビでも見るかのように幻想化する人などにより，鮨屋の神秘性が構築され，価値の1つとなっていく。

また，値段を高く設定するということは，値段を抽象化するという，逆説的であるが，一種のカタルシス効果がある。つまり，極端に高くすることで，値段などどうでもいいという世界に昇華する。もちろん，恣意的に値段を上げることに正当性はなく，それなりの質のものを提供することが前提となる。

支払いをサービスの時間と切り離すという戦略も考えられる。後から請求書を送る場合などがそれである。レストランではほとんどないと思われるが，祇園のお茶屋では客は一切現金を持ち歩く必要がない。家にタクシーが迎えに来るが，それも店が手配し支払いをする。帰りのタクシーも同様である。後日請求書が送られる。そのような極端な例を別として，支払いを1つの儀式とする戦略は有効である。例えばホテルでは顧客のクレジットカードをトレーの上で受け取り，それに直に触れることなく，奥のほうに持って行き手続をして，その後またトレーに載せてうやうやしく持って来るというようなことがなされる。

スタッフはクレジットカードには触れないことで、支払いを自らと切り離す。

　ところで、最近米国で始まったレストランのチケット制は興味深い事例である。シカゴのNextというレストランで2011年に始められ、その後他のレストランに広まってきつつある制度である。コンサートや試合のチケットを買うように、客が事前に特定の日時の席を購入する。そのチケットを持って、当日食事をする。この仕組みは、レストラン側にとっては、突然のキャンセルを回避するという意味で、経済的な効率を目指したものである。しかし、この制度により、客との関係性も変化する。食事という体験が、コンサート、ショー、試合などのエンターテイメントの体験へと変化する。その支払いをするときに、料理のコストなど考えることはない。そして、そのチケットが、実際に店が設定した値段よりも高い値段で売り買いされるという事態までになる。

5　サービスの読みほぐし

　サービスの議論で、提供されるもの自体をサービスとは切り離す議論が多い。例えば、サービスは料理を含まず、それに付加された気遣いや相互行為、その料理を提供する仕方に限定される。しかし、そのようなサービスの理論は、そのサービスにとって最も重要なものに対して何も言うことができず、その周りだけを議論しているようなものである。次に、サービスの内容に踏み込んでいこう。

　サービスにおける闘いとは、客が自らの力を見せ、その力を見極められるやりとりである。力は、自分の能力、経験、余裕、趣味などに結びつく。客に求められるのは、サービスを読み解くことである。飲食サービスでは、客が料理を理解できること、例えば、ワインの産地やヴィンテージを理解していること、魚の質を理解していること、料理の食べ方や伝統を理解していることなどが重要な要素となる。同時に、客にとってこの読み解きが簡単であってはいけない。むしろ、客が読み解く努力をしながらも、完全に読み解くことができないように構成されていることが重要になる。

フランスのブリヤ＝サバランによる，味覚に関する議論を見てみよう。橋本（2014）によると，それまではグルマンディーズ（gourmandise）は「大食」を意味し，それは「悪徳」であった。そこに，「洗練」の意味が入り込み，そして味覚は美的な趣味（goût）というメタファーを得ることになる。さらには，食べることは，語ることを伴い，社交性の1つの表現となる。そのような流れの中で，美食を1つの科学「ガストロノミー（gastronomie）」として構築しようとしたのが，ブリヤ＝サバランの『味覚の生理学』である。ブリヤ＝サバランは「分別」を重視した。

> ……ローマの美食家たちは二つの橋の間でとれた魚とそれより下流でつられた魚とを味覚のうえで識別したというが，それほどに完全な性能に対してわれわれはどんな不平が言えるであろうか。今日の美食家の中にも，やまうずらが眠っている間その重みのかかっていたほうの股肉が格別においしいということを発見したものもいるではないか。(p. 77)

　Barthesは，ブリヤ＝サバランの『味覚の生理学』に関するエッセイで，味覚の科学が「倫理学」になると表現した（Brillat-Savarin, 1975）。そこでは2つの原則があるという。1つは，「合法的かつ去勢の効果をともなう原則，つまり正確さである（中略）拘束なきところに芸術なし，秩序なきところに快楽なし，という古典主義的規範がここに見られる」(p. 18)。第2の原則とは，「分別」である。「分別があってこそ，善悪の微妙なちがいが区別されるというもの」(p. 18)。つまり，快楽とは単に美味しいものを食べるということではなく，正確に，厳しく，秩序立って律したとき，そして違いを見極める分別を身につけたときに生じる。ここで，快楽が禁欲主義と重なる。

　グリモ・ド・ラ・レニエールも同様に，味覚をただ受動的な感覚であることを否定した。グリモは，美食家はただ食事を楽しむのではなく，料理について論理的に考えることを重視した。橋本（2014）は次のように書く。

> 「美食家に対してなしうる最大の侮辱は，咀嚼行為の遂行を中断させることである。それゆえ，食事中の人を訪問することは，最低の無礼なのである。それは，彼らの歓びを邪魔し，彼らが一片一片の食べ物について論理的に思考する

raisonner leurs morceauxのを妨げ，彼らに不都合な間違いを起こさせる」（強調は引用者）。グリモにおける「美食家」は，ただ盲目的に飲食し，食欲を満たすだけの存在ではない。彼に規定される「美食家」たちは，理性と知識をもって，美食行為に臨み，判断を下す。彼らは極端なまでに〈食べる行為〉に対して真摯なのだ。(p. 185)

　これは美食というものの複雑なあり方を示している。つまり，食べるという動物的な欲望の世界と，食べることに対する禁欲的で理性的な姿勢の対置である。ミシュラン2つ星を獲得している京料理梁山泊の主人橋本憲一氏は，「料理は頭で食べる」と主張するが，これに重なる。ただ食べて美味しいということではなく，真剣に分析しながら食べるという体験が想定されている。

　サントリーの名誉チーフブレンダー輿水精一氏は響12年をブレンドするにあたって，世界で売れるものを意図的に狙ったという。そのときに，わざと梅酒樽の原酒を少し混ぜた。日本ならではのこの原酒を混ぜることで味が劇的に向上するということではなく，梅酒樽が入っていることを客に伝えることで，客はそれを飲むときに，その味を探索するようになる。これにより，客にとって味わうことが特別な体験となる。ただ飲んで終わるのではなく，舌の上で味や香りを探索しながら味わう。そして，世界のバーテンダーがそのようなうんちくを話すことができるようにすることを含めて，デザインされている。

　このように，料理を食べる，酒を飲むということは，料理や酒を読み解くということに他ならない。つまり，サービスを単に享受する，要求を満たすなどというように捉えてはいけない。もちろん，我々がサービスを科学するとき，このように「美食」を構築するパフォーマティブを自明なものとして受け入れることはあってはならないが，そもそもそのようなパフォーマティブがあるということ自体，議論すらされていないのが実情である。

　さて，サービスは読み解きであるとすると，そこで読み解かれているのは，食品だけではない。客であり，提供者自身が読み解かれている。特に，客が読み解かれているということが重要である。つまり，その客がどういう客なのかが問題となる。そのサービスを理解できるだけの人であるということ，さらに

第5章 闘いの方法

はそれを理解できるステータスを持った人であることが重要となる。ステータスとは，社会階級のようなものを指すのではなく，単にサービスに対する経験の深さ，洗練した趣味を持つことを指すことも多い（Bourdieu, 1979）。そして，客の側からすると，提供されるサービスがどういうサービスか，提供者がどういう提供者かが問題となる。この店はホンモノか，他の店よりも上か下かという見極めがなされる。つまり，サービスでは，お互いがお互いを見極めるという相互行為が起こる。

味覚の分別が，やはり社会的な地位とその差異化に結びつくということに驚きはない。Veblen（1899, p. 88）は次のように説明する。

> 食べ物や飲み物等々をめぐる品質上の優秀さに関する儀式張った区別がこうして発展してくると，それはやがて生活上の作法にかぎらず，有閑紳士の訓練や知的活動にも影響を及ぼすようになる。もはや彼は，たんに成功した攻撃的な男—すなわち，力と富と蛮勇をもつ男—では不十分である。頭が足りないと思われないためには，眼識（tastes）を養わなければならない。というのは，消費財のなかで，高貴なものから劣ったものまでかなり微妙な区別を行うことが，いまや彼の責務になってくるからである。彼は，優秀さの点でさまざまに異なる素晴らしいご馳走，男にふさわしい飲み物や小間物，上品な服装や建築，武器，ゲーム，舞い手や麻薬に関する目利きになる。(p. 88)

つまり，サービスを読み解くということは，その人の力量を示すことに直接的につながっている。そして，読み解くことが求められるサービスにおいては，客の力が試されているという意味で緊張感が生まれる。同時に，この緊張感がないと，客はサービスを真摯に読み解こうとはしない。ところで，デザインで議論されるアフォーダンスの概念（Norman, 1988）は，ほとんど意識することなく自然に読み解かれることを前提としているが，サービスにおいてはそれでは不都合が生じる。サービスにおいて読み解きは簡単であってはいけない。

ここで「読み解き」という概念について，もう一歩進めなければならない。客がたんに料理人の意図を読み解くということではない。読むという行為に焦点を合わせたのは，ロラン・バルト（Barthes, 1968; 1971）であり，ジュリア・

クリステヴァ（Kristeva, 1970; 1974; 西川, 1999）であった。作者が，作品の意味についての権威として存在していると考えられることが多い。Barthes（1968）は，読者こそがテクストの源泉であると言う。まず，テクストと作品の違いが明示される。作品は作者が書いたもので，書籍として凝固される。作品の解釈を作者の意図に還元することは，ある種の暴力であると主張する。なぜなら作品に書かれたこと自体は，もっと広がりのある可能性を有している。テクストと「遊ぶ」ことを目指し，テクストの「快楽」を求める（Barthes, 1971）。

　テクストという概念は，そのように固定的な枠組みから解放し，複数の意味を許し，以前あるいは同時代の他の言語活動を引用，参照しながら，それらを反響する織りなしを意味する（Kristeva, 1970）。テクストの概念は，読むという実践において，テクストを生産することを重視する。読むということは，複数の意味を考え，他のテクストと織り合わせる生産である。織りなされるテクストは互いに意義を唱え合う。作品の意味は作者の意図を突き止めることで特定されるが，テクストにおいては作者は「招かれた客」としての立場でテクストの生産に関わる。このようにテクストを読むことを「読み取り」と表現するのは間違いであり，「解きほぐし」というのが正確である（Barthes, 1968）。

　サービスの文脈でこのテクスト概念が重要であることにはいくつかの理由がある。サービスに参加するときの快楽は，何かを受け取る快楽ではなく，何かを生み出す快楽である。しかし，この生み出すということを，文字通り生産すると捉えることは難しい。実際に鮨屋では客は鮨を握らない。しかし，鮨を食べるという行為は，受け取るのではなく生み出す行為である。食べて味わうということは，そこに何らかの読み（料理の自分なりの理解）を呈示することであるが，その読みは1つのテクストとなる。そのテクストは，例えば食材，提供温度，食感，調理法，似た料理，他の店で食べた同じ料理などの他のテクストを引用し，参照されることで生まれる。そして，受け手（客）は，送り手（提供者）と同様，自らをテクストの中に織りなす。それをそのように読んだ自分，そしてそれをそのように読むことができるためにこれまで積んできた経

験，これらがテクストの一部となる。

　つまり，客がどのように試されているのかと言えば，料理人の意図を読み当てることではなく，自分が料理人と対等にどれだけのテクストを生み出すことができるのかという点である。そうすると，先程のブリヤ＝サバランの「分別」は，テクストの読み手としての分別である。ということは，サービスを評価することはできない。原理的には，サービスを誰かが褒めるということはありえないし，非難することもありえない。同時に，客を褒めることはないし，馬鹿にすることもできない。もちろん，実際には評価がなされる。この店はいい，この客はいい客だというように話される。しかし，この評価をした瞬間にサービスのテクストが閉じられ，サービスの本来の価値は破壊され，その意味においてサービスの価値を評価することは原理的に不可能であるということである。

　Lusch & Vargo（2014）は，資源という概念を用い，資源の統合が新しい資源を生み出し，それらの資源がネットワークを形成するということを示した。それはサービスが，ネットワークの中に位置すること，つまり織りなされていることを示唆している。価値共創の概念を考えるとき，それが単に提供者が用意する資源だけではなく，資源を客も持ち寄るというだけでは不十分である。客が資源統合者になるということ，そしてそれにより資源を織りなすということが，価値共創の意味である。

6　対立するものの並存

　サービスをテクストと捉え，その読み解きをサービスの中心として理解した。次にこの読み解かれる対象としての提供物に議論を進めよう。ただし，ここでサービスの内容だけに閉じた議論をしたのでは意味がない。サービスの内容が，これまで見てきたサービスの闘いとどのように結びつくのかを明らかにしなければならない。読み解かれるためには，提供されるもの自体にある種の複雑性が求められる。料理に関して言うと，ただ美味しいというだけでは，読みほぐ

す対象とはならない。食べてすぐに美味しいというだけで終わるものではなく，複雑な味が必要となる。料理や飲み物のデザインに注目することで，この複雑さを理論的にどのように捉えることができるかを議論したい。

まず料理人は単純に美味しいものを作ることを目指してはいない。客が味わったことのないような味わいや，何かよくわからない面白い味わいなどが作り込まれる。そのためには，食材の組み合わせに，ある程度の距離感が必要となる。京料理梁山泊の主人橋本憲一氏が「強きに強きを合わせる。強いものに弱いものを合わせると両方ダメになる」と言うように，似ている美味しい食材を組み合わせても，お互いが打ち消し合ってしまうという。距離感のある食材を組み合せることで，味に動きが出る。例えば，橋本氏は生の鮑にマンゴーをスライスして組み合わせる（**図表6-3**）。普通では見られない絶妙な組み合わせである。右側に見えるのは，鮑の肝ソースであるが，これについては後述する。京料理における「出会いもん」，例えば，筍と若芽，棒鱈と海老芋などの組み合わせは，距離感のあるものを対置した絶妙な料理である。

あるいは，サントリーのチーフブレンダーの輿水精一氏は，出来のいい原酒

図表6-3 ●鮑とマンゴー，肝ソース（京料理 梁山泊）

だけをブレンドすると美味しいものはできても，何か物足りないものができるという。そこに単品としては出来の悪い原酒を少し混ぜることで，劇的に味が向上する。興水氏は，「100＋1が200になる」と表現する。

　神戸の北野ホテルのオーナーシェフ山口浩氏は，オマール海老の横にソースを置き，その横にプードル（粉）を置く（**図表6-4**）。これは自分でソースを付けてプードルをまぶして食べるという形の料理で，海老フライを「分解」したものである。分解したもの1つ1つを作り込んで，それをまた組み合わせたときに，より洗練された味覚を実現する。山口氏は，このプードルを詳細にデザインする。プードルには，20以上の食材が組み合わされている。例えば，ホップによる苦みもわからない程度に微量加えられている。苦み成分は舌に残りやすいからである。苦味が舌に残ると，それに乗せる形で旨みも長続きする。これも距離感のある食材の組み合わせにより，より深みのある味わいを作り出している例である。

　いくつかの食材が組み合わされるとき，提供する直前に組み合わされることが基本となる。お碗であれば，具（タネ）はそれぞれ別の鍋で独自の出汁で温められ，最後にお碗に盛り付けられ，熱い吸地（出汁）が張られ，吸い口（柚

図表6-4 ●オマール海老の料理（神戸北野ホテル）

などの香り）を添える。これらが完全に混じりきる前に提供される。客はまずお碗の蓋を開けた瞬間の香りを楽しむ。様々な香りが一体となりながらも，混ざり切っていないことで動きのある香りが立ち込める。そして，同様に，様々な味が口の中で組み合わされることが重要となる。これは焚き物も同様で，提供される直前に器に別々の鍋から具が組み合わされる。酢物なども，例えば，黄身酢和えであれば，黄身酢が上からかけられるが，その下の具材には加減酢で別の味付けがなされている。食べるときに，それらが合わさる。

　輿水氏はサントリーの缶入りハイボールを開発する際，同様のことを実践したという。ハイボールはウイスキーをソーダ水で割ったものであるが，缶に入ってしまうと，当然ながら既に割られた状態になっている。そのようなハイボールは，ウイスキーをその場で割ったハイボールに絶対に敵わないという。それはソーダ水とウイスキーが混り切らないことによる，動きのある新鮮な味わいにはならないからである。そこで，輿水氏は，濃い炭酸入りのハイボールをブレンドしていったという。つまり，ブレンドしてから割るのではなく，ソーダ水も原酒と考えてブレンドして，つまり距離感のあるものなどを組み合せて動きのある美味しさを作る。

　距離感のあるものが混じり切らない，対立するものの並存は，画一的なサービスとは全く逆のデザインとなる。例えば，ファストフードでは提供される食品が予測可能であることが重要となる。マクドナルドであれば，どこに行っても，いつ行っても，同じものが提供される。日本でマクドナルドに次いで第2位の規模を持つファストフードチェーンであるモスバーガーは，このような画一性と距離を取ることで，価値を提供している。ハンバーガーの野菜を，季節に応じてわざわざ産地を変えて調達している。夏のトマトは比較的酸味があり，冬は甘くなる。逆に，たまねぎは夏は甘くなり，冬に多少辛くなる。この美味しい調和の取れた組み合わせは，季節によって違う味によって微妙な変化として構成されている。また，ハンバーガー自体も，肉，バンズやソースなどの熱い部分とトマトやレタスなどの冷たい部分を交互に組み合わせることで，食べたときにこれらが入り乱れ，味自体に動きが出る。そのために，必ず店員が1

つ1つ手に持ってハンバーガーを組み立てる（他の店では，例えばテーブルの上にいくつものバンズを並べ，一気に作ることで効率化されている）。このように直前に組み合わされて，客の口の中で入り混じる提供の仕方は，先の料理の提供の仕方に通じる。

　つまり，対立するものが並存されることで，料理が洗練されていく。食材がある程度，お互いに異議を唱えるという関係があって初めて，料理人の考える複雑な美味しさが実現される。もちろん，これらの対立の並存は，不味いということではない。一見合わないような異質の食材が組み合わされて，絶妙な味わいになる。料理人は天性の舌と長年の経験によって，このような組み合わせをイメージできるという。

　これが，クリステヴァの言う，両面価値性である（Kristeva, 1970, p. 145）。Kristevaは，この概念をミハエル・バフチン（Mikhail Bakhtin）の「対話（ダイアローグ）」から発展させた（Bakhtin, 1963）。ドストエフスキーの小説に関して，Bakhtin（1963）が「独話（モノローグ）」と対比した「対話（ダイアローグ）」の概念を見てみよう。まず，Bakhtinは主人公たちが作者の構成に従い，1つの単一の世界に還元されるあり方を独話であるとして批判する。Bakhtin（1963, p. 82）によると，「すなわち彼にとっては意識の始まるところに対話も始まる。対話的でないのはただ純粋に機械的な関係のみであり，ドストエフスキーは人間の生活と行動の理解と解釈にとってのそうした関係の意味を断固拒絶したのである」ということになる。提供者が客の要求を満たそうとする場合，それは閉じられた機械的な関係であり，対話的ではない。ドストエフスキーは，「自らを創った者と肩を並べ，創造者の言うことを聞かないどころか，彼に反旗を翻す能力を持つような，自由な人間たちを創造したのである」（p. 15）。対話的関係性とは，「自立した，完全な権利を持った発話と意味の中心同士の，ダイナミックにして極限的に緊張した関係のことなのである」（p. 411）。Bakhtinは，このように対話的関係により，いくつもの互いに還元できない声からなり，つまり世界を閉じることなくつねに未完成の形であり続ける芸術をポリフォニーと呼ぶ。

> それぞれに独立して互いに融け合うことのないあまたの声と意識，それぞれがれっきとした価値を持つ声たちによる真のポリフォニーこそが，ドストエフスキーの小説の本質的な特徴なのである。（中略）それぞれの世界を持った複数の対等な意識が，各自の独立性を保ったまま，何らかの事件というまとまりの中に織り込まれてゆくのである。(Bakhtin, 1963, p. 15)

Kristeva（1970）は，テクスト相互関連性（inter-textualité）の概念によって，この議論を推し進める。ここで，テクストは書かれた文章ではなく，そのような文章を生産する実践を意味する。テクスト相互関連性とは，他の多様な諸テクストが，1つのテクスト空間に吸収され，変容されていく。テクストとは，このように様々なテクストの「織りなし」である。そして，両面価値性とは，そこで取り込まれるテクストが対話関係をなし，互いに対立することを指す。この対立するものの並存は，両面価値性と同義である。互いに還元されないテクストが対立することを通して，1つのテクストを生み出す。

上記のように，料理人の作る料理も同様に対立するものの並存があり，その価値はポリフォニー的である[3]。このような主張は，料理人は小説の作者と同じく，食材の特徴を見抜き，それを加工し，組み合わせ，そして食材同士を闘わせている限りにおいて，それほど過剰なものでもないだろう。料理人の作る料理には緊張感がある[4]。ここで料理はテクストであることを議論するが，このテクストはメタファーではなく，実際に料理が記号の実践であり，厳密な意味でテクストであるということである。

Kristevaは，テクスト相互関連性の概念によって，テクストが歴史と結びつくことを示した。「"両面価値性"という用語は，テクストのなかへの歴史（社会）の組み入れ，および，歴史のなかへのテクストの組み入れを合意する」(Kristeva, 1970, p. 145)。料理に関連すると，伝統の扱いが重要となる。伝統的なものが変容されて取り込まれ，それが新しい伝統のテクストを構成する。このとき，伝統的な料理が驚きで迎えられることも多い。大阪の柏屋の主人松尾英明氏は，若芽と筍の出会いもんである若竹煮の筍をペースト状にする（**図表6-5**）。筍はそのシャキシャキした食感が重要であると考えられているため，

図表6-5 ●若竹煮（千里山 柏屋）

その一番の特徴を消去してしまう衝撃的な料理である。しかし，これは通常食感だけに注目されて忘れられている筍の本当の甘味を味わってもらうための仕掛けである。客はこの驚きに導かれて，その料理の意味を考え始める。なお，これが写真のように透明なグラスに，若芽の緑と筍の白の2色の層が作られ，抽象化された形で提供される。

　ここでの驚きとは，顧客歓喜（customer delight）とは性質が異なる。顧客歓喜とは，先述したようにザ・リッツ・カールトンで実践されるような，期待以上のサービスを提供することを意味する（Rust & Oliver, 2000）。このような驚きは，驚きの効果を目的としているのであって，それ以上の読み解きを想定していない。闘いとしてのサービスの驚きとは，提供者による挑戦であり，客に対して真剣に自分のサービスに対峙するようにというジャブである。つまり，このような驚きはそれ自体が目的ではなく，読み解きの一部である。つまり，驚きによって，客に立ち止まって考え始めてもらう。そして，真剣に料理を食べてもらう。

このように，伝統のテクストが変容して吸収され，伝統的であると同時に全く伝統的ではない新しいテクストが生み出される。ただ驚きを生み出しているのではなく，既存のテクストを変容し，異質なものとして組み合わされることの驚きである。そこには，受け手（客）も吸収されている既存のテクストを読みとり，それが変容されているさまに驚く。驚きがこれらの既存のテクスト，つまり伝統を先鋭化する。Bakhtin（1963, p. 390）が文体模写やパロディに関連して言うように，これは伝統の引用でありながら，それを客体化し，時には否定し敵対する。「我々の発話の中に導入された他者の言葉は，否応なくその体内に新しい我々の理解，我々の評価を引き込んでしまう，つまり，複声的な言葉になってしまうのである」(p. 393)。伝統とその否定の二重の意味が生じる。

先述の神戸北野ホテル山口氏の分解された海老フライもこれと同じように，既存のテクストが吸収され，全く新しいテクストとして生み出されたものである。京料理梁山泊の橋本氏はお碗にチーズを入れる。これは岡山県の吉田牧場のカチョカバロという特別なチーズであるが，その食感はお餅のようであり，お碗を構成できるぐらい繊細な味を持っているということで使われる。餅というテクストが，全く異質なチーズという食材と重ねられ，全体的には伝統的なテクストでありながら，全く新しい料理を生み出している。これにより，先述した山口氏の次のような言葉が理解できる。「客にとっては，時代の変化を感じながら，変化しているところに自らがいるということが，楽しい。それが生きている証だし，サービスの価値はそこにある」。

これらの明示的な驚きだけではなく，目立たない驚きも作り込まれる。橋本氏は，おひたしに様々な彩の野菜を入れ，そこに葛切りを加える。葛切りには味はないが，独特の食感を生み出す。客は何気ないおひたしだと思って食べると，この食感に驚くことになる。そして，それが何か探索し始め，同時に他に何が入っているのかも探索し始める。また，橋本氏は，薩摩芋の栂尾煮という料理について語る。これは薩摩芋を煮ただけのものであり，ありふれたように見える。そのため，そのまま八寸などの盛り込みに加えたのでは，料理として

図表6-6 ●八寸, 右に薩摩芋の栂尾煮（京料理 梁山泊）

はありふれたものとなる。そこで, 黒ゴマを5つ上に置くのである（**図表6-6**）。薩摩芋というありふれた食材が, 上にゴマを置くだけで抽象化される。そこから感じ取られる雰囲気は, 抽象化された括弧付きの［薩摩芋］となる。ゴマもありふれたものであり, ありふれたものを組み合わせることによって, まさに足し算では得られない美が生まれる。このような料理はまさに記号の戯れとして映るのだが, ここから料理が本質的にテクストであるということが明示される。

　以上のように, サービスの闘いが, 料理, ウイスキーなどのサービスの提供物においても見られる。ここで, この提供物の中での闘いと, これまで議論してきた客と提供者の間の闘いがどのように関連するのかを議論しなければならない。このような対立する両面価値性は, 芸術の美意識に通じ, そのため洗練された価値として捉えられる。ただ食べて美味しいというだけの料理に比べて, このような複雑な料理はそれ自体が力を保持し, その力が受け手に挑戦状を叩きつける[5]。もちろん, Bourdieu（1979）であれば, そのような美意識は支配

階級が自らの力を保持する闘争により構築されたものであると批判するであろうが，サービスの実践においてそれが価値となるという事実から目を背けるわけにはいかない。

　先述の山口氏の苦味を使用した料理は，料理と客との関係を転回させることが意図されている。山口氏の説明によると，人の味覚の受容体は33個ある。旨味の受容体は3つしかない。塩味は2つ，酸味は2つ，甘味は1つ。一方で苦味の受容体は25個もある。それは，苦味が毒であり命にとって危険があるので，それを感知するためであろうという。そこで，数多い苦味の受容体に向けて料理を組み立てるのである。苦味がコクにつながるというようなことに加え，人間にとって命の危険を知らせるような苦味を作り出すことによって，客にある種の恐怖の経験をもたらす。つまり，山口氏は「怖いものを楽しむというジェットコースターのような料理を作っている」と言う。これはもはや美味しい料理を提供するというレベルのサービスではない。そして，「だからお客様は「美味しい」とは言わない。美味しいと月並みな表現をするのは客としての水準が問われ，何か新しい言葉を探さないといけないというような感じになる」。客に恐怖の感覚をもたらし，そして客にそれを適切に表現できるように強いるという関係性が作り出されている。

　その限りにおいて，このようなテクストの織りなしは，送り手と受け手自体を再帰的に含むように構成される。料理が客による能動的な参加を求める。客が様々な他のテクストを持ち込み，自分のテクストを織りなすだけではなく，自分自身がそのテクストに挑戦され，そこに取り込まれていく。その料理をどのようなテクストとして織りなすのかを試される。そして，その料理を生み出した料理人も，テクストの中で自分の力を見せつける主人公の1人として参加する。このように，料理自体を構成するテクストには，常にそれを取り巻く人々自身が1つのテクストとして組み込まれている。「作家の話し相手は，（他のテクストの読者としての）作家自身なのである。書く人は読む人と同じ者なのである。自分の話し相手が一つのテクストであるから，書く人は，読み直されては書き直される一つのテクストにしかすぎない」(Kristeva, 1970, p. 156)。

対立するものの並存により実現される複雑な味わいは，ある程度経験を積んだ客に向けて作られる。経験を積むことで，このような複雑な味わいの読み解きが可能になる事実は重要である。これは獲得された味覚（acquired taste）と呼ばれる領域である。特にウイスキーは，獲得された味覚の典型例とされる。最初はその味わいはよくわからないが，一定の経験を踏まえると，あるときからウイスキーの味がわかるようになる。料理人が作り出す料理も同様である。料理人は，近年のインターネットのレビューサイトのように1回だけ来て，その料理を判断することを嫌う。それは，そのような客のために料理を作っていないからである。料理人の方々の話では，面白い味わいを作り出したとき，レビューサイトで「美味しくない」という評価が並ぶことがあるという。しかしそれはそのように作っているからだということになる。このように緊張感のあるサービスは，次のような構造を持っていると言えるかもしれない。

> 世界ではまだ何一つ最終的なことは起こっておらず，世界の，あるいは世界についての最終的な言葉はいまだ語られておらず，世界は開かれていて自由であり，いっさいは未来に控えており，かつまた永遠に未来に控え続けるであろう，と。(Bakhtin, 1963, p. 333)

そもそも「美味しい」や「美味しくない」と結論づけることが，サービスの目指すものとは相容れないということであろう。

7　語られないこと

ここまでサービスが読み解かれるために，複雑に，そして驚きを交じえながらデザインされることを議論した。しかし，読み解かれながらも，読み解けないことが重要であることも議論した。そのため，料理に関して言えば，料理人は考え抜いてデザインしながらも，そのことをほとんど語らない。客は料理を読み解こうとする。しかし，料理人は読み解かれる自分の意図を届かないところに置くことによって，意図を神秘化すると共に，そこから料理の味わいを広げていく。柏屋の松尾氏は，「一つ一つの努力は薄い紙のようなものだけど，

それを積み上げると厚みになる。それがお客様には，これだとはわからないんだけど，なんとなく伝わる」と言う。このように圧倒的な厚みを作ることで，サービスに深みが生まれる。味とは関係なく，その他にも様々な要素が隠されて埋め込まれる。松尾氏は4月の桜の料理を前年までは脚つきのお膳で出していたという。それは花見をするために庭に広げて食べるという趣向である。そしてこの年から庭ではなく縁側で桜を見る趣向に変えたという。そのために器を変える。しかし，そのようなことは客には一々説明されない。概ね室礼とはそのようにデザインされている。

　このような語られない努力を，陰の努力として美化するのではなく，われわれは「なんとなく伝わる」価値のほうを検討する必要がある。まず重要なのは，すでに見たように，意図を伝えることによって，料理の読み解きが料理人の持つ権威に回収されてしまい，読み解きが閉じられてしまうことである。Barthes (1971) が言うように，テクストの「遊び」が生じないし，テクストが「快楽」の対象とはならない。ここで読み解きが，闘茶（熊倉, 1990）のようなゲームではないということが重要となる。答えを言い当てるというゲームは1つの楽しさを提供してくれるが，それがサービスの価値として不十分であることは明らかであろう。正解を求めるゲームは，そのような芸術性には到達できない。熊倉 (1990, p. 98) が言うように，茶の湯は闘茶にはない「芸能」としての価値を生み出したことが，人々を永く魅了する源泉となったということはすでに見た通りである。客は料理人の意図に志向しているが，料理人がそれを明かさないのは，この象徴と記号のせめぎ合いと言える。

　このことは，サービスにおける作り手の位置付けに示唆を与えてくれる。料理に関して言うと，料理人は意図的に料理を作り出すが，それを支配することはできない。料理はあまりに複雑で，1人の人が一義的に決定できるものではない。味わいは無数の変数が絡み合って生まれる（特に無数の微生物によって発酵された料理の味わいは人間に作り出すことはできない）。料理人は料理を生み出すが，料理人自身それを完全に理解しきれない。自分が生み出したものを，自分も解読することになる。だから，料理人は料理を改良し続ける。ある

料理を作り出したとしても,次のときにはそれに新しく工夫を加える。鮨職人の場合は,鮨というシンプルな料理でありながら,その微妙な味わいを改良し続ける。これは小説のテクストにおいても同様である。小説の主人公を対等で自由な存在として構成するポリフォニー小説に関して,Bakhtin（1963）は次のように言う。

> あらゆる創作行為は,自らの扱う対象とその構造によって規定されており,自由勝手は許されない。だからそもそも創作者が勝手にこしらえることは何もないのであって,かれはただ対象自体の内に含まれているものを開示してみせるだけなのだ。(p. 133)

これこそが,Barthes（1968）が主張する「作者の死」である。客が料理を食べるとき,料理人は外から料理に意味を与えるのではなく,「料理人はこの食材をこう解釈した」とか「料理人はこの意外な組み合わせを実験した」というような読みが示すように,料理人は料理自体の中に再帰的に組み込まれ,読み手は料理人の読み解きを読み解きつつ,料理を読み解くのである。そしてもちろん,読み手もその読みによって,料理の中に組み込まれる。読むということは,ただ客観的に与えられた料理を解釈するということではなく,料理の意味生成を行う書き込みの行為となる。

　料理人が意図を語るということが,料理を料理として味わってもらうことを難しくする。これは,料理を真剣に考えながら食べてもらうということと矛盾するように見える。客に料理を考えながら食べてもらうことと,料理を考えるだけで味わってもらえないということの間には,微妙なバランスがある。真剣に考えながら食べてもらうということは,料理を何も考えずに当たり前のものとして食べることの否定である。料理はあくまでも味わうことが主であり,考えることがそれに従属する。そのため,客に自然に考えさせるために,驚きを利用するのであり,言葉で説明することは避けられる。

　例えば,橋本氏は,鮑ステーキを提供するときに,鮑の肝を裏漉しして作るソースを添える。これが絶品であるとの評判であるが,多くの客はただ肝を裏漉しして作っただけのソースであると考える。しかし,肝の臭みを昇華し,旨

味を高めるために，実はある意外な高級食材を入れている（この食材が何かは明かさないでおこう）。橋本氏によると，この2つの高級食材はケンカすることなく，お互いの強さをおいしさに変えるという。ここで興味深いのは，通常は主役になり得る，鮑に劣らない高級食材を隠し味として使いながら，それを説明しないことである。ただ「肝ソースです」と出すだけである。橋本氏は，この食材は「あくまでも脇役である」と説明されるが，それは鮑を肝ソースで食べることの邪魔をしないという意味だろう。

　サービスが高付加価値になるほど，書かれた言語での明示的な説明が少なくなるという傾向にある。サービスがテクストであるとすると，逆説的に文字が消去される。ファストフードやファミリーレストランなどでは，メニュー上に様々な説明が見られる。「オススメ」，「自家製」，「一番人気」，「枕崎産鰹節使用」などの文字が踊る。一方で，京都の料理屋，東京の鮨屋などでは文字情報が排除される。メニュー表が使われないことだけではなく，言葉で語られる説明も，材料や食べ方などできるだけ簡潔なものに限られる。鮨屋ではその説明すらなされないことが多い。文字で説明することが，文化の価値と対立するという理解があるように見える。Nietzsche（1872）が悲劇のディオニュソス的な側面，つまり陶酔し，熱狂する感覚を強調し，ソクラテス的な側面，つまり明文化された理論的な態度を批判した。つまり，文字で明示的に説明するという理論的態度は，根源的なディオニュソス的要素を駆逐する。文字ではなく，音楽の直接的な価値を優先したのである。結果的に，文字の重要性を下げることにより，さらにテクストの概念が際立つ。

　サービスのデザインにおいては，語ることと語らないことを注意深く峻別しなければならない。サービスが読み解かれる対象となりながら，語らないことによって，読み解きえないものとして構成される。記号としてのシニフィアンが埋め込まれるが，それ指し示す意味内容であるシニフィエは遠ざけられる。それを探し求める行為自体がサービスの価値を高めるのであり，シニフィエが示されることはその価値を減じることになりかねない。

8　記号としての闘い

　闘いを議論するにあたって，鮨屋や料亭を中心に議論してきた。ここでもう少し議論を広げよう。闘いはいわゆる高級サービス全般に見られる。だが，例えばホテルサービスは居心地のいい空間を作り，かなり明示的な気遣いがなされるという意味で，闘いとは異なると反論されるかもしれない。しかし，高級ホテルにサンダルで行くことはないだろう。その場にふさわしい人を演じることを意識する限りにおいて，そこには力が介在している。また，フランス料理の世界も「闘い」としての側面を持っている。「レストラン」の誕生の歴史を記述したSpang（2000, pp. 343-344）は次のように書いている。

> ガイドブックや手引書が警告しているように，レストランでの食事はまさに絶えざる戦い——男性客にとってはナポレオンなみの武勇伝と美食に関するタレーランなみの豊かな経験を披瀝する格好の戦場——であった。成功を収めた客は誰でも，いや，あの有名な「食の決闘」に耽ることのなかった多くの者たちでさえも，こうした巧みな話術によって同じように偉大なる征服者となった。レストランでは，暴力の場は，食べられるものに対する食べる側の扱い（略）から，客に対するレストラン側の扱いへと移ったのだ。

　レストランが美味しいものを食べるということではなく，闘いとしての側面があるということは明らかである。さらに，Spangはメニュー（フランス語で言うcarte）についても詳細な考察を与えている。

> レストラン独自のあらゆる特徴のなかで，最も驚きを引き起こし，最も論評が——国内国外を問わず——集まるのは，おそらくメニューだろう。一七六九年，戯曲『レストラトゥールのアルルカン』で，当時は目新しかったメニューを読むという行動に焦点を当てた，長々しい場面を売り物にして以来，一八三五年，アカデミー・フランセーズの辞書で「レストラトゥール」の定義としてそのメニューを取り上げてからもなお，「レストラトゥールのメニュー（la carte de restaurateur）」は魅惑と驚異の源泉だった。

> レストラトゥールの勘定書が最後には対価が支払われるべき過ぎ去った快楽を象徴するものであるのに対し、メニュー——レストランの売り物についての小さくて (menu) 手短な説明書きであるためにそう呼ばれた——は、レストランのもたらす歓喜と不安の手頃な換喩となっていた。(p. 282)

このような対象としてのレストランは、神秘性を持ち、ただ食欲を満たすものではなく、1つの社会的差異の記号として意味を持っていた。そして、メニュー表という1つの物質的人工物がそれを象徴している。さらには、次のように書かれている。

> 表向き、メニューはレストランの売り物を列挙していることになっているが、その言葉に情報価値があると思う者はほとんどいなかった。十九世紀初頭の、裕福で教養があるフランス品展の旅行者も、自らの言語能力に苛立つことがしばしばだったが、フランス語を母語とする者でさえ、メニューが理解できる保証はなかった (略)。レストランの客は読み書きができ、メニューに並んだ単語が何を「意味しているか」（ある意味で）知っていたかもしれないが、食卓で何を意味するかは知らなかった。字義通りの解釈や豊富な語彙だけではほとんど何の役にも立たない。「メニューのフランス語」は別個の言語のようになりつつあったからである。(pp. 285-287)

この状態は現在も変わらない。レストランにおいては、客がメニュー表を完全に理解できるとは期待されていない。第3章で見たように、カジュアルなイタリアンレストランでも料理に何のことかわからない名前が付けられている。「ピッツァメランザーネ」「サルシッチャピカンテ」など。ほとんどの客が理解しないということを承知のうえでそのような名前をつけている。これらを理解する一部の客は特別な客ということになる。一般的な客は意味もわからず、なんとかこれを読んで注文しようとする。

これは非常に奇妙である。メニューは客に情報を提供するためのものであるはずであるが、それが理解されないように作られている。なぜそのような理解されない情報を提供するのか？　我々はその理由をすでに知っている。客が知らないことを強調することが、闘いとしてのサービスにおいては、合理的な行

為となる。客が知らないことを知っているはずのものとして提示することで，客を試すと同時に，客に自らのサービスの水準の高さ，つまり客の水準と比べたときの高さを示す。そして，客は少し背伸びをしてそのサービスに参加することになるが，それが客の求める非日常の体験になる。メニュー表の中の記号において，シニフィアン（意味するもの）は何だってよい。それは他のもので置き換え可能である。それが指し示すシニフィエ（意味される概念）は，社会的な差異化であり，料理ではない。Kristeva (1970, p. 290) が言うように，「外国語と同一視される」ような「局外の，他者的かつ不可解な言述」は，「シニフィアンの眩暈を強調する」ことになる。つまり，記号性を強調する。

これまで闘いという側面に注目してきた。Baudrillard (1970, p. 113) の言葉で，このことを少しまとめてみよう。

> 個人を特徴づけていた現実的差異は，彼らを互いに相容れない存在としていた。「個性化する」差異はもはや諸個人を対立させることなく，ある無限定な階梯の上に階序化していくつかのモデルのうちに収斂していく。差異はこれらのモデルにもとづいて巧妙に生産され再生産されるのである。それゆえ，自己を他者と区別することは，あるモデルと一体となること，ある抽象的モデルやあるモードの複合的形態にもとづいて自己を特徴づけることにほかならず，しかもそれゆえにあらゆる現実の差異や特異性を放棄することである。（強調はオリジナル）

個人が自己を意識し，呈示するとき，そこには相容れない対立が生じる。これが闘いとして表現されたものである。一方，個性化しようとするサービスの多くは，本当の意味では個性化しているのではなく，抽象的なモデルに一体化しているのである。スターバックスでコーヒーを飲むということは，1つの記号消費である。それがコーヒーである必然性はほとんどなく，他のもので取り替えられることが可能である。スターバックスでコーヒーを飲むことによって，その人はある種の自己を表明している。おそらく，ある程度洗練されているが，落ち着いた大人であり，カッコよく1人でいるというような人である。スターバックスの商品名をうまく伝えることがファッションとなっているらしい。「アイストリプルトールカフェアメリカーノ」や「スターバックスラテダブル

ショット低脂肪乳ノーフォームキャラメルソース多めエクストラホット」という具合に。しかし，これは本来的な個性ではなく，そのように作り上げられたモデルに一体化しているのであり，つまり個性を放棄していることに他ならない。

　サービスの闘いが記号的になされるというとき，それは表面的なものであり，闘いという根源的な関係性とは相容れないように見える。たしかに第1章で見たように，鮨屋の事例では闘いが見られる。そこでは，職人が客を試し，客が自己を呈示していく。また，第4章では，もてなしと相互承認における闘いの根源性について議論した。この闘いは，第3章のイタリアンレストランでの記号的な闘いとは種類が異なるように見える。しかし，我々が理解しなければならないのは，鮨屋の闘いも構築されたものだということである。構築されているにも関わらず，それを徹底して演じているのが鮨屋である。イタリアンレストランの事例では，この闘いをある程度構築しようとしながら躊躇し，逆に闘いという側面を消去しようとしている。というのは，すでに見た通り，イタリアンレストランでも注文をするということが難しい行為であること，そして店員もそれを理解したうえで，客を助けることを実践している。つまりそれを理解しているがゆえに，逆に親しみやすく，過度に気遣うサービスをすることになる。

　もちろん，サービス提供者が闘いを躊躇するということは，客がそれを受け入れないということを理解しているからでもある。客は闘いを求めない。むしろ，ある程度洗練された雰囲気で，擬似的な非日常の体験を楽しむことを求めているとも言える。このような闘いを排除するサービスは，擬似的な非日常を客に約束するという意味で，幻想を与えている。そこで構築される客の個性は，記号として作り上げられた個性であり，それは個性を放棄したモデルへの一体化である。このような幻想自体を客が求めている。

　人は承認を求めた闘いに魅かれる存在である一方で，そのような闘いを避けたいと考える存在でもある。人が応対したほうが丁寧であると誤解してサービスがデザインされることが多いが，実際には客は人と関わることを避けたい。

八百屋のおじさんから野菜を買うよりも，スーパーで並んでいるものを買うほうが楽である。第3章で見たように，レストランでメニュー表を見ながら自由に選択しているときには，店員には来て欲しくない。「自由に」というのは，店員が見ていること自体が，客の自由を奪ってしまうことを意味する。このように客は多くのサービスにおいて人と関わることを避けたいと思っている。しかし，その一方で，人として闘いを求めてもいる，両面を理解する必要がある。闘いを排除したサービスにおいても，客は擬似的に闘いを求めているのである。つまり，闘っている自分を演じたい。そのため，予測可能で画一的なサービスにおいても，闘いが記号としてデザインされる。カジュアルなイタリアン，カフェなどのサービスでは，闘いは排除されるが，擬似的な闘いが記号として埋め込まれている。

　さらに，闘いが排除されているように見える画一的サービスにおいても，実は闘いが間接的に意識されていることが多い。画一的で誰にでも開かれたサービスはそれだけで独立して存在せず，必ず他のサービスとの対比によって定義される。このことは，鮨においてわかりやすい。つまり，立ちの鮨屋と回転寿司の対比である。回転寿司は，鮨を画一化することで，多くの人にアクセス可能なものにした（繰り返しになるが，江戸前のように魚を旨くしてシャリに合わせるスタイルのすしを「鮨」と言い，回転寿司の寿司とは対比して使用される）。元来鮨にあった文化的な意味を削ぎ落とし，価格だけに焦点が絞られた。しかしながら，人々が回転寿司を語るとき，それは常に鮨との関係，つまり差異として捉えられている。「回転寿司に行こう」というとき，「普通の鮨屋には行けないから」というような意味が含まれている。「今日は寿司にしようか？回っているやつだけど」というような会話はよく聞かれる。あたかも，「今日は寿司にしようか？」というだけでは不十分であるかのように。人々は回転寿司をそれそのものとして捉えるのではなく，鮨との対比として捉えている。

　Bourdieu（1979, p. 386）の記述が役に立つ。

　　卓越化と上昇志向，高級文化と中間文化—たとえば高級婦人服店と普通の婦人服店，高級美容院と普通の美容院，以下同様—はたがいに相手によってはじめ

て存在するのであり，文化の価値とそれを所有化したいという欲求を生みだすのは，両者の関係，あるいはもっと適切に言えば両者の生産手段と各々の顧客の客観的な協力関係なのである。

つまり，それぞれの価値は，それぞれ自身の中にあるのではなく，互いの関係によって生まれる。高級と通俗の2つの極にあるサービスはこのような「協力関係」にある。回転寿司は画一化されたサービスであり，それ自身からは闘いが排除されているかもしれない。しかし，人々が回転寿司を語り，食べるとき，すでにその中に否定性が経験されている。つまり，本来の鮨の否定としての回転寿司である。ここに決して消すことのできない闘いが隠れた形で残される。このとき，回転寿司自体が，鮨に対するシニフィアンとなる。そして客だけではなく，回転寿司を提供する人々は，その裏返しとして回転寿司の価値が受け入れられていることを看取しているのだろう。

■注
1 しかしながら，この一歩踏み込んだ議論でもまだ十分ではない。有用性がないということが根本的に重要であるという一方で，作法や儀礼には何らかの意味があることも理解しなければならない。実際，宗教的な儀礼には宗教的な意味が，伝統的な儀礼には歴史的な意味があったのではないかと理解されている。ここで，有用性の議論が復活するのである。つまり，儀礼にとっては，有用性はあってはならないものでありながら，なくてはならないものでもあると言える。正確に言えば，有用性がないことが自分の高貴さや宗教的な権威を示すために必要であるが，同時に全く無用というものではなく，なんらかの理由があることが感じられ，その理由にアクセスできることが限られているということが重要なのである。
2 繰り返し議論したように，言説を閉じないということが矛盾を解消するということではない。矛盾を受け入れると言説を閉じることができないということに過ぎない。また，言説を閉じるということを批判する意図もない。本書でもあえて言説を閉じる議論を随所に展開している。批判されるのは，言説を閉じることが無反省になされ，そこで構築される現実が唯一の正しいものであることを受け入れることである。
3 これは「不調和の調和」という美意識と言える。ただ調和が取れているだけでは，美しいということはあるかもしれないが，力強い美しさや深みのある美しさが実現できない。Ricoeur (1983) は，物語には不調和が調和される形で統合形象化 (configuration) されるという。特に，アリストテレスの『詩学』（アリストテレース，1997）をもとに，悲劇には「恐れ」と「あわれみ」の要素が強く求められるという。それらが物語の筋（muthos, 英語でplot）によって統合される。しかし，これらの恐れとあわれみは，物語の中で再現され

ることで，浄化（カタルシス kathersis）を達成する。「不調和が調和を台無しにするのは人生においてであって，悲劇という芸術においてではない」(Ricoeur, 1983, p. 76)。Ricoeurは調和の重要性を訴える。これはNietzsche (1872) がディオニュソス的美とアポロ的美を対比し，その弁証法を提唱したことにつながる。ディオニュソス的とは，陶酔，狂気などで表される深淵な不協和音的美しさであり，輝きのある調和の取れたアポロ的美しさとは対比される。Nietzscheはアポロ的な調和が必要でありながら，本当の美におけるディオニュソス的側面の重要性を説く。料理においては，距離感のある素材が対置されることで，全体として不調和が調和され，深淵な味わいがもたらされる。

　一方で，Bakhtin (1963, p. 333) も言うように，実際にポリフォニー小説では，カタルシスはふさわしくない。最終的には何も浄化されず，開かれたまま，未完のまま終わるのである。もちろん，Ricoeurは未完であることの中にも，完成が見てとれることを示したのであるが。

4　実際には，料理は視覚，味覚，嗅覚，触覚，そして時には聴覚によって感じられる。ある意味では，言語として分節化される前の，身体に基づいた記号の生成，つまりKristeva (1974) の言うセミオティックの領域に入り込んでいる。定立された記号の間の戯れとしてではなく，記号を生成する原理を含んでいるのかもしれない。客が料理の器の蓋を開けたときの香りで恍惚となり，中身を見て何かわからず興奮を高め，料理を口に含み，そのねっとりした食感の中に，シャキシャキしたものを感じ，鼻の奥から香りが立ち籠め，舌の上で見知らぬ味が入り混じり，飲み込んだ後味がすぅーっと伸びていく。これはDerrida (1967) の言う差延（differance）の1つの形と言える。

5　ここで芸術作品の中にある緊張感に関して，Heidegger (1960) による「世界と大地の闘い」が想起される。世界とは，民族の歴史の流れを開示するような物の表現である。ゴッホの描く農夫の靴は，農夫の生活，社会，歴史をあふれんばかりに表現する。一方で，大地はその世界の開示の中に打ち立てられた物質性，つまり色彩や素材であり，これらは何かを開示するよりも，不思議な存在にとどまり，逆に自らを閉鎖し隠す。芸術では，何かが明白に開示されるだけではなく，そこに閉鎖され保蔵される別の契機が対立し闘いを生み出すことで，衝撃が生じる。

サービスの実践

第6章

サービスデザイン

　本章では，闘いとしてのサービスをデザインすることに関して，近年注目が集まるサービスデザインの議論に関連して議論を進める。従来のサービス理論にもとづいてデザインすることに比べて，サービスは闘いであるという理論にもとづいたときにどのようにデザインのアプローチが変わってくるのかを議論する。

1 サービスデザインの背景

　近年，サービスデザインに注目が集まっている。そこにはこれまでプロダクトやグラフィックといった個々のモノを主な対象としてきたデザイナーが，その範疇を越え，サービスをデザインの対象として考えるようになってきた背景がある。サービスは顧客の体験の流れである。サービスにおける顧客との接点は商品購入時だけではない。例えば保険会社であれば，顧客の購入を促すイベントから，顧客が保険を理解し，選び，買うことまでが重要な接点となる。また，保険料の支払い，保険金の請求，旅行時の保証対象の確認，さらには他人にその保険を勧める行為すら顧客のサービス体験の一環であり，サービスデザインにおいてはその一連の流れすべてがデザインの対象となる。
　しかし，これ全体をデザインすることは容易ではない。デザインの複雑性が増すばかりか，物理的なモノやグラフィックとは異なり，サービスにおける，人と人との相互行為はデザイナーが一意に作り出すことができない。そのため，

デザイン行為の不確実性も高まる。さらに、サービスは顧客の動向に左右されやすく、提供されるサービスが顧客ごとに変化することも多い。例えば料亭で、顧客が到着後にグルテンアレルギーであることを告げれば、そこからメニューを作り直す必要性が出てくる。クリーニング屋で顧客が素材についての表示がない、友人の手作りの服を持ってきたとすれば、一度預って工場で調べる、といった特別なケアが必要となる。このような例外は画一的なサービスでも発生する。ファストフードと呼ばれるようなハンバーガー店でも、子供連れの客に「マスタードは入っていますか？」「ピクルスは抜いてください」などと言われ、まごついた店員が厨房に聞きに行く、といったケースも多々見受けられる。

　さて、ここで言うサービスの概念は小売や飲食といった、いわゆるサービス業ではなく、あらゆる業種における価値創造の場面を指す。Lusch & Vargo (2014) によれば、単数形のサービス (service) は、複数形のサービシーズ (services) とは、レベルの違う概念である。サービシーズとは、生産活動のアウトプットを指し、「形のない財（グッズ）」というように、形のある財の否定として定義される。この複数形のサービシーズは、形のないアウトプットを生産するという、「サービス業」という限定された事業形態を指すことが多い。それに比べて、Lusch & Vargo (2014, p. 12) によると、サービスとは、「ある存在 (entity) が他の存在あるいは自身の便益 (benefit) のために、知識やスキルといった能力 (competences) を適用すること」ということになる。つまり、誰かが誰かの便益のために知識やスキルを使用したとき、サービスが起こっている。したがって、サービス業だけではなく、農業、漁業、製造業などすべての業態において、サービスが重要となる。例えば、ウイスキーを考えると、それを作る醸造所が流通を通してウイスキーを売るだけではなく、それを友人と飲むという場面においてサービスが生まれる。ウイスキーを製造するという活動は、このサービスを実現するプロセスである。

　この考え方における価値とは、生産者が一方的に作るのではなく、共創、つまり顧客が参加することで初めて生まれる (Grönroos, 2007)。Lusch & Vargo (2014) によると、価値は商品に付随するものであり、価値の創造は商品の交

換時点で決定される（交換価値）と考えられてきたが，価値は顧客も参加して実際に商品を利用し何らかの便益を生み出したときに生まれる（当初は使用価値と呼ばれ，最近では文脈価値と呼ばれる）。例えば，バーでウイスキーを提供することの価値は，顧客にただメニューにあるウイスキーを出すことではない——そうであれば，あのようなバーという空間は必要ない。顧客がウイスキーの飲み方を知り，その場に合った話をし，そのバーの雰囲気を形成することではじめて価値が醸成される。このように価値の共創の場においては顧客自らが自身の体験をある程度能動的に作ることが求められる。

　本章では，まずサービスデザインの基本的な考え方を議論することから始める。しかしながら，タッチポイント，カスタマージャーニーマップ，サービスブループリントなどのサービスデザインの方法は，当初は革新性を持っていたが，現在ではある程度標準的なデザイン方法の一部として確立するに至っている。これはサービスデザインの成功を意味する一方で，サービスデザインを取り立てて特別なものであると考える理由がなくなったことを意味するようにも見える。つまり，対象がプロダクトからサービスへと複雑になっただけで，デザインの方法自体は同じであるように見える。しかし，サービスでは複数のステークホルダーが出会い共同で価値を創造するため，それらの人々の関係は単純ではない。それらの人がどういう人かが問題となり，たんに客の要求の理解と満足などの表面的な概念では捉えることができない。そこでサービスデザインには独自のデザインアプローチが求められる。本章の後半では，経験的，理論的研究にもとづいてサービスの概念を捉え直すことによって，サービスデザインの独自性に光をあてる。

2　従来のサービスデザインの考え方

　サービスデザインの革新性は，タッチポイントから体験の全体をデザインすることである（Moritz, 2005; Polaine, Løvlie, & Reason, 2013; Stickdorn & Schneider, 2011）。タッチポイントとは，顧客にとってのサービスとの接点を

構成する物理的なモノあるいは相互行為である。サービス・デザインでは，多くのタッチポイントをつなぎ合わせ，顧客の体験をジャーニーとして捉える。ジャーニーを表現するために，カスタマージャーニーマップというツールが利用される。このマップでは，すべてのタッチポイントと，その間の関係がマッピングされ，顧客の体験が流れとして表現される。範囲としては，サービスの提供者と出会う前の段階から，サービスを体験した後の段階までが含まれる。

このように顧客の体験全体をデザインすることは，一見当然の取り組みに見えるが，実際にはそれほど簡単ではない。ジャーニー全体を総合的に考慮すると，まず問題となるのは，組織の複数部門や組織外のプレーヤーにまたがった連携の必要性である。サービスデザインでは多くのステークホルダーが関わり，他の様々なサービスも関係する。よって，タッチポイントという場面からボトムアップに積み上げていく方法と平行して，サービスの生態系と呼ばれるような全体を捉えることが重視される (Polaine et al., 2013)。そこで，ステークホルダーマップと呼ばれるツールを用い，関わるステークホルダーとそのアジェンダを整理することや，競合他社や代替可能なサービスをリストアップし差別化を整理することが有効である。

サービスデザインには，サービスを提供する組織のデザインが重要な側面として含まれる。そこで，タッチポイントのみならず，背後のプロセスやリソースを含めてサービスをデザインする，サービスブループリンティングの手法が役に立つ。サービスブループリンティングでは，顧客の体験とこの舞台裏の活動を結びつけた，デザインがなされる。例えば，背後でサポートする情報システム，商品をストックする倉庫，各店舗からの依頼を処理するセンターなどの連携が構築される。また，それぞれどのようなチャンネルでやりとりするのか，それらがどう連携するのかもマッピングされる。

組織を含めたデザインは，ただ組織のプロセスをデザインするだけではなく，従業員の働き方，マネジメントのあり方，エンパワーメントなどにも関わる。ザ・リッツ・カールトンでサービスの変革を行ったデザイン会社のIDEOは (Brown, 2009)，疲れてホテルに着いた顧客に，スタッフがハイテンションで

話しかけ，多くの質問をしてフォームに情報を書かせることが果たしてよいサービスか，という疑問を投げかけた。実際には，部屋について座ってほっとしたシーン（場面）が顧客にとって重要であるのだが，そこをデザインするという観点は今までなかなか出てこなかった。そこで，IDEOのデザイナーは，世界中のザ・リッツ・カールトンの従業員が考えた特別なサービスシーンをScenographyという本（ツールでもある）にまとめ，従業員自らがサービスを工夫してデザインしていけるようにした。これまで従業員には作業項目のチェックリストを１つ１つこなしていくことが求められていた。その結果，フロントでは画一的な業務が出来上がっていた。Scenographyを使うということは，チェックリストを廃止するということを意味しており，マネジャーは猛反発した。なぜか？ マネジャーにとってチェックリストは従業員をコントロールする手段であり，それを放棄することは自らの存在を否定することになりかねなかったからである。最終的にザ・リッツ・カールトンとIDEOは実際にこのScenographyによってサービスを変革していったが，そのためには組織のあり方，マネジメントのあり方も変革していく必要があった。

　このように，チャンネルの連携，舞台裏のプロセス，組織を総合的に変革することがサービスデザインである。そのためには参加型デザイン（participatory design）の考え方が重要となる（山内, 2012; Yamauchi, 2012）。ステークホルダーがデザインに参加し，自らの意思をデザインに反映させる。この考え方は，従来ステークホルダー，特にユーザがデザインから隔離され，デザインされたものを押しつけられてきたこと，最終的にユーザなどのステークホルダーがデザインを拒否することで失敗してきた数多くの事例の反省でもある。さらに，参加型デザインは，たんにデザインにインプットをすることだけではなく，他のステークホルダーの考えと相対し，自らの知識を変革していくことで，新しいデザインの可能性を含む（山内, 2012; Friedland & Yamauchi, 2011; Yamauchi, 2014）。

　以上がサービスデザインとして一般的に議論されてきた内容である。我々はこのサービスデザインのアプローチを再検討する必要がある。重要な問いは，

次のようなものである。サービスデザインが、それ以外のデザインとどう違うのか？ サービスデザインというように、サービスにデザインという言葉を付与する必然性はあるのか？

サービスとは1つの交換ではなく、体験の流れ全体であるというだけでは、デザインのたんに対象が広がっただけになってしまう。デザインする方法は同じであるが、対象が複雑になったために、方法に少し工夫が必要、という程度では、サービスデザインという標語を掲げる必然性はないだろう。サービスは闘いであるという本書のテーゼを踏まえると、新しいデザインが必要であることがわかる。このことを次に検討しよう。そのときのキーワードは、人間中心設計から人間-脱-中心設計へのシフトである。

3　人間-脱-中心設計

サービスが闘いであるということを理解すると、サービスデザインはどのように変化するのか？ 例えば、鮨屋のサービスは、そもそも客にとってわかりにくくデザインされている。親方はメニュー表を用意する選択肢もあるし、説明を丁寧にしてもよいが、それをあえてしない。客に緊張感を強いるようなデザインは、これまでのユーザ中心や人間中心の考え方からは、ほど遠いように見える。

人間中心設計を提唱してきたDonald Norman（2004）による、エモーショナルデザインの議論がこの点を先鋭化させる。例えば、Normanはアパレル DIESELの店舗は「外から見て、威圧的な環境を提供」し、「最良の顧客は混乱している客」であるという。その目的は「顧客に店員と交流してほしいから」であるという（p. 122）。このようなエモーショナルデザインを人間中心設計と対比し、Normanは次のように主張する。「人間中心のデザインを実践している者にとっては、顧客のために働くということは、不満や混乱や無力感などから解放することである。顧客自身が支配し権限があると感じさせることである。だが、賢い販売員にとっては、この正反対が正しい」（p. 122）。さら

に,「人間中心のアプローチを反復することが,行動的デザインに対してうまく働くと今でも考えているが,本能的あるいは内省的な側面には,必ずしも適切とはいえない。これらのレベルでは,反復的な方法は妥協,話し合い,合意によるデザインとなる。その結果は安全で効率的なものであることは確かだが,必ずや味気ないものとなる」(pp. 128-129)。ここで興味深いのは,人間中心設計とは「正反対」のデザインが成立するということである。この正反対のデザインを,人間脱中心設計と捉えてみよう。

客に闘いを挑むようなデザインというのは,デザイナーを超越的な立場に置かないということを意味する。デザイナーが客あるいはユーザと対等な立場に立ち,予定調和的な芝居ではなく,相手の出方に自らを曝け出すならば,そこには根源的な意味で闘いが生じる。対等な立場での関係性を「対話」というような一見調和に満ちた言葉で表現してもいい。しかし,Bakhtin (1963) が主張するように,対話とは互いに決して還元されない対立する声の不完結な全体性であり,そもそも闘いと捉えたほうが正確であろう。サービスに人が関与するということが,その本質的な特徴であるということを踏まえると,人をあますところなく人として捉えるという意味での闘いに行きつかざるを得ないと思われる。

サービスデザインは,ユーザの体験の連続性,つまりタッチポイントのつながりの全体性を体験としてデザインするという革新性を持っている (Stickdorn & Schneider, 2011)。この革新性を,ユーザを固定的に措定しその潜在的な要求を満たすためではなく,サービスという連続性を通してユーザが変容するところまで押し進めなければならない。つまり,サービスデザインがユーザを前提とするのではなく,ユーザはその結果であると捉えることが重要となる。もちろん,結果としてユーザが十全の主体性を獲得するのではなく,常に矛盾を抱え,引き裂かれた主体としての結果である。デザインの対象が単独のモノやグラフィックであった場合には,ユーザを固定して考えることもできたかもしれないが,デザインの対象がサービスに広がり,そしてサービスの本質が闘いであると認めるのであれば,サービスの過程でユーザがどのようなユーザに

なっていくのかということに注目する必要がある。客はサービスの闘いの過程を通して，どのような客になっていくのか，それに応じて提供者はどのような提供者になっていくのか，これがサービスデザインの肝となる。

すでに見たように，鮨屋では，店に入り席に座った直後，メニュー表も店の説明もない状態で，職人から「お飲み物いかがいたしましょう？」と質問される。この質問はあたかも当然のように，何気ないものとしてなされる。それにより，職人は，自分の客はこの質問に問題なく答えられるというように，客の定義をしているのである。しかし，実際には多くの客は，このように定義された客になりきることができない。客はこの定義に近づこうとしながら質問に答えるが，自分の経験不足が示されてしまう。そして最終的には，この客がどういう客なのかが構築されていく。闘いを通して，お互いが相手を見極めようとする。このように，顧客を事前に十全の実体として措定せず，やりとりの実践を通して顧客が主体を構築していく過程に着目する必要がある。

一方，人間中心設計では，ユーザとはどういう人でどういう要求を持っているのかが問題となり，そのためにユーザを固定的に実体化する。例えば，人間中心設計の標準であるISO9241-210の中では，「ユーザの要求を明示」し，「ユーザの要求を満たす」という手順が示されている。しかし，ある個人をユーザという自明な実体として措定するのは誰か？　そのユーザを中心に据え，その要求を満たすのは誰か？　この枠組みでは，デザイナーはユーザに対して超越的な立場にいることになる。デザイナーが超越的な立場からユーザのためにデザインするということは（Normanもこの枠組みに留まる），ユーザを抽象的に外からしか捉えることができず，逆にユーザを神格化することにつながる。神格化とは，ユーザという実体を絶対的な対象として受け入れ，その要求を満たすことを目的とすることを意味する。しかし，そのような神格化されたユーザの要求を外から満たしてあげるというデザイナーは，自らをこのすべての関係性の外に置くことになる。本書でこれまで議論してきたサービスは闘いであるというテーゼは，この関係性を捉え直すものである。

ここで人間を脱中心（de-center）するという考え方が重要となる。つまり，

人間を十全の調和のとれた全体性ではなく，矛盾をはらんだ存在として理解する必要がある。Bakhtin（1963, p. 122）は，「生きている限り，人間はいまだ完結しないもの，いまだ自分の最後の言葉を言い終わっていないものとして生きているのである。（中略）人間とはけっして自分自身と一致しない存在である」と言う。このような人間という存在は特定の概念に還元することはできず，常に自分を定義し，他者との関係でその自分を構築するための交渉を行う存在である（Butler, 1990; Laclau & Mouffe, 2001）。定義されたその主体は常に達成されたものでしかなく，達成された主体もまた矛盾をはらむ存在に過ぎない。実践とは常に個別具体的な状況でなされる行為により成り立ち，常に具体的な実践を通して，人が自らを反復的に定義する。つまり，人間を脱中心するということは，闘いとしての実践を想定することである。

それでは，人間脱中心のデザインとはどのようなものか？ Normanの議論がいくつかのヒントを与えてくれる。Norman（2004）は，内省的デザイン（reflective design）という考えに従って，人々が持つ自己イメージに注目した。たしかに，これは人間を自己イメージ，つまり他の人からよく見えることや何か難しいことを達成したと主張したいという意味でのイメージであり，これは人をイメージという表象に還元しているのだが，その示唆するところは興味深い。つまり，人間脱中心設計は，Normanの言うエモーショナルデザインのように，人間中心設計の「正反対」となる可能性がある。人間中心設計では，サービスは理解しやすく，ストレスのないものとし，顧客にとってはコントロールできるものである必要がある。しかし，そのようなサービスは，顧客を人間として捉えておらず，その人がどういう人であるのかは問題とならない。その人がどういう人かを問題とし，それを実践の中で交渉していくということは，逆にサービスの中に緊張感やストレスが埋め込まれなければならない。そのためには，サービスはある程度わかりにくいこと，客にとってはコントロールできないことが重要となる。

人間脱中心設計のためにデザイン理論は，弁証法的否定性を内包している。ユーザが自分の主体を構築するということを前提にする以上，サービスにはま

ずユーザを否定する契機が含まれている。サービスが文化のパフォーマティブを通して構築されるとき，ユーザを否定し，より高い水準のユーザを定義することで，矛盾を生じさせる。この矛盾により，ユーザが自らをより高めていく運動を引き起こす。もちろん，ここで何かが別のものよりも高い水準であるということには，何ら根拠はない。サービスではこの根拠も含めて構築することになる[1]。つまり，どういうユーザが理想であり，現在のユーザがそれに到達していないという関係性をパフォーマティブに構築するのである。この意味で，ユーザをデザインの中心には据えない。むしろ，中心からずらしてユーザを布置することになる（厳密に言うと，中心というものは存在せず，パフォーマティブに設定されるにすぎない）[2]。

ドストエフスキーの筋書（プロット）に関して，Bakhtin（1963, p. 218）は次のように書いている。

> プロットが人物を例外的な状況に置き，彼の内面を開示して挑発して，異常で思いがけないシチュエーションの中で彼を他の人物たちと出会わせ，衝突させる。それはみな（中略）すなわち《人間の内なる人間》を試練にかけることを目的としているのである。

「人間の内なる人間」というのは，予定調和のシナリオに従属する人間ではなく，対等で自由な声を持った人間である。人物をこのように扱い，そしてその人物を試練にかける。これがポリフォニー小説のプロットである。第1章で見たように，これと同じことが鮨屋で起こっている。これが人間脱中心設計のプロットとして多いに参考となるだろう。

人間脱中心のデザインとは，人間中心設計の単なる否定ではなく，その弁証法的止揚である。つまり，人間中心が人間を中心にしていないという批判的運動を伴っており，否定しながらもそれを保持している。人間脱中心の主張は，人間をないがしろにするという意味ではなく，むしろ人間を本当の意味で中心に据えることを目指すことを意味する（しかし，それが不可能であるか，恣意的であることを前提として）。レヴィナス風に言えば，人間中心設計は十分に人間中心的だろうかという問題提起である（内田, 2011）。前述のように，「応

答を要求する，繰り延べることのできない切迫」（Levinas, 1961, p. 73, 下巻）という緊張感によってこそ（Levinasはそれが平和的であることを主張するのを忘れないが），人が人として参加するサービスの意味が生まれるのであり，人の要求を満たすからではない。あるいは，Nietzsche（1906, p. 147）の言葉では「世界を「人道化する」とは，私たちがこの世界においては支配者であるとますます自負することにほかならない」。

たしかに，近年のポスト人間主義的言説を踏まえると，人間を重視するという主張を保持することは，いささか古臭く聞こえるかもしれない。言い換えれば，脱中心という言葉が，ポスト構造主義から借りたものであるとすると，なぜ懐疑主義をつらぬかないのかという疑問があるかもしれない。しかし，ポスト構造主義が懐疑主義であり，一切のものを否定するというのは全くの誤解である。我々は，あくまでも実践を起点に議論をするべきである。個別具体的な状況で具体的な行為がなされる実践の中では，人々は自らのサービスに対する理解を持っており，それを行為の中で表明する。この実践に基づく限りにおいて，懐疑主義をつらぬくことはできない。

要するに，ユーザという固定的な主体を措定し，そのユーザの要求を理解し，要求を満たすというデザインアプローチは，サービスデザインにはそぐわない。むしろその「正反対」のアプローチが求められる。人間中心という言説によって，人間という予め規定された主体を中心に据えるのではなく，人間を脱中心し，人間がどのように主体化されるのかに着目することが必要である。そのため，ユーザと闘うことが求められる。闘うということはユーザをないがしろにするのではなく，ユーザを対等な存在として尊重することの必然の帰結である。

4　サービスの織りなし

サービスデザインの議論は，奇妙な言説を組み立ててきた。まず，サービスの根幹についてあまり触れられてこなかった。つまり，レストランであれば料

理，バーであれば酒，ファッションであれば衣類，エンターテイメントであれば音楽や映像などのサービスの中心をなすもののデザインである。感覚的（aesthetic）な領域のデザインは，どうやら軽視されてきたように思われる。デザインのこれらの側面は，旧来の意匠としてのデザインの範疇であり，見た目の美しさはもはやデザインにとって重要な要素ではないというような具合である。違う見方をすると，サービスデザインが客の体験の全体に注目するために客を神格化したあまり，客の潜在ニーズや要求を満たすことがデザインであるというように捉えられてしまっているのかもしれない。

　たしかに，従来の見栄えのデザインから，サービスや社会を含む広い意味でのデザインにまで対象が広がったことは歓迎するべきである。しかし，その反動で，本来の感覚的な領域のデザインを軽視する必要はないし，それは望ましくもない。本書では，すでにサービスの感覚的な側面が，サービスそのものにとって重要な関連を持っていることを示した。サービスを客のニーズや要求に還元したとき，その本質を見失う。サービスとは，対等な人同士の闘いの関係であるし，差異化＝卓越化の動きであり，自分の主体を構築する過程である。そもそも芸術はこのような人間性を，その矛盾，恐れ，深淵として捉えることができたのであり，それが論理的なソクラテス主義によって問題解決のようなものと捉えられることになって，より本来のサービスから遠ざかる結果となってしまった（Nietzsche, 1872）。サービスは闘いであるというとき，我々はもう一度デザインの本来の可能性に戻らなければならない。

　それではサービスデザインの文脈で，このようなデザインをどのように語ることができるだろうか？　ここでサービスを「テクスト」として捉える視座を提案したい。

　本書でこれまで議論してきた理論的視座は，言語や記号の概念に依拠するところが多かった。というのは，この研究がソシュールやウィトゲンシュタインに始まる言語論的転回を経て，社会を言語的に捉えようとする視座に依拠しているからである。Laclau & Mouffe（2001）は社会を「言説」として捉える。Zizek（1989）は無意識とは言語的に構成されているというJacque Lacan（1966）

の理論を社会批判に応用した。Judith Butler（1990）は，言語行為論の「行為遂行性（performative）」の考え方を，同じく社会批判の概念ツールとして展開した。Roland Barthes（1971）やJulia Kristeva（1970）は，「テクスト」の概念を練り上げた。Jean Baudrillard（1970）は，消費社会を「記号」として描き出した。つまるところ，本書ではサービスとはテクストであるという考え方が想定されているのである。

　サービスデザインを考えるうえで，テクストの実践は1つの指標となる。Buchanan（1995）が示したように，デザインの語源は作ることであり，ギリシャ語のPoeticsである。さらに，製品を作るだけではなく，作る過程にデザインの焦点が移り，この領域はレトリック（rhetoric）に関わる。デザインとは，「製品がどのように，個人的あるいは公共の生活にとって望ましい性質に関しての，主張（argument）や説得（persuasion）の手段となりうるのかについての学問である」（Buchanan, 1995, p. 26）。

　Krippendorf（2006）はデザインの意味論的転回を主張しているが，この議論は言語論的転回をデザインの領域で繰り広げたものである。デザインされる人工物がますます「流動的で，非規定的で，非物質的で，仮想的な質と関わる」（p. 14）ようになり，「人工物はますます言語に組込まれる」（p. 14）ようになる。ところで，言語論的転回の基本的な考え方は，言語とは物質的であるというものであり，言語を重視することは物理的な物を無視して，観念論的なアイデアを扱うということではない。物理的な物も言語に分節されて存在する。

　言説はデザイン対象として意味を持つだけではなく，デザイン自身のデザインに関する言説も中心的になる。つまり，「意味論的転回は，デザインがデザイン自身のディスコースによって自らをリ・デザインするための種子である」（p. 13）ということになる。

> これは技術的な進展に適応しなければならないような人間のイメージや，適応する苦労をより軽くしようとするデザイナーのイメージから，技術的発展の方向に影響を与えることのできるような人間のイメージや，生活の多様な実践，コミュニティー，そして個々人がくつろぎを覚えるのに必要な感覚を支えるた

めの方法を見つけるデザイナーのイメージへの移行である。それは人間中心性，すなわち意味が重要であるという認識に向けての移行である。このことが意味論的転回の核心である。(Krippendorf, 2006, p. 14)

ここで，Krippendorfの言う意味論的転回が，「くつろぎを覚える」ことを重視しており，それでもって「人間中心」を謳っていることは，その限界を示していると言える。我々はこの考え方を徹底させ，人間脱中心まで到達しなければならない。しかしここで重要なのは，デザインがテクストを生成する過程であるということである。この視座は，デザインにいくつかの示唆を与えてくれる。

サービスをテクストとして捉えることの意味は，まず「対立するものの並存」という両面価値性である（Kristeva, 1970）。対立する主体が衝突する緊張感のある「対話」が，サービスを奥深く，洗練されたものにする（Bakhtin, 1963）。サービスの多くは伝統や異文化のテクストを織りなすことによって，神秘性を構築しようとする。そのとき，それらのテクストは二重の意味を持つことになる。例えば，Bakhtin（1963）やKristeva（1970）が文体模写やパロディなどの用語で説明したように，伝統のテクストはサービスの新しい記号体系に織り込まれるとき，それが若干客観化され，歪められ，ずらされ，時には否定される。料理人が伝統のテクストを変容させるさまはすでに見た通りである。

さらには，テクスト自体の中に，互いに異議を唱えるテクストが並列される。料理人であれば，互いに還元されえないがゆえに，緊張感を生み出し，動きのある料理をつくる。つまり，ポリフォニー芸術が生み出される。ポリフォニーは，まず料理であれば素材同士の闘いとして実現されるのだが，それはサービスに関わる人の関係性の反映でもある。緊張感のあるサービス自体は，緊張感のある関係を必要とする。このような両面価値は，サービスの質自体をより複雑で奥深いものとするのだが，これまでサービス品質はこの水準で議論されてこなかった。サービス品質をどのように知覚するのかを考えると，客はこのようなサービスを一意に評価できなくなる。このテクストが開かれて未完成の状

態であり，自身がテクストの生成に関与することにより，客は1つの結論として サービスの評価を提示できない（そうするとき，その評価はすでにテクストに組み込まれ，相対化される）。

　さらに，サービスのテクストは，提供者だけではなく，客によっても生産される。サービスを受けるということは，能動的にそれを読み解くということであり，読み解きは自ら様々なテクストを引用し，新しいテクストを織りなす実践である。客は料理の意味を自分なりに理解するのだが，それは正解を突き止めるというものではなく，自分のテクストを織りなすという意味である。この織りなしは，客というものを不安定化する形でなされなければならず，そのためにはこの客のテクストが否定性を含まなければならない。客はテクストを読み解こうとしながらも，自分がそのテクストの一部となって，自分の主体を構築しながら，サービスというテクストを織りなしていかなければならない。もちろん，提供者も同様に，都度客との関係の中で，自らの主体を変容し，サービスのテクストを織りなし続ける。このような関係性に持ち込むためには，注意深く作り込まれたテクストを圧倒的な力をもって提示していくことが求められる。客がサービスに関与し，価値を共創するというとき，この織りなしを意味している。

　サービスにおいて文化を構築することが重要となる。サービスにおいて重要なのは，これらのテクストは，大部分が語られないことによって現前するということである。伝統や文化が織りなされるとき，それはあたかも当然であるかのように，つまり言葉で説明される必要がないものとして扱われる。サービスにおいては様々なルーチンが構成されるが，これらは自明なルーチンではない。ルーチンであるように仕立て上げられているのであり，そうすることが文化の闘争の方策である。明示的な言語の不在もテクストの一部である。サービスをデザインするとき，あえて語らない部分をどのように作り込むのかが重要となる。サービスは高級になり洗練させるほど，この言葉にはならないテクストが増える。これはサービスを文字に中心化・固定化するのではなく，客に自分の織りなしを求めることにより，テクストの生産性をより強調することになる。

最後に，テクストは歴史的座標に位置する。テクストは歴史を取り込むと同時に，歴史を生み出す（Kristeva, 1970）。サービスデザインでは，このことはあまり議論されない。なぜなら，サービスの中心に据えられた客の潜在ニーズや要求は，歴史を持たないからである。本書で議論したようにサービスを捉えると，サービスデザインは歴史的でなければならない。歴史は単なる時間軸のことではなく，人々の生活の様式を意味する。あるいは，自らの生活を実現するための生産の様式という意味で，生産様式とも言える。生活・生産の様式は，歴史的過程によって作り上げられるのであるが，それが一つの現実として固定化する。固定化した限りにおいて，それが歴史的であることが忘れられ，それが必然的に唯一の現実であるように受け取られる。生活・生産の様式は，そこに社会の支配関係が生み出され，固定化する限りにおいて，社会の政治的側面に関わる。

　フレデリック・ジェイムソン（Frederic Jameson）が言うように，テクストは常に歴史的である（Jameson, 1981）。Jamesonは，政治的側面を，3つの水準に切り分けた。まず単純な「政治的」という水準では，人々の政治性は個人のレベルに留まり，個人のアジェンダがテクストに現れる。次に「社会的」という水準では，集団や階級のアジェンダがテクストに表現され，政治性は階級の間の闘争の様相を帯びる。最後に「歴史的」な水準がある。この水準は他の水準を包含する最も包括的なものである。歴史的なテクストは，歴史の変化，つまり生活・生産様式の変化を捉え表現する。ここでは歴史的な変化において旧来のテクストと新しいテクストの対立が持ち込まれる。

　つまり，サービスをデザインするということは，社会の生活・生産の様式の変化を読み取り，その変化をサービスの中に，対立するものの並存という形で織りなしていくということである。例えば，マクドナルドのようなファストフードは，社会の生活・生産様式の変化を捉えて世界に広まったのであり，それが効率的で，予測可能であるから他を駆逐したのではないか。客のニーズや要求というのは，このような社会の様式の変化の上に現れる。

　つまり，サービスのデザインは，客とその要求から開始するのではなく，歴

史的なテクストから開始する。それらのテクストが組み合わされ，1つのテクストとして提示される。テクストの生成とは読むことでもあるから，サービスデザインはまず既存のテクストを読むところから始めなければならない。サービスデザインの最初の段階でエスノグラフィが行われ，インサイトと呼ばれる知見を獲得することが推奨されている（Stickdorn & Schneider, 2011; 小林 *et al.*, 2014; Szymanski & Whalen, 2011）。これは，客のニーズを理解するためではなく，既存のテクストを読み解くための活動である。

　このようなデザインを実践する人は，旧来のデザイナー像とは異なるかもしれない。ここでの感覚的（aesthetic）能力は，現前の人工物を美的に構成することに閉じたものではなく，社会と歴史のテクストを読み取る能力，そしてそれを直接引用するのではなく，ずらしながら，時には否定しながら織りなし，対立するものを並存させることができることが含まれる。奇抜なアイデアを生み出す発想力や複雑な問題を解決する能力よりも，読み解き，書き込む能力が必要となる。

■注

1　繰り返し述べてきたことであるが，伝統のほうが価値があるとか，ある物が伝統的であるとかいう言説は，伝統を特定の形で構築する実践である。本書では伝統がどのように構築されるのかに着目するのであり，伝統がいいとか悪いとかの判断には興味がない。
2　このような脱中心化は，知的であるとする議論の常套手段のように思われる。Lacanによると，我々の主体はそもそも他者の欲望を引き受けたところに打ち立てられる。つまり，主体にはもともとその人自身の現実があって，それに基づいて構築されるのではなく，何もないところに外から与えられることで構築されていく。我々の存在は常に自らよりも先を行っているとか，モノによって成り立つ世界に投げ込まれることで自分自身ではない，オーセンティックではない根拠に基づいているなどというHeidegger的な主題も同様である。

終　章

サービスと向き合う

1　サービス科学は闘いである

　本研究はサービスを，全く新しい観点で捉え直すという野心的な企図を持って始まった。つまり，サービスとは闘いであるという，現在のサービスの言説とは正反対のテーゼを掲げた。そのため，既存理論では説明がつかないと思われた鮨屋のサービスを経験的に分析することから始め，そこで闘いの実践を記述した。次に，この分析的知見の適用範囲を試すために，鮨屋とは対照的なファストフードの事例を同様に分析した。そして，イタリアンとフレンチレストランを取り上げ，サービスをより幅広い領域で比較検討した。

　しかしながら，この経験的分析はデータを説明できるが，なぜそのようになっているのかを説明する理論基盤が欠落している。つまり，そもそもなぜ闘いが起こっているのかということである。そこで，様々な分野の理論を紐解き，この理論基盤の構築を試みた。そして，最後に，この新しい考え方に基づいたとき，サービスをどうデザインできるのかについて考察した。

　本書では，サービスが顧客の欲求を満たす，顧客の問題を解決する，顧客に便益をもたらすなどのように捉えられていることを批判した。しかし，この批判は，これらの通俗的な考え方をたんに否定するだけでは意味がない。本研究は，これらの考え方がなぜ生じるのかを探究した。サービスの関係性は，常に矛盾をはらみ，弁証法的に媒介されている。表面的に見えることをそのまま受

け取ってしまうと,誤解してしまう。歓待,もてなし,気遣いなどは客への奉仕であるように見えるし,そう理解されるのは間違いではない。しかし,これらの概念には矛盾が含まれている。概念が,自身の否定も包含している。歓待は不可能であること,しかしそれが可能性の条件となっていること,もてなしを語るときにはすでにそれが否定されてしまっていること,気遣いをすることが気遣いを否定するということなどである。このような弁証法的概念を正確に理解するには,表面的な理解を否定するところから始めなければならない。

しかし,サービスの言説が,顧客の満足というような予定調和的なものになるということの本当の理由は,もっと込み入っている。その議論のためには,Laclau & Mouffe (2001) の「敵対」の概念を持ち込む必要がある。社会的な全体性が1つの閉じた体系であると規定されることに対して,敵対がそれを開く。つまり,敵対とは相手の否定であり,相手からの否定であるため,自分のアイデンティティが全面的に不安定化すると共に,相手のアイデンティティも不安定化する。

> 敵対が存在する限りにおいて,私は私自身に対して完全な現前を果たすことは不可能である。しかし,私と敵対する勢力もまた,そうした現前は不可能である。敵対する勢力の客観的な存在は,私の非存在の象徴である。(Laclau & Mouffe, 2001, p. 281)

ここで,自分と他者のアイデンティティが,それぞれ相互に依存する形でしか生じない[1]。このように敵対は,アイデンティティを流動化し,そこで社会という全体性を不安定なものとする。敵対のないところでは,社会は1つの閉じた体系として,固定化され,実体化される。例えば,主人と奴隷のように従属関係が実定化されると,それぞれのアイデンティティは固定化し,敵対は生じない。つまり,客という役割を規定し,客との関係を「客の要求を満たす」と定義することは,個々の関係性を固定化することである。たしかに,要求の中身に多様性を認めることは可能であるが,個人を特定の役割に,特定の関係に押し込める。敵対は,このような固定化を否定する契機となる[2]。

この敵対は,我々の社会に対する理解を根本から覆す契機である。端的には,

社会という実体は存在しないということになる。つまり，サービスという実体は存在しない。

> 敵対は社会の限界を構成し，社会がみずからを完全に構成することの不可能性を示している。(p. 282)

　敵対関係によって初めて，サービスの関係に不安定性が生じ，アイデンティティが流動化し，サービスを通してアイデンティティが構築される過程が生まれる。この過程なしには，人々は固定化されたアイデンティティの中に留まり，その間で情報や資源のやりとりをするだけである。

　これはサービスの言説にとっては，受け入れ難い。研究者も実務家も，サービスを閉じた言説として捉える欲求に屈してしまう。なぜなら，敵対は言語の限界の外にあるからである。我々は言語の中で言説を構築するしかなく，この否定性は堪えがたいものとなる。そこで，客の満足という調和を措定し，そこからサービスの言説を構築するのである。とすると，この構築された言説は，我々が現実を客観的に記述したものではありえず，逆に我々が自らの要求を映し込んだものとなっている。これは1つの幻想となる。実務家にとっても同様である。サービスを管理するとき，固定的で閉じた言説を構築せざるを得ない。そうしなければ管理できないからである。つまり，閉じた言説は，管理したいという欲求を映し込んだものとなる。

　したがって，サービスに関する言説のパフォーマティヴィティを看取しなければならない。サービスとはこういうものだとする言説は，その言説を可能にする条件を構築するというパフォーマティブがあって初めて可能となる。つまり，人々を「客」や「提供者」などの固定的役割に押し込み，一方の「要求」を他方が「満足する」という予定調和のやりとりを作り上げ，それらの個人がどういう人かという問題は存在しないものとして消去する。ここでは個人という人を，個性を消し去って「要求」という「属性」に還元するという，物象化が起こっている。

　実は，これは我々がすでに見たサービスの神秘性の構築と全く同じ構造である。人々が伝統を求めるということについて議論したが，なぜ人々が伝統を求

めるのかに関しては触れなかった。そのため，Žižek (1989) の議論を追ってみよう。神秘性が生まれる原因を，ŽižekはLaclau & Mouffe (2001) の言う「社会の不可能性」に求める。今まで支配と隷属の閉じた関係で生活していたとき（それも幻想であるが），人々は人の神秘性を空想として社会を受け入れることができた（例えば，支配者には神秘的な力があるなど）。しかし，完全に自由な個人がやりとりする社会では（支配者の神秘的な力が拒否される），それ以外のところに空想を構築しなければならない。例えば，人々は偶然性には何らかの必然な理由を求めたくなる。そこで，裏で社会を操作するユダヤ人といった空想が作られるのである。同様に，すでに見たように，サービスとは擬似的に構築されたものに過ぎない。それが現実として社会の隅々まで浸透し，社会が作り上げられている。この社会の不安定な基盤に直面して，サービスを実体化し，伝統の支えや笑顔による親しみやすさを求めるのは，不思議ではない。

　このことから，研究者によるサービスの理解と実践者によるサービスの理解は，再帰的に関係していることがわかる。それは，サービスというものに対して，研究者と実践者も同じ問題に直面しているからである。この問題とは，つまりサービスとは基本的に闘いであるにも関わらず，それを受け入れることができないということである。したがって，サービス科学も闘いであると言える。サービス科学は，従来の科学の対象が，サービスという領域に広がったことによって成立するのではない。根本的に他の科学とは別の科学的アプローチが必要となるのである。

　本書で「闘い」という過激な言葉を使う理論的な理由は，このLaclau & Mouffeの「敵対」の概念に求められる。もちろん，Laclau & Mouffeの議論している従属関係や抑圧関係とは無縁の，顧客の意志による支払いを伴うサービスという領域で，その敵対の概念を議論することは違和感があるかもしれない。確かに，我々は政治的な敵対を想定しているのではないし，支配関係を議論しているのでもない。サービスにおける闘いは政治的な運動のような闘いとは質が異なるように見える。しかし，本章の議論をよく吟味すると，実はそれほど

違わないことは明らかである。この敵対の概念の持つ理論的意味は，何ら修正されることなくサービスにも適用される。そして，実はLaclau & Mouffeの議論の核心は，次のように本書の研究の問題意識につながっている。

2 サービス社会の流動化

　本書の目的は，サービスという概念を捉え直すことで，その可能性を最大限に広げることであるが，もう１つの隠れた目的は，社会の新しい形を模索することである。つまり，我々の生活の中に浸透しているサービスという概念が，ある種の誤解をもとに理解され，それにより我々の社会の形成する言説に違和感が生じている。これは，サービスというものが，支払いさえすれば，後は座っているだけで満足させてもらえるという意味で，「風俗化」しているという直感である[3]。このようなサービス理解では，顧客は自分の主体を締め出す。そこでは自分は支払いという行為さえしてしまえば，後は一切の責任やリスクを負うことはないし，一方的に奉仕してもらえるという関係である。

　この主体の締め出しは，我々の社会をとても息苦しいものにしている。Habermas（1981）が語ったように，我々の生活世界が経済や権力システムによって「植民地化」されている。これまで魚屋の親父から買い物をしていたとき，「この太刀魚は特別よかったから市場で奮発して仕入れたんだ」とか，「この秋刀魚はいいよ。冷凍していないから内臓も食べれるよ」という会話があった。しかし，スーパーでラップされた魚を買う分には，すべての魚が画一化している。客が売られているものに対して何か反論する機会は与えられない（買わないという消極的な行為を除いて）。

　社会のあらゆる関係性が，システムに植民地化されている。結果的に，客は一方的に価値を与えられるだけであり，もはや自分が主体性を持つことはできない。客は自らの主体性を締め出すことによって得られるサービスもまた，提供者自身の主体性が締め出されたものであることに気づく。サービスが画一化した中で，付加価値をつけるために演出をするサービスもあるが，このような

サービスは細部にわたって計画され演じられている。教育において一方的に教えてもらえるという関係，医療において一方的に治してもらえるという関係が前提とされる。

例えば，電子カルテを開発しているITベンダーが，「患者の安全を考慮している」と話す。実際に何をしているのかと聞くと，危険な薬の組み合わせなどがあると，医師に向けてワーニングのポップアップウィンドウが表示され，OKを押してもらうのだという。これによってITベンダーは自分のシステムが安全であると主張できる。しかし実際にはそれで安全になるだろうか？　医師はポップアップが頻繁に出るとあまり確認することなく，OKボタンを押すようになるかもしれない。実際にデータを取って見たわけではないが，それが事実かどうかは問題ではない。ポップアップを出せば安全であるという言説が成り立つことが重要である。このことはITベンダーが一方的に安全であると主張しなければならない関係性から生じている。そのためには，自分にできる範囲，つまり自分の責任範囲を線引きし，その範囲内でできることをしていると主張するしかない。それによって自分には責任がないと言うことができる。つまり，自分の主体性を締め出しているのである。

Laclau & Mouffe（2001）の「敵対」の概念に関して1つの疑問があるとすると，敵対の対象は，あるグループが別のグループを従属させるという政治的な闘争であり，サービスにおける闘いと同質なのか，という点である。この議論は，Laclau & Mouffeの主張する「民主主義の革命」につながる。つまり，従来は階級という敵対する集団の間の従属関係にもとづいた闘争があった。しかし，現代の社会的闘争は，このような既存の，固定的な集団構造に依存していない。フェミニズムや人種差別はまだしも，環境問題，教育問題，歴史問題などで社会的に運動が展開されるとき，その闘争は従属関係とはほど遠いように見える。

Habermasと同様，Laclau & Mouffe（2001, pp. 351-356）は，社会が貨幣に媒介された経済システムによって「商品化」されていることを指摘する。

> 今日，諸個人が資本に従属していくのは，労働力の売り手としてだけではない。彼らは，文化，余暇，病気，教育，性，死ですら，これら無数の社会関係へと自分たちを組み入れていくプロセスを通じて資本への従属を強めていく。個人の生活，集合的生活を問わず，実際に資本主義的関係から逃れることのできる領域などは存在しないのである。(中略) 居住環境，消費，多種多様なサーヴィスは，不平等に対する闘争および新たな諸権利の要求のための地形を形成することが可能なのだ。(pp. 353-354)

そしてLaclau & Mouffeは，社会の商品化によって生み出された弱者へのサービスという空白を埋めるために伸長してきた官僚制によって，私的な生活世界に公的な規制，制度，警告が介入することになったことを指摘する。

> 重要な事実として，以前は私的領域の部分を構成するものと見なされていた社会的諸関係において，多様な警告と規制が課されるようになったことを挙げることができる。「公的なもの」と「私的なもの」との分断線のこうした移行は，両義的な影響をもたらしている。(中略) こうした「公的空間」の創造は，真なる民主化の形態によって遂行されるのではなく，新しい従属化の形態を上から押しつけることで達成される。まさにこの点において，無数の闘争が国家権力の官僚制的形態に対抗して出現してくる地点を，私たちは探さねばならないのである。(p. 356)

このように我々の現在の従属関係は，階級などの所与の集団にではなく，経済や官僚制というシステムに起因している。注意する必要があるのは，経済システムも官僚制も，特に明示的な権力を行使するものではなく，一見すると平等であることに志向している仕組みであるということである。Max Weber (1922) によれば，官僚制は出自に関係なく，能力によってポジションが与えられるし，貨幣に媒介された市場では支払いさえすれば，誰でも同じサービスを受けることができる。しかし，結果的に我々の現代の生活は，隅々までシステム化され，それにより本来の自分たちの存在が，固定的な実体の中に収められていくのである。

Bakhtin (1963, p. 121) は，次のように書いた。

つまり生きた人間を，当事者抜きで総括してしまうような認識の，もの言わぬ客体に帰してしまうことは許されない。人間の内には，本人だけが自由な自意識と言葉という行為をもって解明することのできる何ものかが存在しており，それは人間の外側だけを見た本人不在の定義ではけっして捉えきれないものなのである。(中略)
彼ら［筆者補足：小説内の登場人物のこと］はすべて自己の内部の不完結性を感じ取り，自分を外見だけで決めつけようとするあらゆる定義を内側から突き破って，それを虚偽としようとしてしまうような自己の可能性を感じているのである。

このような行為主体性の出現は，画一的で閉じた現代のサービスの多くに対しての「叛逆」(p. 121) なのである。Bakhtin (1963, p. 129) もまた，「形式面においても内容面においても，ドストエフスキーの全創作の主要なパトスは，資本主義という条件下における人間および人間関係，さらにはあらゆる人間的な価値の物象化現象に対する闘いに向けられていたのである」と主張したのである。

これまでサービスという概念が介在しなかったような領域でも，サービスが進出している。例えば，介護，独居の親の安否確認，時には墓参りまでもサービスで代行してくれる。教育も医療もサービスとして位置付けられるようになった。このようにサービスというものが広がっていること自体に問題はない。問題は，サービスというものが誤解されて，広がっているということである。教育や医療がサービスであるということになると，支払いをした「客」は次々と要求を出すようになる。「提供者」もそのような客の要求を満たすことを目指すようになる。

たしかに，主体性を退避させ，一方的に満足させてもらうサービスは，一時的には心地良いものだろう。魚屋の親父と話しながら魚を選ぶことよりも，スーパーで並んでいるパックを選ぶほうが気楽だろうし，コンピュータの前でクリックして家に届けてくれるサービスのほうが，好きなものを好きな時間かけて選べる気軽さがあるだろう。しかし，人がこのようなサービスに無条件に

満足することはない。人は幸福ではなく権力を求めているという「力への意志」を主張するNietzscheの次のような言葉が示唆的である。「快感は，まさしく意志の不満足のうちに，意志が敵手や抵抗を欠くためにいまだ十分満たされてはいないということのうちにある。――「幸福な者」とは，畜群の理想のことにほかならない」(Nietzsche, 1906, p. 221)。

　本書は，サービスというものに対する理解を，様々な観点から吟味し，それを闘いであると記述することによって，我々の社会におけるサービスの関係を反転させるための一助となることを目指している。サービスとは，人と人の関係性に関与する。商品の交換ではなく，客も積極的に関与して価値を生み出すというサービスは，もはや人間関係そのもののことを指すと考えていい。しかし，この人間関係を一方的に奉仕するとか，満足させると捉え，この関係を閉じることなく，そこから本当の人間関係が生まれるように，闘っていくことが必要である。

■注

1　このことは，Heidegger (1960, p. 74) の次のような議論と重なる。「われわれはたしかに闘争の本質をあまりにも安易に歪曲する。それは，われわれが闘争の本質をいさかいや喧嘩と一緒くたにし，そのために闘争をただ邪魔することや台無しにすることとしてしか承知していないからなのである。けれども，本質的な闘争においては，闘争するものたちは，一方がそのつど他方を，その本質の自己主張へと高めるのである。しかし，本質の自己主張はけっして何らかの偶然的な状態に固執することではなく，固有な存在の由来の伏蔵された根源性に自己を引き渡すことなのである。闘争においては，あらゆるものが自己を超えて他なるものを担う。このようにして，闘争は，ますます闘争的に，ますます本来的に，闘争がまさにそれにほかならないものになる。闘争がいっそう厳しく自己を自立的に過剰に駆り立てれば駆り立てるほど，闘争し合うものたちはたがいを単純な相互帰属の親密封〔Innigkeit〕へと，いっそう頑固に解放する。(中略) 闘争は〔闘い合うものたちの〕親密さという単純なものにおいてその絶頂に至るのだから，闘争を闘わせることによって生起するのは作品の統一である。闘争を闘わせることは，つねにそれ自体を過剰に駆り立てながら，作品の動性を収集することである。したがって，それ自体の内に安らう作品の安らいは，その本質を闘争の親密さの内にもつのである」。

2　この「敵対」が力の行使や暴力を意味しないことが重要である。その意味で，この敵対という概念によって，私が主張することは，Levinas (1961) の次のような言葉に重なる。「〈他者〉の他性があらわれるのは，征服するのではなく，教えるような統御にあってのことである。教えとは支配と呼ばれるたぐいの一種，全体性のただなかで作動するヘゲモ

ニーではない。それは無限なものの現前なのであって，その現前が全体性の閉じた回路を爆破させるのである（p. 352）。もちろんLaclau & Mouffe（2001）のヘゲモニーは，ここで言う閉じた全体性のただなかで作動するものではない。

3　本書を通して，サービスの大衆化に対する立場が揺れ動いているように見えたかもしれない。つまり，高級な鮨屋や料亭のような保守主義，エリート主義的な価値を擁護しているのではないかと思われたかもしれない。しかし，本書は一貫して，これらのサービスは構築された事実にすぎないこと，その背景には差異化＝卓越化の契機を含んでいること，そしてそれが高級サービスだけではなくほとんどのサービスに関連することを議論したつもりである。本書が問題としたのはサービスに関する根深い誤解であり，どのサービスが特に価値があるという主張は避けてきた。気難しい親方のいる鮨屋を正解であると主張する気は全くない。この意味で，Bourdieu（1979）が付録に掲載した，『追記「純粋」批評の「通俗的」批判のために』という文章，つまりカント的純粋趣味の概念に対する批判に概ね合意するのであるが，この議論に追加して，本書はサービスの「大衆化」を肯定しつつも，サービスの「風俗化」を批判する。この違いは時にあいまいであり，経験的には相関のある現象であるとも思われるが，理論的には区別される必要がある。

参考文献

Althusser, L. (1970). *Idéologie et Appareil Idéologique d'État. La Pensée, 151*（juin）（柳内隆訳『アルチュセールのイデオロギー論』三交社，1993年）.
Althusser, L., Balibar, É., Macherey, P., & Rancière, J. (1968). *Lire le Capital.* Paris: Librairie François Maspero（今西仁司訳『資本論を読む』筑摩書房，1997年）.
Asimov, E. (2002, November 27). Restaurants; Sushi with respect for past and present. *New York Times.*
Austin, J. L. (1962). *How to Do Things with Words.* Oxford: Oxford University Press（坂本百大訳『言語と行為』大修館書店，1978年）.
Bakhtin, M. M. (1963). *Problems of Dostoevsky's Poetics (Russian).* Moscow: Khudozhestvennaja literature（望月哲男，鈴木淳一訳『ドストエフスキーの詩学』筑摩書房，1995年）.
Barthes, R. (1957). *Mythologies.* Editions du Seuil（篠沢秀夫訳『神話作用』現代思潮新社，1967年）.
Barthes, R. (1961). Pour une psycho-sociologie de l'alimentation contemporaine. *Annales, 5*(septembre-octobre)（花輪光訳『物語の構造分析』みすず書房，1979年）.
Barthes, R. (1968). La mort de l'auteur. *Manteia, V*(fin)（花輪光訳『物語の構造分析』みすず書房，1979年）.
Barthes, R. (1971). De l'oeuvre au texte. *Revue D'esthetique, 3*(juillet-septembre)（花輪光訳『物語の構造分析』みすず書房，1979年）.
Baudrillard, J. (1970). *La Société de Consommation: Ses Mythes, ses Structures.* Paris: Éditions Denoël（今西仁司，塚原訳『消費社会の神話と構造』紀伊国屋書店，1995年）.
Becker, M. C. (2005). The concept of routines: some clarifications. Cambridge *Journal of Economics, 29*(2), 249-262.
Benjamin, W. (1975). Abhandlungen, Gesammelte Schriften, Band 1-2. *Suhrkamp*（佐々木基一訳『複製技術時代の芸術』晶文社，1999年）.
Bernstein, R. J. (2011). *Praxis and Action.* University of Pennsylvania Press.
Boje, D. M. (2011). *Storytelling and the Future of Organizations.* New York: Routledge.
Bourdieu, P. (1977). *Outline of a Theory of Practice.* (R. Nice). New York: Cambridge University Press.
Bourdieu, P. (1979). *La Distinction.* Paris: Les Éditions de Minuit（石井洋二郎訳『ディスタンクシオン』藤原書店，1990年）.

Brillat-Savarin. (1975). *Physiologie du Goût, avec une Lecture de Roland Barthes*. Paris: Hermann (松島征訳『バルト, <味覚の生理学>を読む』みすず書房, 1985年).

Brillat-Savarin, J. A. (1825). *Physiologie du Gout* (関根秀雄, 戸部松美訳『美味礼讃』1983年).

Brown, T. (2009). *Change by Design*. New York: HarperCollins (千葉敏生訳『デザイン思考が世界を変える』早川書房, 2010年).

Buchanan, R. (1995). Rhetoric, humanism, and design. In R. Buchanan & V. Margolin, *Discovering Design* (pp. 23-66). Chicago: The University of Chicago Press.

Butler, J. (1990). *Gender Trouble*. Routledge (竹村和子訳『ジェンダー・トラブル』青土社, 1999年).

Butler, J., Laclau, E., & Žižek, S. (2000). *Contingency, Hegemony, Universality: Contemporary Dialogues on the Left*. London: Verso (竹村和子, 村山敏勝訳『偶発性・ヘゲモニー・普遍性』青土社, 2002年).

Cohen, M. D. (2007). Reading Dewey: Reflections on the study of routine. *Organization Studies, 28* (5), 773-786.

Corson, T. (2009). *The Story of Sushi*. New York: HarperCollins.

Czarniawska, B. (1997). *Narrating the Organization*. Chicago: University of Chicago Press.

de Saussure, F. (1972). *Cours de Linguistique Générale*. Paris: Payot (田中久美子, 影浦峡訳『ソシュール一般言語学講義』東京大学出版会, 2007年).

Derrida, J. (1967). *De la Grammatologie*. Éditions de Minuit (足立和浩訳『根源の彼方に—グラマトロジーについて』現代思潮新社, 1972年).

Derrida, J. (1997). *Deconstruction in a Nutshell*. (J. D. Caputo). New York: Fordham University Press (高橋透, 黒田晴之, 衣笠正晃, 胡屋武志訳『デリダとの対話』法政大学出版局, 2004年).

Dionysiou, D. D., & Tsoukas, H. (2013). Understanding the (re) creation of routines from within: A symbolic interactionist perspective. *Academy of Management Review, 38* (2), 181-205.

Dixon, M., Freeman, K., & Toman, N. (2010). Stop trying to delight your customers. *Harvard Business Review, 88* (7/8), 116-122.

Elias, N. (1969). *Über den Prozeß der Zivilisation*. Bern: Francke Verlag (赤井慧爾, 中村元保, 吉田正勝訳『文明化の過程』法政大学出版局, 1977年).

Feldman, M. S., & Orlikowski, W. J. (2011). Theorizing practice and practicing theory. *Organization Science, 22* (5), 1240-1253.

Feldman, M., & Pentland, B. (2003). Reconceptualizing organizational routines as a

source of flexibility and change. *Administrative Science Quarterly*, 48 (1), 94-118.
Felin, T., Foss, N. J., Heimeriks, K. H., & Madsen, T. L. (2012). Microfoundations of routines and capabilities: Individuals, processes, and structure. *Journal of Management Studies*, 49 (8), 1351-1374.
Fine, G. A. (1996). *Kitchens: The Culture of Restaurant Work* (2nd ed.). University of California Press.
Fisk, R. P., Grove, S. J., & John, J. (2004). *Interactive Service Marketing* (2nd ed.). Boston: Houghton Mifflin Company (小川孔輔, 戸谷圭子訳『サービス・マーケティング入門』法政大学出版局, 2005年).
Friedland, B., & Yamauchi, Y. (2011). Reflexive design thinking: putting more human in human-centered practices. *Interactions*, (March-April), 66-71.
Garfinkel, H. (1967). *Studies in Ethnomethodology*. Cambridge, UK: Polity.
Garfinkel, H. (2002). *Ethnomethodology's Program*. (A. W. Rawls). New York: Rowman & Littlefield Publishers.
Gherardi, S. (2009). *Organizational Knowledge*. Oxford, UK: Wiley-Blackwell.
Goffman, E. (1959). *The Presentation of Self in Everyday Life* (1st ed.). New York: Anchor.
Goffman, E. (1961). *Encounters: Two Studies in the Sociology of Interaction*. The Bobbs-Merrill Company, Inc.
Graeber, D. (2011). *Debt*. Brooklyn, NY: Melville House Publishing.
Grönroos, C. (2007). *Service Management and Marketing*. Wiley (近藤宏一, 蒲生智哉訳『北欧型サービス志向のマネジメント』ミネルヴァ書房, 2013年).
Gutek, B. A. (1999). The social psychology of service interactions. *Journal of Social Issues*, 55 (3), 603-617.
Habermas, J. (1981). *Theorie des Kommunikativen Handelns, Band 2, Zur Kritik der Funktionalistischen Vernunft*. Frankfurt: Suhrkamp Verlag (T. McCarthy Trans. *The Theory of Communicative Action: Reason and the Rationalization of Society*. Boston, MA: Beacon Press, 1987).
Hannan, M., & Freeman, J. (1984). Structural inertia and organizational change. *American Sociological Review*, 49 (2), 149-164.
Hegel, G. W. F. (1807). *Phänomenologie des Geistes* (樫山鉄四郎訳『精神現象学』平凡社, 1997年).
Heidegger, M. (1927). *Sein und Zeit* (熊野純彦訳『存在と時間』岩波書店, 2013年).
Heidegger, M. (1960). *Der Ursprung des Kunstwerkes*. Philipp Reclam (関口浩訳『芸術作品の根源』平凡社, 2008年).
Heritage, J. (1984). *Garfinkel and Ethnomethodology* (1st ed.). Cambridge, UK: Polity.

Hochschild, A. R. (2003). *The Managed Heart: Commercialization of Human Feeling* (2nd ed.). Berkeley: University of California Press（石川准，室伏亜希訳『管理される心—感情が商品になるとき』世界思想社，2000年）.

Hodgson, G. M. (2007). Institutions and individuals: Interaction and evolution. *Organization Studies, 28*(1), 95-116.

Husserl, E. (1950). *Ideen Zu Einer Reinen Phanomenologie Und Phanomenologischen Philosophie: Erstes Buch: Allgemeine Einfuhrung in Die Reine Phanomenologie.* (W. Biemel). Haag: Martinus Nijhoff（渡辺二郎訳『イデーン』みすず書房，1979年）.

Jameson, F. (1981). *The Political Unconscious.* New York: Routledge（大構洋一，木村茂雄，太田腕人訳『政治的無意識』平凡社，1989年）.

Krippendorf, K. (2006). *The Semantic Turn: A New Foundation of Design.* Boca Raton, FL: CRC Press（小林昭世，川間哲夫，國澤好衛，小口裕史，蓮池公威，西澤弘行，氏家良樹訳『意味論的転回』SiB Access，2009年）.

Kristeva, J. (1970). *Le Texte du Roman.* Hague: Mouton Publishers（谷口勇訳『テクストとしての小説』国文社，1985年）.

Kristeva, J. (1974). *La Révolution du Langage Poétique.* Editions du Seuil（原田邦夫訳『詩的言語の革命』勁草書房，1991年）.

Lacan, J. (1966). *Ecrits.* Paris: Editions du Seuil（宮本忠雄，竹内迪也，高橋徹，佐々木孝次訳『エクリ I』弘文堂，1981年）.

Laclau, E., & Mouffe, C. (2001). *Hegemony and Socialist Strategy* (2nd ed.). Verso（西永亮，千葉眞訳『民主主義の革命』筑摩書房，2012年）.

Lave, J., & Wenger, E. (1991). *Situated Learning: Legitimate Peripheral Participation* (1st ed.). New York: Cambridge University Press.

Leidner, R. (1993). *Fast Food, Fast Talk.* Berkeley: University of California Press.

Levinas, E. (1961). Totalité et Infini : Essai sur l'Extériorité（熊野純彦訳『全体性と無限』岩波書店，2005年）.

Lévi-Strauss, C. (1967). *Les Structures Élémentaires de la Parenté.* Paris: Mouton & Co（福井和美訳『親族の基本構造』青弓社，2000年）.

Lovelock, C., & Wirtz, J. (2007). *Service Marketing.* Upper Saddle River, NJ: Pearson Education（白井義男，武田玲子訳『ラブロック&ウィルツのサービス・マーケティング』ピアソン・エデュケーション，2008年）.

Lusch, R. F., & Vargo, S. L. (2014). *Service-Dominant Logic.* Cambridge: Cambridge University Press.

March, J. G., Simon, H. A., & Guetzkow, H. S. (1993). *Organizations.* Wiley-Blackwell.

Marx, K., & Engels, F. (1845). *Die Deutsche Ideologie*（廣松渉，小林昌人訳『ドイツ・イデオロギー』岩波書店，2002年）.

Mauss, M. (1924). *Essai sur le Don*（吉田禎吾，江川純一訳『贈与論』筑摩書房，2009年）.
Mead, G. H. (1970). *Mind, Self & Society from the Standpoint of a Social Behaviorist*. Chicago: University of Chicago Press.
Mills, P. K., & Moberg, D. J. (1982). Perspectives on the technology of service operations. *The Academy of Management Review, 7*(3), 467-478.
Moritz, S. (2005). *Service Design*. Lulu.
Nelson, R. R., & Winter, S. G. (1985). *An Evolutionary Theory of Economic Change*. Cambridge, MA: Belknap Press of Harvard University Press.
Nicolini, D. (2012). *Practice Theory, Work, and Organization*. Oxford: Oxford University Press.
Nietzsche, F. (1872). *Die Geburt der Tragödie*（秋山英夫訳『悲劇の誕生』岩波書店，1966年）.
Nietzsche, F. (1887). *Zur Genealogie der Moral*（木場深定訳『道徳の系譜』岩波書店，1940年）.
Nietzsche, F. (1906). *Wille zur Macht*. Versuch einer Umwerthung aller Werthe（原佑訳『権力への意志』筑摩書房，1993年）
Norman, D. A. (1988). *The Psychology of Everyday Things*. Basic Books（野島久雄訳『誰のためのデザイン？』新曜社，1990年）.
Norman, D. A. (2004). *Emotional Design*. New York: Basic Books（岡本明，安村通晃，伊賀聡一郎，上野晶子訳『エモーショナル・デザイン』新曜社，2004年）.
Oliver, R. L., Rust, R. T., & Varki, S. (1997). Customer delight: Foundations, findings, and managerial insight. *Journal of Retailing*, 73(3), 311-336.
Peyer, H. C. (1987). *Von der Gastfreundschaft zum Gasthaus: Studien zur Gastlickeit im Mittelalter*. Hannover: Verlag Hahnsche Buchhandlung（岩井隆夫訳『異人歓待の歴史』ハーベスト社，1997年）.
Polaine, A., Løvlie, L., & Reason, B. (2013). *Service Design*. Brooklyn: Rosenfeld Media（長谷川敦士訳『サービスデザイン』丸善出版，2014年）.
Rafaeli, A. (1989). When Cashiers Meet Customers: An analysis of the role of supermarket cashiers. *The Academy of Management Journal, 32*(2), 245-273.
Rafaeli, A., & Sutton, R. I. (1990). Busy stores and demanding customers: How do they affect the display of positive emotion? *The Academy of Management Journal, 33*(3), 623-637.
Ricoeur, P. (1983). *Temps et Récit*. Editions du Seuil（久米博訳『時間と物語』新曜社，2004年）.
Ritzer, G. (2000). *The McDonaldization of Society*. Sage Publications.
Rust, R. T., & Oliver, R. L. (2000). Should we delight the customer? *Journal of the*

Academy of Marketing Science, 28 (1), 86-94.

Sacks, H. (1984). On doing "being ordinary." In J. M. Atkinson & J. Heritage, *Structures of Social Action: Studies in Conversation Analysis* (pp. 413-429). Cambridge, UK: Cambridge Univ Press.

Sacks, H. (1995). *Lectures on Conversation*. Wiley-Blackwell.

Sahlins, M. (1972). *Stone Age Economics*. Chicago: Aldine Publishing Co (山内昶訳『石器時代の経済学』法政大学出版局, 2012年).

Schatzki, T. R., Knorr-Cetina, K., & Savigny, von, E. (2001). *The Practice Turn in Contemporary Theory*. New York: Routledge.

Schegloff, E. A. (2007). *Sequence Organization in Interaction: Volume 1: A Primer in Conversation Analysis* (1st ed.). New York: Cambridge University Press.

Schegloff, E. A., & Sacks, H. (1973). Opening up closings. *Semiotica, VIII* (4), 289-327.

Simmel, G. (1900). *Philosophie des Geldes*. Berlin: Dunker & Humbolt (居安正訳『貨幣の哲学』白水社, 1999年).

Simon, H. A. (1997). *Administrative Behavior* (4th ed.). Free Press.

Solomon, M. R., Surprenant, C., Czepiel, J. A., & Gutman, E. G. (1985). A role theory perspective on dyadic interactions: the service encounter. *The Journal of Marketing, 49* (1), 99-111.

Spang, R. L. (2000). *The Invention of the Restaurant*. Cambridge: Harvard University Press (小林正己訳『レストランの誕生』青土社, 2001年).

Stickdorn, M., & Schneider, J. (2011). *This is Service Design Thinking: Basics - Tools - Cases* (1st ed.). BIS Publishers (長谷川敦士, 武山政直, 渡遭康太郎訳『This is Service Design Thinking』BNN, 2012年).

Suchman, L. A. (1987). *Plans and Situated Actions: The Problem of Human-Machine Communication* (2nd ed.). New York: Cambridge University Press.

Szymanski, M. H., & Whalen, J. (2011). *Making Work Visible: Ethnographically Grounded Case Studies of Work Practice*. (M. H. Szymanski & J. Whalen). Cambridge: Cambridge University Press.

Tsoukas, H., & Chia, R. (2002). On organizational becoming: Rethinking organizational change. *Organization Science*, 13 (5), 567-582.

Veblen, T. (1899). *The Theory of the Leisure Class; An Economic Study of Institutions*. New York: The Macmillan Company (高哲男訳『有閑階級の理論』筑摩書房, 1998年).

Weber, M. (1922). *Wirtschaft und Gesellschaft* (G. Roth & C. Wittich Trans. *Economy and Society: An Outline of Interpretive Sociology*. Berkeley: University of California Press, 1978).

Weick, K. E. (1979). *Social Psychology of Organizing* (2nd ed.). New York: McGraw-Hill.
Weick, K. E. (1995). *Sensemaking in Organizations*. Thousand Oaks: Sage Publications, Inc.
Weick, K. E., Sutcliffe, K. M., & Obstfeld, D. (2005). Organizing and the process of sensemaking. *Organization Science*, 16 (4), 409-421.
Whyte, W. F. (1948). *Human Relations in the Restaurant Industry*. New York: McGraw-Hill.
Winter, S. G. (2011). Problems at the foundation? Comments on Felin and Foss. *Journal of Institutional Economics*, 7 (02), 257-277.
Wittgenstein, L. (1953). *Philosophische Untersuchungen*. Basil Blackwell (藤本隆志訳『哲学探究』大修館書店, 1976年).
Yamauchi, Y. (2012). Participatory design. In T. Ishida, *Field Informatics* (pp. 123-138). Springer.
Yamauchi, Y. (2014). User knowledge transformation through design: A historical materialism perspective. *Information and Organization*, 24 (4), 270-290.
Yamauchi, Y., & Hiramoto, T. (2014). Negotiation of selves in initial service encounters: conversation analysis of sushi. In M. Mochimaru, K. Ueda, & T. Takenaka, *Serviceology for Services* (pp. 347-353). Springer.
Žižek, S. (1989). *The Sublime Object of Ideology*. Verso (鈴木晶訳『イデオロギーの崇高な対象』河出書房新社, 2000年).
アリストテレース. (1997).『詩学(アリストテレース)詩論(ホラーティウス)』(松本仁助, 岡道男訳). 岩波書店.
内田樹. (2011).『レヴィナスと愛の現象学』文藝春秋.
金井壽宏, 森岡正芳, 髙井俊次, 中西眞知子. (2009).『語りと騙りの間』ナカニシヤ出版.
熊倉功夫. (1990).『茶の湯の歴史』朝日新聞社.
小林敏明. (2012).『フロイト講義〈死の欲動〉を読む』せりか書房.
小林潔司, 原良憲, 山内裕. (2014).『日本型クリエイティブ・サービスの時代「おもてなし」への科学的接近』日本評論社.
東北学院大学経営学部おもてなし研究チーム. (2012).『おもてなしの経営学「理論編」』創成社.
中澤圭二. (2007).『鮨屋の人間力』文藝春秋.
西川直子. (1999).『クリステヴァ―ポリロゴス』講談社.
橋本周子. (2014).『美食家の誕生』名古屋大学出版会.
平本毅, 山内裕, 北野清晃. (2014).『言語と情報への会話分析によるアプローチ:ハンバーガー店の調査から』日本情報経営学会誌, 35(1), 19-32.

山内裕. (2012).『参加型デザインとその新しい展開』システム／制御／情報, 56 (2), 57-64。

山内裕, 平本毅, 泉博子, 張承姫. (近刊).『ルーチンの達成における説明可能性: クリーニング店のオプション提案の会話分析』組織科学。

リクルートワークス編集部. (2007).『おもてなしの源流』英治出版。

人名索引

■あ 行

アリストテレス ……………… 12, 129
イマヌエル・カント ……………… 129, 145
ヴァルター・ベンヤミン ……………… 125
エトムント・フッサール ……………… 13
エマニュエル・レヴィナス ……… 137, 214

■か 行

カール・マルクス ……………… 12
クロード・レヴィ＝ストロース
　……………………………………… 17, 102
グリモ・ド・ラ・レニエール … 148, 177
ゲオルグ・ジンメル ……………… 130, 173
ゲオルク・ヴィルヘルム・
　フリードリヒ・ヘーゲル …… 10, 134

■さ 行

ジャック・デリダ ……………… 96
ジャン・ボードリヤール … 110, 131, 197
ジュリア・クリステヴァ ……………… 179
スラヴォイ・ジジェク ……… 164, 226
ソースティン・ウェブレン
　……………………………………… 117, 157, 179

■な 行

ノルベルト・エリアス ……………… 156

■は 行

プラトン ……………………… 12
ピエール・ブルデュー
　……… 14, 58, 115, 118, 140, 161, 199
フェルディナン・ド・ソシュール …… 16
フレデリック・ジェイムソン ……… 220
フリードリヒ・ニーチェ
　……………………… 120, 132, 194, 231
ブリヤ＝サバラン ……………… 147, 177

■ま 行

マックス・ウェーバー ……………… 63, 229
マルティン・ハイデガー ……………… 13
マルセル・モース ……………………… 97
ミハイル・バフチン ……… 185, 214, 229

■や 行

ユルゲン・ハーバーマス ……… 126, 227

■ら 行

ルートヴィヒ・ウィトゲンシュタイン
　……………………………………………… 13
ロラン・バルト …… 162, 177, 179, 193

事項索引

■英 数

ISO9241-210 ……………………… 212

■あ 行

アウラ ……………………………… 125
アフォーダンス ……………………… 179

意味論的転回 217
エスノグラフィ 221
エスノメソドロジー 15, 29
江戸前鮨 26
おこのみ 33, 124
おまかせ 33, 124
おもてなし 99
織りなし 186, 215

■か 行

回転寿司 199
会話分析 16, 29
獲得された味覚（acquired taste） 191
カスタマージャーニーマップ 208
ガストロノミー 177
価値 90
価値共創 90
渇望 139
感情労働 7
官僚制化 73
記号 197
気遣い 168
緊張感 59, 60
緊張感の中のくつろぎ 140
禁欲主義 149
空想 165
グルマン 148
グルマンディーズ 147, 177
経済的交換 106
芸能 143
言語論的転回 16, 216
顕示的消費 117
行為遂行的発話 17
合理化 63
顧客ディライトあるいは歓喜 127, 170, 187
顧客満足 10, 126

互酬関係 107
互酬的交換 106

■さ 行

サービシーズ（services） 4
サービス科学 223
サービスデザイン 205
サービスブループリンティング 208
差異化＝卓越化 119
作者の死 193
作法 37
参加型デザイン 209
自己（self） 60
自己の呈示 53, 93
システムによる生活世界の植民地化 126
実践 12
実践的転回 12, 55
シニフィアン 16, 164, 197
シニフィエ 16, 164, 197
社会的階級 122
自由趣味 118
主人と奴隷の弁証法 134
止揚 11
植民地化 227
神秘性 162, 225
遂行的（performative）側面 55
崇高 129
崇高な対象 164
数寄 149
生活世界 227
説明可能 31
センスメイキング 18
相互承認 135
組織化（organizing） 18

■た 行

第3次産業 …………………………… 2
大衆化 ……………………………… 123
対立するものの並存 ……………… 181
第6次産業化 ………………………… 2
対話（ダイアローグ）…………… 185
卓越化 ………………………… 59, 115
他者 ………………………………… 139
闘い ……………………………… 85, 93
立ちの鮨屋 ………………………… 25
タッチポイント …………………… 207
地位（status）………………………… 7
力 …………………………………… 93
力への意志 ………………………… 231
チケット制 ………………………… 176
チップ ……………………………… 174
茶の湯 ……………………………… 142
出会いもん ………………………… 182
ディオニュソス的 ………………… 194
適切性 ……………………………… 36
敵対 …………………………… 96, 224
テクスト ……………… 19, 180, 216
テクスト相互関連性 ……………… 186
伝統 …………………… 113, 163, 188
闘茶 ………………………………… 142
独話（モノローグ）……………… 185

■な 行

苦味 ………………………………… 190
二重否定 …………………………… 161
人間-脱-中心設計 ………………… 210
人間中心設計 ……………………… 210

■は 行

ハビトゥス ………………… 14, 58, 121

パフォーマティヴィティ ………… 116
パフォーマティブ（performative）… 17
悲劇 ………………………………… 129
必要趣味 …………………………… 118
非日常 ……………………………… 85
ファストフード ………………… 63, 72
不一致理論 ………………………… 127
風俗化 …………………… 125, 227
物象化 ……………………………… 73
文化 ………………………………… 113
文化の構築 ………………………… 95
分節 ………………………………… 16
分別 ………………………………… 177
ベネフィット ……………………… 91
弁証法 ……………………………… 9
ホスピタリティ …………………… 96
ポトラッチ ………………………… 97
ポリフォニー ……………… 185, 218

■ま 行

マクドナルド化 …………………… 63
明示的（ostensive）側面 ………… 55

■や 行

役割距離 …………………………… 18
読み解き …………………………… 176

■ら 行

両面価値性 ……………… 185, 186, 218
ルーチン ……………… 16, 53, 73, 74
ルーチン化 ………………………… 8
ルーチン遂行性理論 ……………… 55
礼儀作法 …………………………… 155
歴史的 ……………………………… 220

■著者紹介

山内　裕（やまうち　ゆたか）

京都大学経営管理大学院 教授

京都大学工学部情報工学科，同大学院情報学研究科社会情報学専攻修了（情報学修士），カリフォルニア大学ロサンゼルス校（University of California, Los Angeles），UCLAアンダーソン経営大学院（UCLA Anderson School of Management）博士課程修了（Ph.D. in Management）。ゼロックス（Xerox）社パロアルト研究所（Palo Alto Research Center / PARC）研究員を経て，現職。

専門：組織論，サービス科学，エスノメソドロジー

主な著作：山内裕，平本毅 & 杉万俊夫．(2017).『組織・コミュニティデザイン』共立出版.，Yamauchi, Y., & Hiramoto, T. (2020). Performative Achievement of Routine Recognizability: An Analysis of Order Taking Routines at Sushi Bars. *Journal of Management Studies*, 57 (8), 1610-1642.

「闘争」としてのサービス
顧客インタラクションの研究

2015年3月30日　第1版第1刷発行
2025年4月30日　第1版第8刷発行

著　者　山　内　　　裕
発行者　山　本　　　継
発行所　㈱中央経済社
発売元　㈱中央経済グループ
　　　　パブリッシング

〒101-0051　東京都千代田区神田神保町1-35
電話　03 (3293) 3371 (編集代表)
　　　03 (3293) 3381 (営業代表)
https://www.chuokeizai.co.jp
印刷／㈱堀内印刷所
製本／誠製本㈱

Ⓒ 2015
Printed in Japan

＊頁の「欠落」や「順序違い」などがありましたらお取り替えいたしますので発売元までご送付ください。(送料小社負担)
ISBN978-4-502-13741-9　C3034

JCOPY〈出版者著作権管理機構委託出版物〉本書を無断で複写複製（コピー）することは，著作権法上の例外を除き，禁じられています。本書をコピーされる場合は事前に出版者著作権管理機構（JCOPY）の許諾を受けてください。
JCOPY〈https://www.jcopy.or.jp　eメール：info@jcopy.or.jp〉